W0109154

Kaltwasser · Persönlichkeit und Präsenz

Vera Kaltwasser

Persönlichkeit und Präsenz

Achtsamkeit im Lehrerberuf

Vera Kaltwasser ist Gymnasiallehrerin und in der Lehrerfortbildung tätig.
Sie hat zusätzliche Ausbildungen in QiGong, Psychodrama, Theaterpädagogik und
MBSR (Mindfulness-Based Stress Reduction, bei Prof. Kabat-Zinn) absolviert
und ist zertifiziert für das Freiburger Lehrer-Coaching. Sie ist außerdem Autorin
zahlreicher Veröffentlichungen und Rundfunkfeatures.

Lektorat: Cornelia Matz

© 2010 Beltz Verlag · Weinheim und Basel
www.beltz.de
Herstellung: Uta Euler
Satz: Beltz Bad Langensalza GmbH, Bad Langensalza
Druck: Beltz Druckpartner GmbH & Co. KG, Hemsbach
Umschlaggestaltung: glas ag, Seeheim-Jugenheim
Umschlagabbildung: Panther Media GmbH, München
Printed in Germany

ISBN 978-3-407-62679-0

Inhaltsverzeichnis

Einleitung

Lehrerinnen und Lehrer stehen heute im Fokus der Bildungsdebatte. Die öffentliche Schelte, sie seien Drückeberger und Halbtagsjobber mit vollem Gehalt, ist verstummt – nicht zuletzt angesichts der Ergebnisse mehrerer aussagekräftiger Studien zur Lehrergesundheit, die belegen, welchen gesundheitlichen Risiken, d. h. psychischen und physischen Belastungen Lehrer/innen ausgesetzt sind.

Dass der Lehrerberuf hohe Anforderungen stellt, steht inzwischen außer Frage, aber diese Erkenntnis hat bislang noch nicht zu praktischen Veränderungen geführt. Entlastungen sind nicht in Sicht. Im Gegenteil! Gerade weil Bildung heute ein Thema ist, das alle gesellschaftlichen Gruppen aus unterschiedlichen Gründen umtreibt, werden die Lehrer noch härter in die Pflicht genommen.

Vieles, was früher in den Elternhäusern geleistet wurde, ist heute der Schule aufgegeben. Kinder und Jugendliche, die täglich von einer Bilderflut überschwemmt, permanent beschallt und von immer neuen Technologien zu versierten Usern zugerichtet werden, bemerken selbst oft nicht, wie diese Armada von Außenreizen sie in einen Stresszustand versetzt. Die virtuelle Computerwelt verspricht Ablenkung, vermittelt ein Gefühl von Nähe und Unmittelbarkeit, aber der Hunger nach Beziehung und Wertschätzung wird nicht gestillt.

Ich möchte darüber nicht lamentieren, sondern danach fragen, welche Auswirkungen für den Lehrerberuf es hat, dass Kinder und Jugendliche oft nicht mehr über eine altersgerechte Impulskontrolle verfügen, dass Aufmerksamkeitsstörungen zugenommen haben, dass immer mehr Kinder und Jugendliche mit nur einem Elternteil oder in sogenannten Patchworkfamilien aufwachsen und sich am Tag weitgehend selbst überlassen sind.

Diese Kinder brauchen Zuwendung, persönliche Ansprache und Begleitung bei ihrer Persönlichkeitsentwicklung. Sie brauchen Zeit, und sie brauchen Lehrerinnen und Lehrer, die sich diese Zeit nehmen dürfen.

Das schlechte Abschneiden im PISA-Screening hat hektische Betriebsamkeit in den Kultusbürokratien ausgelöst: Eine Welle an gut gemeinten Maßnahmen der Qualitätssicherung schwappte in die Schulen. Bildungsstandards sollen die Vergleichbarkeit der Leistungen garantieren.

Je standardisierter die Aufgaben sind, desto besser lassen sie sich messen. Was gemessen werden soll, das wird im Unterricht schon entsprechend zugerichtet, d. h. abfragbares Wissen steht hoch im Kurs. Den Widerspruch, dass – um die Qualität der schulischen Bildung zu verbessern – vieles verordnet wird, was diesem Ziel zuwiderläuft, haben Lehrerinnen und Lehrer täglich vor Augen. Die wortreich formulierten

Anforderungsprofile der Bildungspläne im Hinterkopf und die reale Situation im Klassenzimmer vor Augen – diese Diskrepanz setzt Lehrer heute zusätzlich unter Druck.

Jeder gute Pädagoge weiß, dass Fachwissen und Methodenkenntnis allein keinen Lernerfolg garantieren: Kinder und Jugendliche bedürfen der persönlichen Ansprache, der Wertschätzung und Erziehung. Wenn verbrieftes Pädagogenwissen höheren Ortes nicht aufhorchen lässt, dann könnten die jüngsten Erkenntnisse der Hirnforschung und Psychologie all jenen die Augen öffnen, die auf die Aussagekraft wissenschaftlicher Daten vertrauen und die meinen, Lernprozesse könnten organisiert werden wie industrielle Abläufe.

Die Spiegelneuronenforschung zeigt, wie wichtig das Vorbild des Lehrers für den Lernprozess ist, wie die Begeisterung des Lehrers für den Unterrichtsinhalt auf Resonanz bei den Schüler/innen stoßen kann, wie wichtig Wertschätzung für die Motivationssysteme der Kinder und Jugendlichen ist und dass Ausgrenzung und Abwertung im Körper ähnliche Prozesse auslösen wie physischer Schmerz.

Die Hirnforschung liefert Beweise dafür, dass all unser Denken emotional unterfüttert ist. Angst und Furcht sind die großen Lernverhinderer, Freude und persönliches Interesse sind Wegbereiter für ein Klima wacher Entspanntheit, in dem Lernen besonders gut gelingt. Wer den Lehrerberuf gewählt hat und ihn immer noch gerne ausübt, der weiß, dass Unterrichten gerade deshalb Freude bereitet, weil im persönlichen Beziehungsgeflecht zu den Schüler/innen eine Kraftquelle verborgen liegt. Wem geht nicht das Herz auf, wenn ein Schüler strahlt, weil er etwas verstanden oder einen guten Beitrag gegeben hat, aber auch, wenn es gelingt, eine schlechte Note so zu überbringen, dass der Adressat versteht, dass nur seine Leistung mangelhaft ist, aber seine menschliche Qualität nicht.

Gerade weil die gegenwärtigen Bedingungen des Lehrerberufes sehr belastend sind und sich Veränderungen nicht von heute auf morgen durchsetzen lassen, möchte ich Wege aufzeigen, wie Lehrerinnen und Lehrer in diesem Beruf nicht nur gesund bleiben, sondern aus ihrem Beruf und aus ihrer Tätigkeit Kraft und persönliche Bereicherung ziehen, die wiederum den Schüler/innen zugute kommt.

Dieses Buch richtet sich ganz persönlich an alle Lehrerinnen und Lehrer, die bereit sind, in eigener Sache zu forschen, darüber nachzudenken und dem nachzuspüren, wie sie sich vielleicht auch manchmal selbst die Hölle heiß machen, die Wege finden wollen, wie sie gelassener mit Anforderungen umgehen können.

Nach einem Blick auf die besonderen Belastungen des Lehrerberufs und einer kurzen Information über die Fragestellungen und Ergebnisse verschiedener Studien zur Lehrergesundheit, greife ich eine Schlussfolgerung vieler Studien auf: Die äußeren Bedingungen des Lehrerberufs sind objektiv schwierig, aber die subjektiven Bewältigungsstrategien entscheiden letztlich darüber, wie belastend der Schulalltag empfunden wird.

Dem engen zirkulär-kausalen Wechselspiel zwischen Körper und Gedanken und Gefühlen wird in der Stressforschung derzeit große Beachtung geschenkt. Wir machen uns oft nicht klar, welchen Einfluss unsere Gedanken und Gefühle auf unsere körperliche Verfassung haben und wie wiederum ein geschwächter Körper die Stimmung beeinflusst. Erst in jüngster Zeit kann mit Studien belegt werden, wie Gedanken unseren Organismus in einen Stresszustand versetzen können und wie z. B. die Körperhaltung auf die Stimmung wirken kann. Wie wir eine Situation bewerten, entscheidet darüber, ob sie unseren Körper in Stress versetzt. In dem Kapitel »Stress nach Art des Hauses« lade ich Sie zu einem kleinen Streifzug durch unsere biologische Grundausstattung ein, denn gerade am Beispiel des Stressgeschehens wird deutlich, wie mächtig die älteren Hirnschichten in unser Bewusstsein und unser Verhalten hineinregieren, oft ohne dass uns das bewusst ist.

Und je genauer wir verstehen, wie unsere erworbenen Erfahrungs- und Verhaltensmuster in unsere biologischen Gegebenheiten verwoben sind, desto deutlicher wird, dass es kein Patentrezept zur Stressbewältigung geben kann, sondern dass ein Schlüssel zur Problembewältigung darin liegt, dass wir zu Forschern in eigener Sache werden; und dieses Forschen muss sich auf Körper und Bewusstsein erstrecken.

Der fernöstliche Kulturkreis bietet für diesen Weg der Selbsterforschung eine lange Übungstradition. Seit einigen Jahrzehnten gibt es einen Dialog zwischen westlichen Hirnforschern und Psychologen mit buddhistischen Mönchen mit dem Ziel, die Wirkung von Meditation und anderen Übungsformen der Selbstwahrnehmung zu untersuchen. Inzwischen gibt es eine Fülle von Studien, die belegen, wie heilsam die Haltung der Achtsamkeit, die all diese Übungspraktiken kennzeichnet, ist. Sie bildet die Fähigkeit aus, Körper und Geist in ihrer Einheit wahrzunehmen und die eingefahrenen Denk- und Fühlmuster zu erkennen. Indem man selbst Licht auf die oft unbewussten individuellen Strukturen wirft, verändern sie sich schon allein dadurch, dass sie ins Bewusstsein gehoben werden, und zwar kognitiv, aber eben auch emotional und sensorisch, d. h. in der Verknüpfung mit den Gefühlen und Körperempfindungen.

In den Ausführungen zur Achtsamkeit wird erläutert, wie die Achtsamkeit geschult werden kann: einerseits durch eine formale Übungspraxis (auch mit Übungen aus dem Qigong), andererseits durch eine offene Haltung der Beobachtung im Alltag. Die formalen Übungen entwickeln die Fähigkeit zur Präsenz und schärfen die Wahrnehmung für die eigenen eingefahrenen Muster und Schemata. So wird die Distanzierungsfähigkeit entwickelt, die es ermöglicht, nicht in das oft unbewusst funktionierende Beziehungsgeflecht mit Schülerinnen und Schülern verstrickt zu werden, sondern diese Beziehung zu den Schüler/innen produktiv zu nutzen, sie zu motivieren und sie im besten Sinne zu erziehen.

Auch die Schülerinnen und Schüler sind in ihren individuellen Gefühls- und Verhaltensautomatismen gefangen. Sie zu erziehen bedeutet, ihnen die Verantwortung für ihr Verhalten aufzeigen und ihre Selbstwirksamkeit auszubilden. Dazu bedarf es eines Klimas der Wertschätzung und Anerkennung. Hier spielt die ausgereifte Persönlichkeit des Lehrers eine große Rolle.

An vielen konkreten Beispielen aus dem Schulalltag zeige ich, in welchen Situationen individuelle Muster und Schemata hinderlich sein können, wie man sie erkennen kann und wie sie sich allein dadurch, dass sie bewusst wahrgenommen werden, verändern. Gerade weil die inneren und äußeren Stressoren bei jedem Individuum ganz individuell geartet sind, ist es ratsam, dass jeder Lehrer sich ein genaues Bild davon macht, was ihn besonders belastet, wo er vielleicht Unterstützung braucht, wo Veränderung indiziert ist.

Mit dem konkreten Programm »Achtsame acht Wochen« lade ich Sie dazu ein, einmal in Ihrem (Schul-)Alltag auf Spurensuche zu gehen. Ich möchte Sie dazu verführen, einmal auszuprobieren und am eigenen Leib zu erfahren, wie heilsam sich tägliches kontemplatives Üben, kombiniert mit bestimmten Beobachtungsaufgaben, im Alltag auswirken kann.

Der Pionier in der Achtsamkeitsforschung, Prof. Kabat-Zinn, hat ein Acht-Wochen-Programm entwickelt (MBSR – Mindfulness-Based-Stress-Reduction), dessen Wirksamkeit mit vielen Studien belegt ist. Ich habe für Lehrerinnen und Lehrer ebenfalls den Zeitraum von acht Wochen als Forschungszeitraum gewählt. In dieser Zeit können Sie lernen, eine tägliche Übungspraxis zu etablieren (In der ersten Woche reichen fünf bis zehn Minuten. Das sollte machbar sein, oder?), und Sie können auf Entdeckungsreise im Schulalltag gehen. Mit der Haltung der Achtsamkeit werden Sie fündig werden und Mut gewinnen, innezuhalten und in schwierigen Situationen ganz präsent zu sein. Dann sind Sie nicht mehr auf vertraute, aber untaugliche Verhaltensmuster angewiesen und haben die Ruhe, genau wahrzunehmen, welche Reaktion die Situation erfordert.

Da die Krankheit »Burn-out« im Lehrerberuf so häufig vorkommt, habe ich einen Spezialisten, den Ärztlichen Leiter der Oberbergkliniken Prof. Dr. Mundle, gebeten, zu erläutern, was Burn-out ist, welche Wege aus der Krankheit hinaus es gibt und weshalb eine Einübung in Achtsamkeit hilfreich sein kann.

Auch Schülerinnen und Schüler können davon profitieren, wenn sie ihre Körperwahrnehmung differenzieren, wenn sie wahrnehmen lernen, wie sie sich mit Gedanken oft selbst in Stress versetzen, und wenn sie lernen, wie sie sich selbst beruhigen und die innere Anspannung lösen können. Ein konkretes Praxisbeispiel stelle ich Ihnen kurz vor.

Der Lehrerberuf kann erfüllend und befriedigend sein, aber er kostet viel Kraft und fordert persönliches Engagement. Derzeit sind Lehrerinnen und Lehrer oft über Gebühr gefordert. Gerade die besonders engagierten unter ihnen laufen Gefahr, angesichts der vielfältigen und oft widersprüchlichen Anforderungen auszubrennen. Mit diesem Buch möchte ich Wege aufzeigen, wie es gelingen kann, in diesem Beruf gesund zu bleiben, die Kraftquellen der eigenen Persönlichkeit und des Berufes zu erschließen und mit der eigenen Freude am Unterrichten die Schülerinnen und Schüler anzustecken. Mit diesem Buch möchte ich auch die Einsicht verbreiten helfen, wie fordernd der Lehrerberuf ist: Gerade weil die Persönlichkeit des einzelnen Lehrers so entscheidend für den Lernerfolg ist, bedarf es einer Ausbildung und berufsbegleitenden Fortbildung, die Selbstreflexion, Selbsterfahrung und Beziehungsfähigkeit ausbildet.

1. »Mit Leib und Seele«

1.1 Die guten und die schlechten Tage

Wenn Sie diese Zeilen lesen, dann sind Sie sehr wahrscheinlich Lehrerin oder Lehrer mit Leib und Seele. Sie haben diesen Beruf gewählt, weil Sie Freude am Unterrichten und an allem, was damit zusammenhängt, haben. Sie genießen die Tage, an denen Sie durch den Schulalltag surfen – wie auf einer großen Welle – getragen, aber auch selbst aktiv und produktiv. Der Unterricht läuft dann wie am Schnürchen. Im Klassenzimmer gibt es ein lebendiges, aber aufmerksames und zielgerichtetes Hin und Her zwischen den Schülerinnen und Schülern, der Verwaltungskram kann mit leichter Hand oder einem distanzierten Kopfschütteln erledigt werden, und in der Konferenz scheint ein konstruktives Miteinander auf, man schaut in die Runde und freut sich, dass man an dieser Schule ist.

Ja – und dann gibt es die anderen Tage: zu laut, zu hektisch, zu unübersichtlich, alle technischen Geräte streiken, die Kolleginnen und Kollegen sind unkooperativ, die Nerven liegen blank. Ein bohrendes Kopfweh meldet sich. An so einem Tag zieht sich jede einzelne Unterrichtsstunde quälend dahin. Das ausgefeilte Unterrichtskonzept zündet nicht, je genauer man versucht, den Zeitplan einzuhalten, desto mehr Widerstand entsteht. Die Schülerinnen und Schüler sind frech und laut, zetteln Streit an. Man greift zu den ersten Sanktionen. Vielleicht erhebt man auch die Stimme, die Schultern verkrampfen sich, die Hand ballt sich in der Hosentasche.

Jeder Lehrer kennt solche unterschiedlichen Tage. Liegt es immer an den äußeren Bedingungen oder sind die guten Tage nicht die, an denen wir unsere Kraft spüren, froh gestimmt und von Augenblick zu Augenblick präsent sind? Wir sind dann »mit Leib und Seele« dabei, und das spüren die Schülerinnen und Schüler intuitiv. Aus dieser Gegenwärtigkeit entsteht ein authentisches Beziehungsgeflecht, wenn es uns gelingt, von Augenblick zu Augenblick unsere Wahrnehmung weit zu stellen und ganz aufmerksam zu sein für das, was gerade geschieht.

In solchen Situationen finden wir spontan die richtigen Worte, säen Begeisterung für den Lernstoff, gelingt es uns, in der Auseinandersetzung mit Schülerinnen und Schülern das richtige Maß zwischen Nähe und Abgrenzung zu finden, auch den Störenfried wohlwollend zu integrieren und ihm klar seine Grenzen aufzuzeigen. Wie von selbst fließt die Unterrichtsstunde dahin, das Ergebnis kann sich sehen lassen, und wir verlassen das Klassenzimmer zufrieden und mit einem guten Gefühl.

Der Lehreralltag ist also nicht nur kräftezehrend, er enthält auch viele Glücksmomente und kann Quelle von Zufriedenheit sein. Schon die Vorbereitung auf eine Stunde kann Spaß machen. Man überlegt sich, wie der Stoff so zu vermitteln ist, dass er die Schülerinnen und Schüler betrifft: Wie kann das Interesse der Schülerinnen und Schüler geweckt werden? Welche Methode bietet sich an? Wie kann die Kreativität angeregt werden? Ist vielleicht szenisches Spiel möglich?

Wie spannend zu erleben, wenn sich die Stunde dann so ganz anders entwickelt, weil Impulse entstehen, an die man selbst gar nicht gedacht hat. In der Gegenwärtigkeit der Unterrichtsstunde kann sich dann ein Prozess entfalten, der mühelos zum Unterrichtsziel führt oder die jeweiligen Kompetenzen ausbildet. Es lohnt sich, den Voraussetzungen für diese mühelose Präsenz nachzuspüren, die sich manchmal spontan einstellt.

Es wäre zu fragen, welche Umstände diese entspannte Wachheit verhindern, ja uns in das Hamsterrad des Stresses schicken oder uns Scheuklappen aufsetzen, sodass wir mit einem Tunnelblick durch die Unterrichtsstunden hasten.

Nach solchen »Tunnel-Schultagen« kommen wir nach Hause und sind ausgelaugt und völlig erschöpft. Das Lehrerdasein kann beglückend sein, aber es kann auch zur unerträglichen Last werden.

Die jüngsten Entwicklungen im Bildungsbetrieb bewirken eher Letzteres. Trotz eines klaren kritischen Blickes auf die derzeitige Schullandschaft möchte ich ermutigen, Wege zu suchen, wie dieser Beruf, der erfüllend und befriedigend sein kann, für die Lehrerinnen und Lehrer nicht zu einem Job wird, der lediglich des Geldverdienens wegen noch attraktiv ist. Die äußeren Bedingungen des Berufes spielen eine wichtige Rolle, aber es lohnt auch, den inneren Bedingungen, der Gestaltungsweise, die jeder Lehrer individuell wählt, nachzuspüren.

Vielleicht haben Sie ja Lust, diese Zusammenhänge einmal zu erforschen und Möglichkeiten zu entdecken, wie Sie selbst die Freude an Ihrem Beruf (wieder)entdecken und wie Sie anders mit den besonderen Belastungen des Lehrerberufs umgehen können. Das schließt einen aktiven Einsatz für veränderte Bedingungen nicht aus.

1.2 Die Bedeutung der Persönlichkeit des Lehrers

Kinder auf das Lernen neugierig zu machen, sie anzufeuern, eigene Lösungswege zu finden und ihr Potenzial zu entfalten, diese Fähigkeit guter Pädagogen erwächst aus einer professionellen Haltung, die emotionales Engagement, fachliches Wissen und Können und Interesse an den Schülerinnen und Schülern umfasst. Je mehr sich ein Lehrer seiner selbst vergewissert hat, indem er um seine Schwächen und Stärken weiß, indem er sich das Fachwissen zu eigen gemacht und es individuell verarbeitet hat, desto mehr hat er im Unterricht zu bieten, desto flexibler werden seine Reaktionen sein, desto weniger bedarf er starrer Vorgaben. So ein Lehrer hat dezidierte Eigenschaften, scheut sich aber auch nicht davor, einige davon zu verändern, wenn nötig. Er bietet im Unterricht durchaus auch Angriffsfläche, wenn er Stellung bezieht, Forderungen stellt und – falls erforderlich – Grenzen setzt.

»Viele Lehrerinnen und Lehrer haben sich – nicht zuletzt unter dem Einfluss negativer Erfahrungen – unter Preisgabe von Identität auf die Position einer »identitätslosen Unangreifbarkeit« zurückgezogen, schneiden sich damit vom Zugang zu sich selbst ab und berauben die Kinder der Begegnung mit einem Menschen ›aus Fleisch und Blut‹, der Spontaneität und Emotionen zeigen kann. Lehrerinnen und Lehrer dürfen – und sollen – Emotionen zeigen« (Bauer 2007a, S. 10).

Lehrer ist man also mit »Haut und Haaren«, ob man will oder nicht? Wie das bekannte Axiom des Kommunikationstheoretikers Watzlawick »Man kann nicht nicht kommunizieren« darauf hinweist, dass Kommunikation immer stattfindet, auch wenn man nicht spricht, auch wenn man vielleicht unter keinen Umständen kommunizieren möchte, so hat auch ein Lehrer nicht die Wahl, seine Persönlichkeit aus dem Unterrichtsgeschehen herauszuhalten. Wie schon die Art, in der jemand sich abwendet, die Augen verdreht oder einfach nur vor sich hinstiert, dem anderen eine Botschaft vermittelt, so gibt sich auch ein Lehrer vor der Klasse preis, ob ihm das gefällt oder nicht. Er weckt Abneigung, Zuneigung, Gleichgültigkeit – er dient als eine riesige Projektionsfläche für das Unbewusste seiner Schülerinnen und Schüler, die wiederum in ihm ähnliche Prozesse auslösen. Gut, wenn ein Lehrer das reflektieren kann – schlecht, wenn er sich in diesem wabernden Beziehungsgeflecht verirrt, das zu entflechten oder dichter zu weben eine ständige Herausforderung für Lehrerinnen und Lehrer ist, denn ihnen obliegt ja die Verantwortung dafür.

Lernen gelingt dann am besten, wenn im Unterricht ein Klima entspannter Wachheit herrscht. Für diesen Gedanken bedarf es nicht der jüngsten Erkenntnis der Hirnforschung, die mit eindrücklichen Studien über die Bedeutung der persönlichen Beziehung für erfolgreiches Lernen aufwartet. Pädagogen wissen längst um diese Zusammenhänge, Bildungsplaner betreiben derzeit allerdings eher die Entpersönlichung der Lernprozesse: Das Besondere, Unverwechselbare, Individuelle lässt sich nicht so gut messen und evaluieren oder in modularisierte Stoffpläne einpassen. Vielleicht kann ja die Hirnforschung mit »hard facts« das Augenmerk wieder auf die Bedeutung der Persönlichkeit im Lernprozess lenken.

Gerade die jüngsten Erkenntnisse im Bereich der Spiegelneuronenforschung belegen, wie weitreichend die Persönlichkeit des Lehrers den Lernerfolg bestimmt. Seine emotionale Gestimmtheit, seine Einstellung, seine Fähigkeit, den Einzelnen wertzuschätzen und ihm gleichzeitig Möglichkeiten zur Impulskontrolle und Frustrationstoleranz aufzuzeigen, spielt eine ebenso wichtige Rolle wie sein Fachwissen und sein methodisches Geschick (Bauer 2006). Gerade weil Unterricht ein Beziehungsgeschehen ist, haben die Schülerinnen und Schüler ein Anrecht darauf, nicht nur in ihrem Fachwissen gefördert zu werden, sondern auch in ihrer persönlichen Entwicklung. Sie brauchen nicht stromlinienförmige Lernberater mit schicken Methodenkoffern, sondern eben Menschen aus Fleisch und Blut.

Da wird dann oft gesagt, dieser und jener sei eben ein »geborener Lehrer«. Sicherlich gibt es Dispositionen in der Persönlichkeitsstruktur, die im Lehrerberuf besonders dienlich sind, aber die Einbindung der Persönlichkeit in die professionelle pädagogische Tätigkeit kann und sollte reflektiert werden, und vieles kann gelernt werden. Allerdings sollte, wer den Beruf des Lehrers ergreifen möchte, sich durchaus Rechenschaft über seine Gründe geben. Begrüßenswert erscheint mir in diesem Zusammenhang das »Kasseler-Modell« von Prof. Dr. Dauber im Fachbereich der Erziehungswissenschaften der Universität Kassel, das Lehramtsstudenten die Chance gibt, sich professionell mit ihrer Berufswahl auseinanderzusetzen, indem sie in speziellen Seminaren ihre persönliche Motivation und ihre Eignung für diesen Beruf erforschen und psychosoziale Basisqualifikationen erwerben können.

Gerade weil Lehrerinnen und Lehrer täglich in ihrer Persönlichkeit gefordert sind, bedürfen sie einer entsprechenden Ausbildung ihrer emotionalen Intelligenz, ihrer Selbstreflexion und ihrer Fähigkeit zur Selbsterfahrung. Nur wer sich selbst mit seinen Schwächen und Stärken, seinen emotionalen Mustern und Bewältigungsstrategien kennt und zur Introspektion bereit ist, kann auf lange Sicht die Belastung aushalten, die dieser Beruf mit sich bringt. Mehr als früher sind die Lehrerinnen und Lehrer heute auch in ihrer erzieherischen Kompetenz gefordert, auch die Gymnasiallehrerinnen und -lehrer, die darauf im Studium und während der Referendarzeit am wenigsten vorbereitet werden. Lehrerinnen und Lehrer brauchen mehr Zeit für Beziehungsgestaltung im Klassenraum.

Die erzieherischen Anforderungen sind gewachsen, und zwar in allen Schulformen und Jahrgangsstufen bis hin zum Abitur. Erziehung bedeutet, Schülerinnen und Schüler anzuleiten, zu korrigieren, in die Verantwortung zu nehmen, damit sie für ihren Lernprozess Verantwortung übernehmen und zu Subjekten ihres Bildungsprozesses werden können. Das persönliche Vorbild des Lehrers spielt hier eine entscheidende Rolle, ebenso wie der persönliche Austausch zwischen Lehrer und Schüler. Die Neugier auf Wissen über die Außenwelt wird hier geweckt, aber – und das ist eigentlich die Basis von Bildung – auch die Neugier auf Selbsterforschung, Selbsterkenntnis.

»Bildung ist etwas, das Menschen mit sich und für sich machen: Man bildet sich. Ausbilden können uns andere, bilden kann sich jeder nur selbst. [...] Eine Ausbildung durchlaufen wir mit dem Ziel, etwas zu können. Wenn wir uns dagegen bilden, arbeiten wir daran, etwas zu werden – wir streben danach, auf eine bestimmte Art und Weise in der Welt zu sein.«
(Prof. Dr. Peter Bieri, Vortrag »Wie wäre es, gebildet zu sein?«,
PH Bern, 4. Nov. 2005)

Sicherlich, Bildung geschieht aus eigenem Antrieb. Sie verlangt Selbsttätigkeit, aber sie stellt sich nicht naturwüchsig ein.

Damit sich Schülerinnen und Schüler bilden können, damit sie neugierig darauf werden zu entdecken, wer sie sind, was sie geprägt hat, wer sie werden können, welche Fähigkeiten sie entwickeln können, brauchen sie Anleitungen, Anleitungen zu einer Entdeckungsreise in die Außen- und Innenräume. Diese Anleitungen sind Schlüssel, die sie nutzen können, um sich diese Räume zu erschließen. Diese erzieherische Arbeit braucht Zeit, sie ist anstrengend und für viele Lehrerinnen und Lehrer auch belastend, weil sie angesichts des prall gefüllten Lehrplans kaum Raum für diese erzieherische Arbeit haben, aber auch weil sie sich dafür nicht gut genug ausgebildet fühlen.

Lernen ist ein emotionaler Prozess und die Art, wie der Lehrer unterrichtet, bestimmt in hohem Maße den Lernerfolg. Das wissen gute Pädagoginnen und Pädagogen seit alters her, und es kann schon verwundern, dass es Hirnforscher in den 1990er-Jahren waren, welche die Bedeutung der Emotionen für das Lernen in den pädagogischen Debatten wieder ins Bewusstsein heben mussten.

Die Ganzheitlichkeit des Lernens, von den Reformpädagog/innen ganz ohne Scanner (MRT) in seiner Bedeutung erkannt und in konkrete pädagogische Konzepten gefasst, wurde unter anderem durch Spitzer, Hüther und Bauer in den erziehungswissenschaftlichen Diskurs eingebracht. Dass auch der Körper beim Lernen involviert ist, dass sinnliche Wahrnehmung und geistige Prozesse verknüpft sind, dass jeder Gedanke emotional unterfüttert ist, diese durchaus nicht neuen Erkenntnisse können nun auf eindrückliche Weise naturwissenschaftlich nachgewiesen werden. Die Bedeutung der Hirnforschung für die Pädagogik wird kontrovers diskutiert, vor allem hinsichtlich eines befürchteten naturwissenschaftlichen Reduktionismus. Dazu später mehr.

Kinder und Jugendliche brauchen heute mehr denn je Lehrer, die beziehungsfähig sind, denn in vielen Elternhäusern findet wenig persönlicher Kontakt statt. Die Virtualisierung und Fragmentisierung aller Lebensbereiche spiegelt sich in Wohnzimmern, wo jedes Familienmitglied vor seinem eigenen Gerät sitzt, sei es der Gameboy, der Fernseher, der Computer, das Handy oder der iPod. Wie viele beziehungshungrige Kinder stillen diesen Hunger nun im Unterricht! Lieber durch vorlautes Verhalten die Aufmerksamkeit des Lehrers bekommen, als gar nicht gesehen werden. Die Notwendigkeit einer intensiven pädagogischen Arbeit ist in den letzten Jahren immens gestiegen.

1.3 Bildung braucht Zeit!

Die Realität sieht anders aus: Die Schulzeit wurde um ein Jahr verkürzt, der Stoffplan aber nicht entsprechend abgespeckt. Je enger und detaillierter die Anforderungen in Bildungsplänen festgelegt werden, desto weniger Spielraum gibt es für den einzelnen Lehrer. Was er besonders gut kann, was ihn besonders interessiert, was er besonders gut einbringen kann, zählt weniger als das Abhaken einer vorgefertigten »To-Do-List«. Persönlichkeit ist immer weniger gefragt, denn das Diktum der Vergleichbarkeit verlangt nach Ähnlichkeit. Ich überblicke schon einige Jahrzehnte als Lehrerin und merke, wie gerade in letzter Zeit, die Erkenntnis, wie wichtig die Lehrerpersönlichkeit für die Kinder und Jugendlichen ist, immer weniger in praktische didaktische und methodische Überlegungen mündet. Interessanterweise ist eine große Diskrepanz z. B. zwischen den jüngsten wissenschaftlichen Erkenntnissen der Lernforschung und den von den Kultusministerien vorgegebenen Bildungsplanungsschritten zu erkennen. Während auf der einen Seite die Bedeutung der Lehrerpersönlichkeit hervorgehoben wird, werden im Ausbildungssektor all die Module, die der Ausbildung der professionellen Lehrerpersönlichkeit dienen, reduziert, geschweige denn ausgeweitet.

Die beflissene Reaktion der Bildungsbürokratie auf das schlechte Abschneiden im PISA-Vergleich dauert an und wird perfektioniert: Bildungsstandards, Lernstandserhebungen, Vergleichbarkeit, Anforderungsprofile, Auswertungsbögen, Evaluationsraster. Lehrer sollen zu Lernberatern werden. Persönlichkeit ist weniger gefragt, denn Kollege X soll ja gegebenenfalls durch Kollege Y ersetzt werden, der dann unauffällig den Unterricht an der Stelle genauso weiterführt wie es Kollege X getan hätte.

Neues Nachdenken über Bildungsinhalte ist meiner Meinung nach dringend nötig. Das Bemühen um Bewertungsmodalitäten und Evaluationsmöglichkeiten ist vor dem Hintergrund einer Bestrebung nach Qualitätssicherung verständlich, aber leider bewirkt die Art der Organisationsentwicklung, die dem betriebswirtschaftlichen Sektor entlehnt ist, dass jene Aspekte des Lehrerberufs aus dem Blickfeld geraten, die dessen eigentlicher Kern sind: Wenn Kindern und Jugendlichen austauschbare Lernberater zugemutet werden, die modularisiertes Häppchenwissen verabreichen, das vor allem vor den Klassenarbeiten und Klausuren in rascher Folge gefüttert wird und das dann in den Prüfungen – meist leider unverdaut – wieder zum Vorschein kommt, dann werden nicht nur die Schülerinnen und Schüler hungrig, sondern auch die Lehrerinnen und Lehrer unbefriedigt bleiben in diesem Lernprozess, weil das, was sie eigentlich geben könnten, ihre ganz ureigenste, durch viel Erfahrung und umfassendes Studium erworbenes und angeeignetes Wissen gar nicht mehr gefragt ist. Stattdessen müssen sie sich an vereinheitlichte Pläne halten, damit dann die standardisierten Tests von den Schülerinnen und Schülern mit ihren Wissenspäckchen gefüllt werden, die wiederum vom Lehrer in Schablonen einsortiert werden. Am Ende steht eine Bewertung, die den Anschein höchster Objektivität hat und Vergleichbarkeit durch Messbarkeit suggeriert. Die vielen, nicht mit groben Rastern messbaren Variablen im Unterrichtsgeschehen werden ausgeblendet, aber sie verlieren nicht ihre Wirkmacht.

Die Zusammensetzung der Klassen, die Herkunft und Sozialisation der Schüler/innen, die Lernbiografie der Lerngruppe, die Persönlichkeit und das Fachwissen der Lehrkraft – all diese Faktoren spielen eine Rolle, werden aber durch standardisierte Tests nicht erfasst.

Was nicht gemessen wird, dem schenkt man auch weniger Aufmerksamkeit, und das bekommt immer geringeren Stellenwert in den Bildungsplänen: Kreatives Schreiben, Darstellendes Spiel, Musik oder Kunst.

Hinterrücks bestimmen die Testinhalte das Unterrichtsgeschehen. »Teaching for the test«, diese in vielen Schule in den USA gängige Praxis wird sich langfristig auch bei uns durchsetzen.

Zum Beispiel hat das Zentralabitur bewirkt, dass im Gleichschritt durch die Literaturgeschichte marschiert wird und alle Schüler/innen eines Bundeslandes dieselben Texte lesen. Das hat sicherlich auch Vorteile, denn so gibt es z. B. im Fach Deutsch wieder eine Art Kanon literarischer Texte. Alle Schülerinnen und Schüler eines Jahrgangs haben dieselben Texte gelesen, (zumindest deren Inhaltsangaben bei Wikipedia …). Was verloren geht, ist – im Falle des Faches Deutsch – die Möglichkeit, dass der Lehrer aus einem weiteren Rahmen auswählt, Texte in Beziehung setzt, aktuelle Bezüge herstellt, exemplarische Texte ausführlich behandelt, sie mit der jeweiligen Kunst, Musik, Kultur in Verbindung bringt und auf das aktuelle Kulturgeschehen eingehen kann.

Was verloren geht, ist alles, wodurch aus dem Wissenskanon wirklich Bildung würde. Für solche – auch für den Deutschlehrer früher höchst genussvolle – Planungsarbeit ist keine Zeit mehr. Man hakt Text für Text ab, die Schüler/innen werden Meister im Lesen von Inhaltsangaben und im Auswendiglernen von Daten, dabei besteht Bildung darin, sich eine mentale Landkarte anzulegen, Beziehungen zu erkennen und neue Zusammenhänge zu entdecken, das Eigene mit dem Fremden in eine ganz persönliche Mischung zu bringen, kurz: sich Wissen anzueignen.

Der Zauber von Poesie etwa erschließt sich in einer behutsamen Annäherung. Eigene Schreibversuche schaffen ein Bewusstsein für Ausdrucksmöglichkeiten, die uns zur Verfügung stehen, für die wir Zeit brauchen. In solchen Aneignungsprozessen entsteht der Grund für lebenslange Bildung, hier wird der Samen gelegt für die Lust auf Teilnahme am kulturellen Leben. Wer nur dürre Inhaltsangaben kennt und im Unterricht, damit es schneller geht, eine Verfilmung der Pflichtlektüre ansieht, weil das Lesen zu lange dauert und der Lehrer in seiner Planung den Vorgaben hinterherhechelt, wer auf diese Weise mit Literatur Bekanntschaft macht, dem wird das Vergnügen vorenthalten, das das Lesen auch schwieriger Texte bereitet.

Passionierten Deutschlehrern gelingt es auch in Zeiten des Zentralabiturs, den Zauber von Literatur entfalten zu lassen. Keinesfalls möchte ich hier zum Rundumschlag ansetzen. Qualitätskontrolle muss sein. Es fragt sich nur, ob dies mit quantifizierenden Methoden gelingen kann und ob nicht mehr Vertrauen in die persönliche Lehrtätigkeit gelegt werden müsste. Dann müsste in der Lehrerausbildung und in der Fortbildung wieder mehr Gewicht auf die Ausbildung der Persönlichkeit gelegt werden. Dazu gehört die Schulung der Selbstreflexion, aber auch der Beziehungs- und Empathiefähigkeit.

Das Ideal einer umfassenden Bildung wird ja immer noch hochgehalten, aber hinterrücks torpediert, wenn jene Bereich, die einen umfassenden Bildungsprozess erst ermöglichen, immer weiter beschnitten werden.

1.4 Des Kaisers neue Kleider – die Pracht der Evaluation

Gerade die Lehrerinnen und Lehrer, die mit Leib und Seele ihren Beruf ausüben, haben längst gemerkt, dass engmaschige Evaluationsverfahren sich prächtig dokumentieren lassen, aber wenig bewirken.

Die ganz konkreten Folgen dieser derzeitigen Entwicklung lassen sich daran erkennen, dass für die Lehrerinnen und Lehrer die Zahl der Konferenzen gestiegen ist. Der Mailverkehr mit Kolleginnen und Kollegen auf dem heimischen Rechner hat sich intensiviert, die Masse an Formularen und abzuheftenden Dokumentationsmaterialien hat sich erhöht. Hauptsache, es wird dokumentiert, dass diese und jene Vorschrift ausgeführt wird. Die Qualität der pädagogischen Arbeit steigt aber nicht, wenn sie in dürren Worten dokumentiert und in Ablagesystemen archiviert wird.

Im Grunde handelt es sich hier um ein Kontrollsystem, das die Qualität der Arbeit sicherstellen soll. Dabei sind motivierte Pädagog/innen schon im eigenen Interesse bereit, gute Arbeit zu leisten, d. h. aber gut zu unterrichten, nicht fleißig Papiere abzuheften.

Die pädagogische Arbeit wird bei den meisten Evaluationsverfahren ohnehin nicht unter die Lupe genommen, sondern nur die dürren Gerippe dokumentierter Abläufe. Engagierte Lehrer/innen brauchen Zeit für die pädagogische Arbeit vor Ort, und das ist das Klassenzimmer, das sind die Gespräche mit den Schüler/innen, und das ist die häusliche Vorbereitung, durchaus auch die Absprache im Team. Auch für die Reflexion der pädagogischen Arbeit braucht es Raum. Oft setzen sich Lehrerinnen und Lehrer zum ersten Mal mit sich selbst, mit ihren Erfahrungen, Ängsten und Wünschen auseinander, wenn sie krank geworden sind, z. B. durch chronischen Stress ein Burn-out-Syndrom entwickelt haben.

Die Arbeitslast, der die Lehrerinnen und Lehrer unterliegen, ist gestiegen, ohne dass es einen Ausgleich bei den Deputatsstunden gegeben hätte. Gerade weil der Lehrberuf die gesamte Persönlichkeit in Anspruch nimmt, ist er einer der Berufe, die nicht nur subjektiv als anstrengend erlebt werden, sondern dank vieler Studien inzwischen auch objektiv als eine der Professionen eingestuft wird, die ein hohes Risiko für die Gesundheit darstellen.

Kein Politiker könnte sich – auch dank der jüngsten Studien von Schaarschmidt – mehr erlauben zu äußern, dass Lehrer/innen »faule Säcke« seien.

Gerade die Lehrerinnen und Lehrer, die voller Schwung und mit Enthusiasmus ihr Berufsleben beginnen, laufen Gefahr »auszubrennen« (vgl. das Kapitel zu »Burn-out«).

1.5 Brennen, ohne auszubrennen?

Wie kann es gelingen, zu »brennen«, ohne auszubrennen? Wie kann sich der Berufsanfänger seinen Enthusiasmus erhalten, ja ihn mit der Zeit in eine gelassene, entspannte Freude an seinem Beruf münden lassen, sodass das Unterrichten zwar einen guten Teil an Routine enthält, aber auch von dem frischen »Anfängergeist« inspiriert wird, der jeden Augenblick als unverwechselbar und neu entdeckt? Wie können Sie als Lehrerin oder Lehrer den ganz normalen Wahnsinn eines Schultages überstehen, ja vielleicht sogar den Wahn in Sinn verwandeln?

Wenn ich Sie in diesem Buch mit der Haltung der Achtsamkeit und ihrer heilsamen Wirkung auf den Lehrerberuf bekannt mache, dann gebe ich nicht vor, ich hätte ein Rezept gegen die vielen Widrigkeiten des Schulalltags parat, sondern ich möchte Sie dazu verführen, Ihre ganz persönliche Rezeptur zusammenzustellen und sie je nach Bedarf nach den eigenen Bedürfnissen zu verändern.

Vielleicht kann ich Sie darauf neugierig machen, Forscher im eigenen Schulalltag zu werden und Möglichkeiten zu entdecken, wie Sie Ihren Beruf mit weniger Kraftaufwand, mehr Schwung und Freude ausüben können.

Sich einzumischen und dafür zu arbeiten, dass die Bedingungen, unter denen heute Schule stattfindet, verbessert werden, das ist sicherlich dringend geboten. Gestaltungskraft dafür einzusetzen, dass Kinder und Jugendliche zu Subjekten ihres Bildungsprozesses werden können, dafür lohnt sich aktives Engagement, aber mindestens genauso wichtig ist es für Lehrerinnen und Lehrer, dafür zu sorgen, dass sie als Einzelne nicht Opfer der Misere werden.

Gerade weil Unterrichten die ganze Person betrifft und wir von den Schüler/innen in unserer Persönlichkeit wahrgenommen und auch kritisiert werden und weil unsere Persönlichkeit wiederum dazu beitragen kann, dass mit Freude und Ausdauer gelernt wird, können Lehrerinnen und Lehrer davon profitieren, wenn sie einmal innehalten und zu Forschern in eigener Sache werden.

1.6 Der ganz normale Wahnsinn – »Lehrer Tausendsassa«

Das Wort Tausendsassa ist im 18. Jahrhundert entstanden. Es ist eine Hypostasierung des Zurufs »Tausend sa sa!«, einer übertriebenen Steigerung von »Sa sa!«. »Sa Sa!« wurde als Hetzruf für Hunde verwendet (vermutlich aus frz. ça = das).

So wird das Wort Tausendsassa erklärt, und ich finde, dass Lehrer wahre Tausendsassas sind. Wer schreit da nicht alles: »Ça, ça!«.

- noch schnell den Zeitungsartikel kopieren – »Ça, ça!«
- zuerst den Kopierer reparieren – »Ça, ça!«
- den CD-Spieler suchen – »Ça, ça!«
- den CD-Spieler reparieren – »Ça, ça!«
- Unterricht halten – »Ça, ça!«
- Nasenbluten stillen – »Ça, ça!«
- Tränen trocknen – »Ça, ça!«
- Missbilligung schreiben – »Ça, ça!«
- abheften – »Ça, ça!«
- mit Eltern telefonieren – »Ça, ça!«
- mit Kollegen konferieren – »Ça, ça!«
- Pläne erstellen – »Ça, ça!«
- Vergleichsarbeiten konzipieren – »Ça, ça!«
- korrigieren – »Ça, ça!«
- Streit schlichten – »Ça, ça!«
- Elternabende leiten – »Ça, ça!«
- Referendare ermutigen – »Ça, ça!«
- Brötchen schmieren – »Ça, ça!«
- Klassenzimmer renovieren – »Ça, ça!«
- Vorhänge nähen – »Ça, ça!«
- Kostenvoranschläge einholen – »Ça, ça!«
- Lehrerzimmer möblieren – »Ça, ça!«
- Unterricht halten – »Ça, ça!«

- Zeugnislisten ausfüllen – »Ça, ça!«
- Zeugnisse austeilen – »Ça, ça!«
- Kursfahrten planen – »Ça, ça!«
- Reiseführer sein – »Ça, ça!«
- …
- »Ça, ça!« – »Ça, ça!« – »Ça, ça!« – Ça, ça!« – »Ça, ça!«

Sollten Nichtlehrer diese Aufzählung lesen, dann wittern sie vielleicht maßlose Übertreibung und für Lehrer/innen typisches reflexhaftes Jammern. Kommen Sie doch ruhig einmal vorbei und begleiten Sie einen Lehrer in seinem Schulalltag, dann werden Sie feststellen, dass die obige Aufzählung erst einen Bruchteil der täglich anfallenden »Kleinigkeiten« enthält.

Für die Lehrerinnen und Lehrer unter Ihnen scheint diese Liste bestimmt ergänzungsfähig! »Lehrerinnen und Lehrer sind keineswegs beneidenswerte Halbtagsjobber!« Diese Aussage von Uwe Schaarschmidt, dem Initiator der Potsdamer Lehrerstudie, spricht jedem Lehrer aus dem Herzen. Werfen wir doch einmal einen Blick auf die Ergebnisse seiner Studie.

1.7 Studien zur Lehrergesundheit

Inzwischen gibt es schon einige Studien zur Lehrergesundheit, die bekannteste davon ist sicherlich die Potsdamer Lehrerstudie, die im Auftrag des Deutschen Beamtenbundes und seiner Lehrergewerkschaften beginnend mit dem Jahr 2000 durchgeführt wurde. Projektleiter war der damalige Leiter der Abteilung »Persönlichkeits- und Differentielle Psychologie« am Institut für Psychologie der Universität Potsdam. Die Studie gliederte sich in zwei Abschnitte: Zunächst wurden die vorgefundenen Belastungssituationen analysiert und auch mit anderen Berufen verglichen. Aufbauend auf den Ergebnissen der ersten Etappe, ging es im zweiten Teil der Studie darum, Unterstützungsangebote auszuarbeiten, die zu einer Belastungsreduktion führen können. Rund 16.000 Lehrerinnen und Lehrer und ungefähr 2.500 Lehramtsstudierende und Referendare nahmen teil. In der ersten Etappe wurden auch 1.500 Lehrerinnen und Lehrer aus anderen Ländern eingebunden und 8.000 Vertreter anderer Berufsgruppen zum Vergleich herangezogen. Grundlage der Analyse war eine anonymisierte Fragebogenerhebung. Als wichtigste Indikatoren dienten die persönlichen Muster des arbeitsbezogenen Verhaltens und Erlebens (erfasst mit dem Verfahren AVEM – »Arbeitsbezogenes Verhaltens- und Erlebensmuster«), (Schaarschmidt/Fischer 2008). Schaarschmidt hat vier Muster unterschieden:

- **Muster G** ist Ausdruck von Gesundheit. Wichtige Aspekte sind hier: stärkeres, nicht exzessives berufliches Engagement, höhere Widerstandsfähigkeit gegenüber Belastungen, positive Emotionen.
- **Muster S:** Das S steht für Schonung, womit impliziert ist, dass geringes Engagement hier im Vordergrund steht.

- **Muster A:** Das A steht für hohe Anstrengung, die aber in Selbstüberforderung umschlägt. Darin besteht das Gesundheitsrisiko. Diese Lehrer/innen werden oft sehr geschätzt, weil sie Sonderaufgaben übernehmen und sich mehr als andere engagieren.
- **Muster B:** Das B steht für Burn-out: ständiges Überforderungserleben gepaart mit geringer Widerstandsfähigkeit gegenüber Belastungen. Oft mündet Muster A in Muster B.

Bemerkenswert finde ich, dass die Lehrerschaft im Vergleich mit anderen Berufsgruppen die ungünstigste Musterkonstellation aufweist. Der Typ G kommt nur zu 17 Prozent vor, während die als ungünstig angesehenen Typen A und B häufig vorkommen (je 30 Prozent).

Der Vergleich zwischen Schulformen und Regionen zeigt keine Unterschiede, während die Unterschiede zwischen Männern und Frauen deutlich ins Gewicht fallen, und zwar zum Nachteil der Frauen, die sowohl in Typ A und Typ B höhere Risikomuster aufweisen. Betrachtet man das Lebensalter, lässt sich feststellen, dass eine progressive Verschlechterung im Verlauf der Berufsjahre stattfindet. Als die am stärksten belastenden Bedingungen werden genannt: »problematisches Schülerverhalten, zu große Klassen, eine zu hohe Stundenzahl.« Als wichtigste entlastende Bedingung wird die soziale Unterstützung im Kollegium und durch die Schulleitung genannt.

Prof. Schaarschmidt, der inzwischen emeritiert ist, bietet internetbasierte personenbezogene Analyseverfahren mittels AVEM an, d.h. jeder Lehrer kann anonym seine »Verhaltens- und Erlebensmuster in der Auseinandersetzung mit den beruflichen Anforderungen« auswerten lassen (www.coping.at).

Der Schaarschmidt-Studie kommt der Verdienst zu, die Belastungsfaktoren des Lehrerberufs in das öffentliche Bewusstsein gerückt zu haben. Die objektiven Bedingungen, unter denen die Lehrerinnen und Lehrer zu arbeiten haben, und die Anforderungen, die an sie gestellt werden, können nur auf politischem Weg geändert werden. Wie die einzelnen Lehrkräfte subjektiv mit diesen Bedingungen so umgehen können, dass sie gesund bleiben, diese Frage eröffnet ein weites Feld. Letztlich geht es um Bewältigungsstrategien, die allerdings immer auch im Kontext der Ziele gesehen werden müssen. Schaarschmidt bietet »Trainingsmodelle« und »Self-Assessment«-Verfahren an (Schaarschmidt/Kieschke 2007).

Will man »effiziente« Lernberater, die im Lehreralltag »fit« bleiben und resilient die Vorgaben erfüllen? Oder fasst man Gesundheit so weit, dass darunter auch Zufriedenheit mit dem Beruf und dessen Sinnhaftigkeit zählen? Soll es weiter um die allseitige Ausbildung der Persönlichkeit – und zwar bei Lehrern *und* Schülern – gehen, dann müsste man Lehrerinnen und Lehrern auch die Gelegenheit bieten, Angebote für Persönlichkeitsentfaltung und Selbstreflexion wahrzunehmen. Denn in diesem Sinne gesunde Lehrer hätten dann auch Kraft für die komplexe Aufgabe, Kinder und Jugendliche mit Freude und Entschiedenheit in ihrer Entwicklung zu fördern.

Immer öfter wird in Studien zur Lehrergesundheit statt pathogenetischer Konzepte, die krank machende Verursachungsfaktoren untersuchen, der Fokus auf die Salutogenese gelegt: Welche gesund erhaltenden Protektivfaktoren stärken Lehrerinnen und Lehrer und bewahren sie davor, krank zu werden? Das Zentrum für Lehrerbildung der Universität Kassel untersuchte in einer Studie 2002 3.000 Lehrerinnen und Lehrer aller Schulstufen, die zwischen 1996 und 2002 frühpensioniert wurden. In einem anonymisierten Fragebogen wurden subjektiv erlebte Belastungsfaktoren (45 Items) und die Verarbeitung dieser Belastungen erfasst.

Bei den Krankheitsbildern fiel auf, dass Männer eher unter somatischen Krankheiten litten, Frauen unter psychischen Störungen. Das Dienstalter spielte eine untergeordnete Rolle.

Als Hauptbelastungsfaktoren wurden genannt:

- die Fülle der Anforderungen, insbesondere die Zunahme von Verhaltensauffälligkeiten bei Schüler/innen
- immer mehr Erziehungsaufgaben
- zu große Klassen
- undisziplinierte Schüler
- große Leistungsunterschiede zwischen den Schüler/innen
- zu wenig wirksame Sanktionsmöglichkeiten
- Zunahme der administrativen Pflichten, zu viele Vorschriften und Vorgaben
- zu hohe Pflichtstundenzahl, zu hohe wöchentliche Arbeitszeit

In der Studie wurde auch nach den Formen des Umgangs mit den Belastungen gefragt. Es kristallisierten sich drei Faktoren heraus:

- **Faktor 1:** Lebenszufriedenheit, Erfolgserleben im Beruf, Erleben sozialer Unterstützung, innere Ruhe und Ausgeglichenheit, offensiver und aktiver Umgang mit Problemen vor dem Hintergrund einer guten sozialen Einbindung und hohen emotionalen Stabilität
- **Faktor 2:** hohes Engagement, hohe Leistungsansprüche, Verausgabungsbereitschaft, Perfektionsstreben, Bedeutsamkeit der Arbeit, beruflicher Ehrgeiz
- **Faktor 3:** passive, resignative Haltung, geringe emotionale Stabilität

»In der rückblickenden Selbsteinschätzung zeigten sich diejenigen Kolleginnen und Kollegen als weniger belastet, die mit ihrer Lebens- und Berufssituation zufrieden waren, soziale Unterstützung erlebten, ihre Arbeit als bedeutsam und sich selbst als wirksam erlebten und mit ihren Problemen offensiv umgingen« (Dauber/Döring-Seipel 2009, S.52).

Prof. Dr. Dauber wandte sich nach den Ergebnissen dieser Studie der Frage zu, wie berufliche Belastungen bewertet werden und wie sich daraus im Einzelfall Gefühle von Überforderung ergeben. In Zusammenarbeit mit der DEBEKA entwickelten Prof. Dauber (Institut für Erziehungswissenschaften, Kassel) und Dr. Elke Döring-Seipel (Institut für Psychologie) die Studie SALUS (Salutogenese in Lehrberuf und Schule). Den theoretischen Hintergrund der Studie bildete ein transaktionales Anforderungs-Ressourcen-Modell. Dauber und Döring-Seipel beziehen sich hier z.B. auf Lazarus und Folkman (1984), die im Rahmen der Stressforschung davon ausgehen, dass die subjektiven Bewertungs- und Verarbeitungsprozesse eine bedeutende Rolle für das Stressgeschehen des Organismus spielen. Wie mit Situationsanforderungen umgegangen wird, hat eine große Bedeutung. Im nächsten Kapitel werde ich mich ausführlich damit auseinandersetzen, wie unsere subjektive Bewertung einer Situation darüber entscheidet, wie die Stressreaktion des Körpers ausfällt. Gerade beim Stressgeschehen wird besonders die enge Verflechtung zwischen Gedanken, Gefühlen und körperlichen Prozessen deutlich und damit auch die Einflussmöglichkeit, dieser Prozesse Herr zu werden und nicht deren Opfer.

In der Studie von Dauber und Döring-Seipel, die 688 Männer und 408 Frauen umfasste, wurden auch Lehrerinnen und Lehrer befragt, die eine zusätzliche Ausbildung in Gestaltpädagogik absolviert hatten. Die meisten dieser zusätzlich ausgebildeten Lehrer/innen nahmen häufiger als die anderen an Fortbildungsveranstaltungen teil und nutzten das Angebot einer kontinuierlichen Supervision (Dauber/Döring-Seipel 2009).

Als Fazit der Studie scheint mir erwähnenswert, dass persönliche Ressourcen offensichtlich aktive Bewältigungsstrategien implizieren, die wiederum gesundheitsstärkende Faktoren sind. Der salutogenetische Ansatz, der erforscht, was Lehrerinnen und Lehrer gesund erhält, legt den Fokus auf die Förderung psychosozialer Kompetenzen und der Ausbildung der persönlichen Ressourcen (z. B. Selbstwirksamkeit, Lehrerselbstwirksamkeit, Resilienz, emotionale Stabilität, Kohärenzsinn und Distanzierungsfähigkeit).

Gestaltpädagogisch ausgebildete Lehrerinnen und Lehrer scheinen sich laut Dauber »auf einem guten Weg zu befinden, lange, gesund und beruflich erfolgreich zu arbeiten« (Dauber/Döring-Seipel 2009, S. 54).

Mediziner der Freiburger Universitätsklinik um Projektleiter Prof. Dr. Bauer und Dr. Thomas Unterbrink haben in einer Studie, an der 1.000 Lehrer beteiligt waren, die krank machenden Faktoren des schulischen Lehrberufs untersucht: »Besonders dramatisch scheint die Situation an Hauptschulen zu sein, wo – wie die Freiburger Forscher feststellten – allein innerhalb eines Jahres mehr als 53% der Lehrkräfte erleben, dass sie im Unterricht von Schülern schwer beleidigt oder aggressiv angegangen werden« (Pressemitteilung der Albert-Ludwig-Universität, Freiburg vom 10.7.2008).

Bauer und Unterbrink untersuchten auch die Faktoren, die sich positiv auf die Gesundheit der Lehrer auswirken. Dazu zählen unter anderem: gegenseitige Unterstützung der Lehrkräfte, ein kollegiales und wertschätzendes »Betriebsklima« in der Schule, Unterstützung durch die Schulleitung. Bauer weist im Hinblick auf die Konsequenzen, die aus der Studie gezogen werden können, darauf hin, »dass die Fähigkeit, auch mit schwierigen Schülerinnen und Schülern gelingende Beziehungen zu gestalten, mittlerweile zu einer ›Kernkompetenz‹ des Lehrberufs zu zählen ist. Die Ausbildung von Lehrerinnen und Lehrern wird den hohen Anforderungen an die Beziehungskompetenz in diesen Berufen jedoch nicht gerecht. Lehrkräfte, die zwar fachlich gut sind, aber nicht gelernt haben, gegenüber Schülern wirksam aufzutreten, sind nicht nur ineffiziente Ausbilder, sie verschleißen sich auch selbst und werden schneller krank« (Pressemitteilung der Albert-Ludwig-Universität, Freiburg vom 10.7.2008).

Die Freiburger Mediziner haben ein Manual für ein Training entwickelt, welches Lehrern helfen kann, ihre Gesundheit zu schützen: Informationsphasen über Stress, über die Bedeutung subjektiver Bewältigungsstrategien, über die gesundheitsgefährdenden Aspekte des Berufs wechseln sich ab mit Phasen der Selbsterfahrung, Introspektion und Fallbesprechungen nach dem Balint-Prinzip. Das Konzept des »Freiburger Lehrer-Coachings« wurde inzwischen schon von vielen Lehrerinnen und Lehrern praktisch erprobt.

Eine vielversprechende Studie zur Lehrergesundheit, die die Haltung der Achtsamkeit als Gesundheitsressource untersucht, wird derzeit durchgeführt. Vor allem im psychotherapeutischen und im medizinischen Bereich gibt es eine Fülle von Studien, die dies belegen (vgl. Kapitel 2.9). Wie Achtsamkeit im Kontext von Schule wirkt, wird derzeit in Deutschland mit einer Erhebung (»Achtsamkeit macht Schule«, AMSLE) untersucht, die von einer Forschergruppe der Universitäten Kassel und Duisburg-Essen (Prof. Dr. Heinrich Dauber, Dr. Nils Altner, Dr. Elke Dörig-Seipel, Dr. Sebastian Sauer) durchgeführt wird (mit Unterstützung des MBSR-MBCT-Verbandes und Dr. Sebastian Sauers »Mindfulness Research Platform«). Auf dem Forschungsportal www. mindfulness-research.net ist seit Oktober 2009 ein Fragebogen zur Achtsamkeitspraxis und zu Gesundheitsressourcen im Lehrerberuf zugänglich. Die Ergebnisse der Untersuchung sind voraussichtlich ab Herbst 2010 auf der Homepage des Zentrums für Lehrerbildung der Uni Kassel (http://www-uni-kassel.de/zlb/) zugänglich, ebenso unter: www.mindfulness-research.net.

Wie Kinder und Jugendliche ihre Selbstkompetenz und Selbstwirksamkeit mit in den Unterricht eingeflochtenen Phasen der Achtsamkeit ausbilden können, wird mit der Studie »Achtsamkeit in der Schule« (Dr. Kohls/Dr. Sauer, LMU München) erforscht, die sich auf mein Konzept »Achtsamkeit in der Schule« (Kaltwasser 2008) bezieht. In den USA gibt es schon einige Studien zu »Mindfulness in Education«, deren Ergebnisse die Wirksamkeit von Achtsamkeitsübungen und einer Haltung der Achtsamkeit im pädagogischen Kontext belegen.

Wenn Sie nun gleich wissen wollen, was es mit der Haltung der Achtsamkeit auf sich hat, dann überspringen Sie eben das folgende Kapitel. Vielleicht könnte es aber doch auch interessant sein für Sie zu erfahren, weshalb es nützlich sein kann, zu verstehen, wie wir uns selbst oft in einen Stresszustand versetzen und wie wir uns selbst oft »die Hölle heiß machen«. Aus diesem Verständnis erwächst dann die Suche nach einem Weg, wie wir uns selbst beruhigen und unsere Emotionen regulieren können. Dies wäre dann eine der Bewältigungsstrategien, die im stressigen Lehreralltag gesund erhalten können.

2. Stress nach Art des Hauses

2.1 Stress: Nicht Ursache, sondern Reaktion!

»Ich bin im Stress! Das war wieder ein Stress! Mach doch nicht so einen Stress! Du bist mir zu stressig! Er stresst mich!«

Das Wort Stress ist im Deutschen heimisch geworden – ob als Substantiv »Stress«, als Verb »stressen« oder als Adjektiv »stressig«. Für das enge Wechselspiel zwischen Körper und Geist kann das Stressgeschehen ein sehr eindrückliches Beispiel geben. Da es inzwischen eine Vielzahl von Studien dazu gibt, die belegen, wie Gedanken auf den Körper wirken und wie z. B. die Körperspannung die Gedanken »färbt«, kann am Beispiel von Stress deutlich werden, inwiefern unsere Einstellungen und Gedanken bis auf die körperliche Ebene durchschlagen. Daran schließt sich dann die Frage an, ob wir diesem Geschehen hilflos ausgeliefert sind oder ob es Möglichkeiten für uns gibt, in diese Abläufe einzugreifen und aus der Opferrolle herauszukommen.

In den 1950er-Jahren des letzten Jahrhunderts verwendete Hans Selye den Begriff erstmals, um damit psychische und körperliche Reaktionen auf äußere und innere Ereignisse zu bezeichnen, die als bedrohlich empfunden werden. Man müsste eigentlich sprachlich korrekt von einer Stressreaktion sprechen. Nicht ein Ereignis ist »stressig«, sondern unsere Bewertung desselben – wobei es direkt lebensbedrohliche Situationen gibt, bei denen wir gar nicht zum Bewerten kommen, weil die durch die Evolution in unserem Hirn akkumulierte »Weisheit« sozusagen für uns handelt. Unser Körper handelt demnach automatisch so, dass er uns möglichst aus der Gefahrenzone bringt.

Selye erforschte, welche physiologischen Auswirkungen ungewohnte Situationen und Verletzungen auf Tiere hatten. Er definierte Stress als Wirkung und prägte den Begriff des Stressors für den Auslöser von Stress. Der gesamte Organismus reagiert auf den Stressor mit allen ihm zur Verfügung stehenden physiologischen Reaktionen, um sein Leben zu sichern. Der Körper aktiviert alle seine Möglichkeiten, um die Anforderungen und Belastungen, denen er ausgesetzt ist, zu bewältigen. Diese Fähigkeit zur Anpassung, zur Adaption ist überlebenswichtig.

Wie kommt es aber, dass Stress so in Verruf geraten ist? Selye stellte schon in den 1950er-Jahren die These auf, dass beim Menschen nicht nur äußere Stressoren eine bedeutende Rolle spielen, sondern dass auch Gedanken und Gefühle – als innere Stressoren – den Körper in Stress versetzen können. Dreißig Jahre vor der Etablierung des Forschungszweiges der Psychoneuroimmunologie hat Selye also schon erkannt, wie wirkmächtig Gedanken und Gefühle körperliche Reaktionen auslösen können.

In der transaktionalen Stresstheorie von Lazarus wird das Zusammenspiel zwischen Situation und Person beleuchtet, wobei es sich bei der »Situation« um ein externes Ereignis handeln kann, aber z. B. auch um innere Wertungen der Person. Stress entsteht laut Lazarus immer dann, wenn die persönlichen Ressourcen als unzureichend für die Bewältigung der Situation eingeschätzt werden.

2.1.1 Unsere biologische Grundausstattung und wie wir davon Gebrauch machen (können)

Zum Verständnis von Stressgeschehen beim Menschen bedarf es eines genauen Blickes ins Gehirn. Auch bei größter Skepsis gegen naturwissenschaftlichen Reduktionismus muss man zur Kenntnis nehmen, dass es hilfreich ist zu wissen, wie unser Gehirn arbeitet und wie Körper und Geist sich gegenseitig beeinflussen. Bevor wir uns genauer mit dem Stressgeschehen befassen, erlauben Sie mir einen kleinen Exkurs:

Auch wenn inzwischen eine Fülle von Publikationen über die Funktionsweise unseres Gehirns auf dem Markt ist, halte ich es für angebracht, in diesem Kontext noch einmal kurz und bündig auf dieses Wunderwerk der evolutionären Entwicklung einzugehen. Denn erst wenn wir verstehen, wie mächtig – oft ohne dass es uns bewusst wird– der Einfluss der tieferen Hirnschichten auf unser Verhalten ist, wächst die Bereitschaft, dieses Wissen praktisch werden zu lassen, sodass wir diesem unserem Bewusstsein selbst nicht direkt zugänglichen Geschehen eben nicht mehr ausgeliefert sind, sondern Dirigent dieses Gehirnorchesters werden und ihm die schönstmögliche Musik entlocken können.

Unser Gestaltungswille ist gefragt. Die Debatte, ob es denn einen freien Willen »überhaupt« gebe, wird inzwischen längst nicht mehr so hitzig geführt wie noch vor einigen Jahren – wohl, weil inzwischen ein fruchtbarer Dialog zwischen den Geistes- und den Naturwissenschaften in Gang gekommen ist und eine differenzierte Abgrenzung, aber auch Annäherung zwischen den verschiedenen Disziplinen stattfindet.

Wir können uns heute der Erkenntnis nicht mehr verschließen, dass unsere biologische Grundausstattung unser Denken und Handeln, unsere Gefühle und unsere Einstellungen weit mehr beeinflusst, als wir bislang angenommen haben, aber nicht determiniert. Die hehre Frage, wie Bewusstsein definiert werden kann, mündet in die ganz praktische Lebensfrage, wie wir mit unserem Organismus in Dialog und Kooperation treten. Können wir einen »reinen«, immateriellen Zugang zu unserem Selbst finden, wo doch jeder Gedanke von körperlichen Prozessen durchdrungen ist?

Bleiben wir zunächst beim Gehirn. Eigentlich ging es dem Gehirn im Prozess der Evolution wie einem Haus, das mit der Zeit den Anforderungen immer neuer Besitzer gerecht werden muss. Die ursprüngliche Hütte bleibt erhalten, ja, hat immer noch eine wichtige Funktion, aber dann wird angebaut. Neue Stockwerke entstehen, neue Räume werden gestaltet, die Besitzer verlangen immer neue Bereiche für ihre veränderten Ansprüche. Vereinfachend wird auch oft vom dreiteiligen Gehirn gesprochen, sicherlich eine populistische Verkürzung, aber als Modell durchaus tauglich.

Die älteste Hirnschicht wird oft auch Reptiliengehirn genannt. Es umfasst den Hirnstamm, zu dem auch das Kleinhirn gehört. Es befindet sich am oberen Ende des Rückenmarks. So grundlegende Lebensfunktionen wie Verdauung, Atmung, Herzschlag, aber auch das Beugen und Strecken der Muskeln und die Haltung werden hier gesteuert. Angst und Hunger, Lust und Erregung spielen in den Schaltkreisen des Hirnstamms schon eine wichtige Rolle. Hier wird über unser Leben gewacht, Tag und Nacht.

Die nächste Evolutionsetappe bescherte uns das Mittelhirn, in dem z. B. der Hippocampus und die Amygdala dafür zuständig sind, Erinnerungen an Gefühle oder an Orte zu speichern. In der evolutionären Entwicklung der Säugetiere spielte diese letztgenannte Funktion natürlich eine große Rolle, denken wir nur an die daran gekoppelte Fähigkeit, Freund und Feind auseinanderhalten zu können, Futterorte zu erinnern, Nahrung zu bewerten oder die Bindung in der Gruppe als Überlebensfaktor zu ermöglichen. Die Nachkommen erfahren liebevolle Brutpflege, denken wir an Mäusekinder, deren Mütter sich hingebungsvoll um sie kümmern, während sich die jungen Krokodile vor den Eltern verstecken müssen, um nicht gefressen zu werden. All diese Auf- und Anbauten haben schon unsere nicht menschlichen Vorfahren geleistet.

Ja, und dann entwickelt sich die Krone der Hirnentwicklung, die Superkuppel unserer Großhirnrinde. Von den großen Affen zu den Menschen hat sich dieser Hirnteil so ausgeweitet, dass die Leistungsfähigkeit des menschlichen Gehirns sowohl als Produkt und als Gestalter der menschlichen Entwicklung gesehen werden kann.

Dem präfrontalen Kortex kommt besondere Bedeutung zu. Er spielt eine bedeutende Rolle bei der Planung und Selbstreflexion. Dieser Hirnbereich kann Regulationsfunktionen ausüben. In der Achtsamkeitsforschung gilt diesem Bereich besondere Aufmerksamkeit. Mit ihm wird die Fähigkeit, das eigene Verhalten und Fühlen zu reflektieren, in Verbindung gebracht, ebenso wie die Fähigkeit, sich in andere Menschen einzufühlen und Mitgefühl zu entwickeln (vgl. Kapitel 2.9 und Siegel 2010).

Sich nochmals auf diese grobe Dreiteilung des Gehirns zu besinnen, ist auch deshalb hilfreich, weil wir uns immer vor Augen halten müssen, dass sich die ältesten Hirnregionen immer noch sehr laut und oft unüberhörbar einmischen, z. B. wenn es um unsere Stressreaktionen geht. Je besser wir verstehen, wie unsere biologische Grundausstattung beschaffen ist, desto eher können wir »Herr – oder Frau – im eigenen Haus« werden.

2.1.2 Körper und Geist, Körper oder Geist?

Wenn ich hier so knapp und damit auch vereinfachend auf die biologische Grundausstattung des Menschen eingehe, heißt das nicht, dass ich der verführerischen Überzeugungskraft der bildgebenden Verfahren der neusten Hirnforschung erliege. Die menschliche Subjektivität ist nicht auf messbare Gehirnvorgänge zu reduzieren.

Auf die Frage nach der Bedeutung des Bewusstseins, nach unserem Erkenntnisvermögen und letztlich nach der Freiheit unseres Willens und unseres Handelns, auf diese philosophische Frage gibt es bedeutende Antworten – unübertroffen hier Kants erkenntnistheoretische Ausführungen zu den Bedingungen und Grenzen naturwissenschaftlicher Erkenntnis.

Im Hype um die Hirnforschung wird dann oft schlampig formuliert, dass ein Gehirn »Entscheidungen treffe«. Intentionale Akte sind unter anderem natürlich an die Gehirntätigkeit geknüpft, aber Begriffe wie »Überlegen, Entscheiden, Fühlen, Wollen« eignen sich nicht zur Bezeichnung physiologischer Prozesse.

Der gängige Ausdruck von einem »denkenden oder entscheidenden Gehirn« ist also ein Kategorienfehler. In seinem Buch »Das Gehirn – ein Beziehungsorgan« geht der Psychiater und Philosoph Thomas Fuchs (2009) auf diesen Fehlschluss ein. Fuchs stellt anschaulich dar, dass das Gehirn »verborgen in der Höhlung des Schädels, in Flüssigkeit schwimmend, unwahrnehmbar und sogar schmerzunempfindlich«, nicht isoliert betrachtet werden darf und dass es seine vitalen Funktionen erst als Organ eines Lebewesens gewinnt, das in eine komplexe Umwelt integriert ist, dass es also zur Ausbildung dieser Funktionen auch des ganzen lebensweltlichen Kontexts eines Menschen bedarf. In diesem Spannungsfeld zwischen Innen und Außen finden ständige Anpassungs-, aber auch Gestaltungsprozesse statt.

»Das Gehirn ist der Mediator, der uns den Zugang zur Welt ermöglicht, der Transformator, der Wahrnehmungen und Bewegungen miteinander verknüpft. Wir eignen uns die Welt an aufgrund unserer ganz persönlichen Geschichte, aufgrund unseres Wissens, unserer Absichten. Wir treten in Austausch mit anderen Menschen, mit unserer Kultur und Geschichte. Diese Aneignungstätigkeit hinterlässt neuronale Spuren, die dann wiederum die Folie weiterer Aneignungsakte sind und diese prägen. Zwar unterliegen diese neuronalen Muster den naturwissenschaftlichen Kausalzusammenhängen, aber übergeordnet sind nicht-physikalische Bedeutungszusammenhänge. Insofern ist das Gehirn kein Käfig, sondern ein Organ der Möglichkeiten. Nicht der Geist muss tun, was die Neuronen ihm vorschreiben, sondern die Neuronen ermöglichen alles, was sich im Geist entfaltet.« (Fuchs 2009, S. 77)

Damit wird das Gehirn in dem Maße, in dem wir Wissen über es gewinnen, zum »Organ der Freiheit«; und im Maße des Fortschritts der Hirnforschung gewinnt es diese Bedeutung immer nachdrücklicher.

Das Gehirn hat sich im Austausch im Laufe der Evolution so differenziert entwickelt, dass wir Menschen nicht mehr zwangsläufig den starren Reiz-Reaktions-Mechanismen ausgeliefert sind.

Auch ohne solches Wissen über das Gehirn hatten »wir«, die Menschen, zwar immer schon die Freiheit, unsere Impulse zu steuern und unser Handeln abzuwägen. Doch gerade weil die Hirnforschung anscheinend ganz neue Möglichkeiten im Sinne der Freiheit zu eröffnen scheint, habe ich diese Zusammenhänge ein wenig erläutert, denn sie sind bedeutsam dafür, wie wir mit uns umgehen.

Gerade wenn wir autonom handeln möchten und nicht Opfer unserer biologischen Zwangsläufigkeit werden wollen, gebietet es die Vernunft, uns genau mit unserem Organismus zu beschäftigen, ihn kennenzulernen, um dann vernünftig damit umgehen zu können, sein Dirigent zu sein. Und in dem Maße, wie wir auf der Alltagsebene Wissen über die Funktionsweise dieses Körperorgans haben, kann unser Geist zusätzliche Freiheit gewinnen. Wir lernen sozusagen, mit der Einrede oder der Bestätigung, die gemäß der in unserem Gehirn noch präsenten alten Entwicklungsstadien des irdischen Lebens auf unser heutiges Denken und Handeln geschehen, vernünftig umzugehen und solchen automatischen Impulsen gegenüber Freiheit zu behaupten.

Die tieferen Hirnschichten könnten wir vielleicht ignorieren, aber sie melden sich doch zu Wort und bestimmen – oft ohne, dass wir uns dann dessen bewusst sind – unser Handeln.

Der Bewohner des Reptilienhirns, ich nenne ihn Mr. Lizard, lässt sich nicht einsperren, und wir tun gut daran, uns mit ihm zu befreunden und ihn ein wenig zu zähmen. Es kann uns nützen, wenn wir die Funktion des limbischen Systems (unter anderem Hippocampus und Amygdala) zur Kenntnis nehmen, das eine wichtige Rolle für unsere Emotionalität spielt. Ein Bestandteil des limbischen Systems, die Amygdala, auch Mandelkern genannt, ist der Spezialist für emotionale Angelegenheiten. Er »merkt« sich – vereinfacht ausgedrückt – den emotionalen Beigeschmack eines Geschehens, während der Hippocampus das Kontextgedächtnis beisteuert. Ledoux, der zur Funktion des Mandelkerns forscht, formuliert das Beispiel, dass der Hippocampus dafür zuständig sei, dass man das Gesicht seiner Cousine erkenne, der Mandelkern steuere dann die emotionale Bewertung. Viele Impulse, die vom Mandelkern ausgehen, sind uns nicht bewusst:»Ohne irgendeine bewusste, kognitive Beteiligung können emotionale Reaktionen und emotionale Erinnerungen entstehen. Das emotionale System kann anatomisch unabhängig vom Neokortex agieren« (LeDoux, zitiert nach Goleman 1997 S.38). Je mehr wir über diese Zusammenhänge wissen und je subtiler wir unsere Körperwahrnehmung schulen, desto mehr Freiheit können wir gegenüber diesen Impulsen gewinnen.

Dies ist der Weg der Selbstkultivierung und damit der Weg zu einer echten Handlungsfreiheit.

2.1.3 Die Bedeutung der Botenstoffe

Nun könnte ich die Metaphorik noch ein wenig weitertreiben: Wenn ich das Gehirn mit einem Gebäude vergleiche, dann könnte ich die vielen verschiedenen Botenstoffe, die darin am Werk sind, mit dem Personal vergleichen, das hilfsbereit, manchmal aber auch träge, manchmal auch listig und verschlagen für den Informationsaustausch sorgt.

Die Botenstoffe – auch Neurotransmitter genannt – sorgen für den Informationsaustausch zwischen den Nervenzellen. Dopamin – ein Botenstoff, der für Erregung und Wollen Auslöser ist – findet sich bereits bei Bienen, ebenso wie die körpereigenen

Opiate, z. B. die Beta-Endorphine. Serotonin, das als einer der ältesten Botenstoffe gilt, findet sich schon bei Kopffüßlern und bei Tintenfischen. Wenn Sie sich nun fragen, was der Unterschied zwischen Neurotransmittern und Hormonen ist: Neurotransmitter werden von Nervenzellen am Ende ihres Axons in den synaptischen Spalt ausgeschüttet und docken auf der anderen Seite an Rezeptoren anderer Nervenzellen an. (Übrigens können Neurotransmitter auch an Rezeptoren der ausschüttenden Nervenzelle andocken.) Hormone werden dagegen von Zellen ins Blut ausgeschüttet und gelangen über die Blutbahn an ihren Bestimmungsort. In Abhängigkeit von der Art des Transports kann die gleiche Substanz einmal ein Neurotransmitter, ein anderes Mal ein Hormon sein (z. B. Noradrenalin). Beide Stoffe können sowohl Neurotransmitter als auch Hormon sein. Noradrenalin wird sowohl im Gehirn (als Neurotransmitter) als auch im Nebennierenmark (als Hormon) produziert.

Nun könnte man dieses Wissen getrost den Spezialisten überlassen und achselzuckend zur Kenntnis nehmen, was diese über unsere hirnphysiologischen Vorgänge, die ja ohnehin ohne unser Zutun stattfinden, herausgefunden haben. »Ohne unser Zutun« – das stimmt eben so nicht ganz. Wir haben Einflussmöglichkeiten. Diese zu erforschen und zu nutzen, das ist die spannende Möglichkeit.

Überlegen Sie sich doch einmal, was jetzt, ja genau jetzt, in Ihrem Körper vor sich geht. Da kreisen die Hormone, zwischen den synaptischen Spalten wuseln die Neurotransmitter, und sie alle tun ihre Arbeit, meist ohne uns zu stören. Es sei denn das wunderbare homöostatische Gleichgewicht wird – wodurch auch immer – gestört. Dann spüren wir das Ungleichgewicht sehr deutlich: Wir fühlen uns unwohl oder krank.

Die Funktions- und Wirkweise dieser Neurotransmitter ist hochkomplex und noch längst nicht ausreichend erforscht. Dass unsere Stimmung und unser Verhalten wesentlich von der Konzentration von Hormonen bestimmt werden, wäre ein monokausaler Fehlschluss, denn wir selbst sind nicht nur Opfer dieser Prozesse, sondern können sie eben auch beeinflussen. Diese selbsttätige Einflussnahme kann gelernt werden. Dazu bedarf es aber der Erkenntnis, dass unsere Stimmung auch körperliche Ursachen hat.

Was Hormone sind und wie sie wirken, darüber wird inzwischen ja schon in der Boulevardpresse ausführlich schwadroniert – leider mit dem Effekt, dass diese hoch komplizierten Vorgänge verkürzt werden (z. B. »Dopamin = Lust«, »Oxotycin = Mutterliebe«). Gerne wird in diesem Zusammenhang die Studie zitiert, in der erforscht wurde, wie Ratten, die noch nie geboren hatten, Oxotycin gespritzt wurde und sie umgehend zu liebevollen Müttern wurden, die sich rührend um fremde kleine Ratten kümmerten, sie leckten, Verstecke für sie suchten – kurz – ein Verhalten zeigten, das ursächlich auf die Oxotycingabe zurückgeführt werden kann. Diese setzt allerdings ihrerseits in einer Art Dominoeffekt im Kopf der Ratte weitere Substanzen frei, die ihrerseits wieder auf das Verhalten einwirken. Es sei also gewarnt vor solch einsinnigen Verkürzungen, den Ausstoß eines Hormons mit einem bestimmten Gefühl gleichzusetzen.

»Glück ist, wenn die Chemie im Hirn stimmt. Die Chemie, das sind vier Botenstoffe, die Glück und Wohlbefinden erzeugen. Der große Glücksbote, der in der ersten Reihe steht und eine Hauptrolle spielt, ist der Glücklichmacher Dopamin in Verbindung mit Noradrenalin, Serotonin und den Endorphinen. [...] wir fühlen, denken und bewegen uns nach dem Takt dieser vier« (http://wien.orf.at/magazin/magazin/gesundheit/stories/383162/22.1.2010).

Solche Aussagen suggerieren, »wir« seien Befehlsempfängern eines Taktes, den angeblich unsere Körperchemie vorgibt. Solch reduktionistischen Formulierungen stehen der Erkenntnis im Wege, dass »wir« durchaus aus dem vorgegebenen Takt ausbrechen, ja ihn verändern können. Vor solchen eindimensionalen Kausalketten sollten wir uns hüten.

Allenfalls können solche vereinfachenden Darstellungen vielleicht in dem Sinne eine positive Wirkung haben, dass unser Bewusstsein dafür geschärft wird, wie eng unser Denken und Fühlen mit körperlichen Prozessen verknüpft ist. Uns diese Abhängigkeit einzugestehen, kann kränkend sein, da hier eine Einschränkung von Freiheit aufscheint, die wir nur allzu gern verdrängen.

Mein Anliegen ist es, die Komplexität dieses Zusammenhangs immer wieder zu betonen. Wenn wir »Herr oder Frau« im eigenen Haus werden wollen, wenn wir das hohe Ziel der Selbst-Erkenntnis und Selbstverwirklichung anstreben, dann können wir nicht umhin, uns klarzumachen, wie mächtig und auf welche komplexe Weise körperliche Prozesse in unser Denken und Fühlen hineinwirken, ja tatsächlich manchmal den Takt vorgeben – vor allem dann, wenn wir noch nicht verstehen, wie wir selbst den Takt angeben können.

2.1.4 Emotion und Gefühl

Dass bei der Umarmung mit einem heiß geliebten Menschen Oxotycin oder auch Vasopressin ausgeschüttet wird, ist Hinweis auf eine biochemische Erregung, aber nur ein kleiner Teil eines komplexen Geschehens namens Liebe oder Verbundenheit, das sich nicht auf den Hormonausstoß reduzieren lässt. Vielleicht kann uns aber dieses Wissen helfen, wenn wir uns fragen, weshalb wir so lange bei unserer Jugendliebe geblieben sind, obwohl es genügend Gründe gegeben hätte, frühzeitig von ihr zu lassen.

Der Körper ist ein Gewohnheitstier. Angesichts dieser bestimmten Person kam der Hormonkreislauf schon automatisch in Gang, außerdem verfestigten sich die neuronalen Muster, die im Umgang mit diesem Menschen aktiviert wurden. Dazu kam die Erinnerung an die heißen ersten Begegnungen. Oxytocin-Ausschüttung hin oder her, wir sind dennoch nicht ihr Sklave. Wir sind es desto weniger, je mehr wir über den Beziehungs-Klebstoff mit dem komplizierten Namen Bescheid wissen. Die Deutungshoheit liegt bei uns, die Interpretation der körperlichen Vorgänge obliegt uns. Liebe ist eben mehr als Hormonausschüttung.

Letztere entsteht vereinfacht ausgedrückt im Klein- und Zwischenhirn und hatte in früheren Stadien der Evolution die Funktion, das Überleben zu sichern. Gefahr oder Lust? Freund oder Feind? Kälte oder Wärme? Gruppenzugehörigkeit oder Ausgrenzung? Das sind die ganz vitalen Unterscheidungen, die darüber entscheiden, ob das Leben weitergeht oder nicht.

Wer schon einmal eine Diät gemacht hat, weiß wie – gegen alle Bemühungen des präfrontalen Kortex – Mr. Lizard uns zum Kühlschrank treibt. Mr. Lizard hat Hunger, und eine Diät signalisiert ihm Hungersnot, deshalb wartet er, bis der Dirigent aus den höheren Etagen müde ist und keinen Widerstand mehr leisten kann. Ja, und da steht man dann, bestaunt die leere Keksdose und verschiebt die Diät auf den nächsten Tag. Deshalb funktionieren Diäten so nicht! Nur wer lernt, dem Lizard vorzugaukeln, dass Diät etwas gaaaanz Tolles ist, etwas Wunderbares, etwas, das Spaß macht, wer es nicht zu Heißhungerzeiten kommen lässt, der hat eine Chance, ein paar Kilos zu verlieren.

Dieses Beispiel zeigt, wie nützlich es sein kann, Mr. Lizard zu kennen, um ihm nicht ausgeliefert zu sein. Sein Aktionsradius ist beschränkt. Er kann zwar in die höheren Gefilde hineinregieren, aber je eher wir dies bemerken, desto früher können wir bewusst eingreifen.

An diesem Beispiel kann gut der Unterschied zwischen Gefühl und Emotion geklärt werden. Antonio Damasio hat deutlich unterschieden zwischen dem Begriff »Emotion« und dem Begriff »Gefühl« (Damasio 1994).

Gefühle beruhen auf Emotionen, aber sie erschöpfen sich nicht darin, d.h. emotionale Impulse wie Lust oder Angst, werden durch das Individuum bewertet, im Kontext früherer ähnlicher Episoden gesehen und mit einer Vielzahl von in der Situation vorhandenen Wahrnehmungskomponenten verknüpft. Die Situation, in der das Gefühl wachgerufen wird, spielt eine Rolle, aber eben auch Erinnerungen an ähnliche Situationen in der Vergangenheit, Überlegungen, Assoziationen, erworben vielleicht durch die Lektüre eines Romans oder eines Gedichtes. Denken wir nur an Goethes Werther, der mit Lotte das Frühlingsgewitter beobachtet. »Klopstock!« – der hingehauchte Gedanke an ein Gedicht dieses Dichters evoziert ein dichtes Gefühl von Zuneigung, Begeisterung, zarter Verliebtheit. Wer wollte da an Hormone und Neurotransmitter denken? Die Gefühlsqualität, die wir empfinden, ist eine hochpersönliche, individuelle, lebensgeschichtlich unterfütterte Besonderheit, die sich nicht reduzieren lässt auf Hormone oder Neurotransmitter, oder auf besonders aktive Hirnareale, die sich im Kernspintomografen vielleicht erkennen ließen, wenn man denn Werther in »die Röhre« geschoben und ihm ein Bild von seiner geliebten Lotte gezeigt hätte.

Emotionen haben also einen viel direkteren körperlichen Bezug, denken wir an den bohrenden Hunger, die nackte Angst, die sexuelle Gier, während Gefühle in unserer weiten Vorstellungswelt zu Hause sind. Gefühle sind allerdings emotional unterlegt, was uns oft nicht bewusst ist.

Manchmal überraschen uns unsere Gefühle, sie beeinflussen unser Handeln positiv oder negativ. Wenn ich später auf die Bedeutung der Achtsamkeit eingehe, dann wird sich auch die Frage stellen, wie wir unsere Gefühle und Emotionen wahrnehmen und wie wir sie besser verstehen können.

2.1.5. Das vorauseilende Gehirn – Weshalb wir unserer Wahrnehmung nicht immer trauen können

Gerade weil wir nicht Opfer unserer Gehirntätigkeit werden wollen, sollten wir wissen, wie das Gehirn funktioniert. Bevor wir wirklich Herr oder Frau im eigenen Haus werden können, kann es nicht schaden zu wissen, welche Eigenarten das Personal des Hauses hat und wie die hauseigenen Gerätschaften zu bedienen sind. Unsere biologische Grundausstattung nicht zur Kenntnis zu nehmen, das hieße so zu tun, als unterlägen wir keinerlei Beschränkungen. Die narzisstische Kränkung liegt in der Vorstellung, dass Freiheit und die damit verknüpften Handlungsmöglichkeiten durch unsere körperlichen Gegebenheiten beschnitten oder modifiziert werden. Diese Kränkung verliert dann ihre Bitterkeit, wenn wir uns klarmachen, dass Aufbegehren hier nichts hilft. Die Heftigkeit der Debatte darüber, ob die Willensfreiheit angesichts der jüngsten Ergebnisse der Hirnforschung nun als eine Illusion entlarvt werden müsste, zeigt, wie tief die Erkenntnis uns verstören kann, dass unsere Freiheit, die Freiheit der Wahl, der Entscheidung und der Handlung, Bedingungen unterliegt, die uns oft nicht bewusst sind und die in den besonderen Wirkungsmechanismen unseres Organismus ruhen. Freuds Theorie vom Unbewussten hat ja die Allmachtsfantasien von der uneingeschränkten Freiheit schon zurechtgestutzt.

Wenn wir z. B. wissen, wie unsere Wahrnehmung vonstatten geht, dann bekommen wir einen Zuwachs an Optionen, wie wir mit unserer Wahrnehmung umgehen können. Wenn wir wissen, dass das Gehirn vorauseilend aus wenigen Daten, die es geliefert bekommt, sich ein eigenes Bild macht aufgrund der Vorerfahrungen, die es abgespeichert hat, dann fallen wir nicht mehr so leicht auf Täuschungen herein.

Die Fähigkeit des Gehirns zu Voraussagen und zur Mustererkennung ist auch hier wieder eine Frucht evolutionärer Optimierung. Von einem heranbrausenden Lastwagen brauchen Sie nur das Geräusch zu hören, schon springen Sie rechtzeitig zur Seite. Von klein auf haben Sie diese Mustererkennung trainiert, angeleitet von Eltern, die Sie noch rechtzeitig warnten.

Die Fähigkeit des Gehirns, Voraussagen zu treffen, erleichtert uns das Leben – zunächst. Doch diese Fähigkeit hat auch ihre Kehrseite – davon später mehr. Um zu zeigen, wie automatisiert die Wahrnehmung teilweise arbeitet, verblüffen Dozenten, die über dieses Thema Vorträge halten, oft ihre Zuhörerschaft. Sie ermuntern das Publikum launig, in schneller Folge auf Fragen zu antworten. Die Antworten lauten immer gleich – z. B. »weiß«. Welche Farbe hat Schnee? Nach zehn Fragen in schneller Folge, auf die das Publikum munter und entspannt laut »Weiß« rufen konnte, kommt die entscheidende Frage: Was trinkt die Kuh? Und was rufen die meisten ganz spontan? »Milch!« Das Gelächter ist dann immer groß. Wenn dann Ihr Nachbar noch fragt, warum denn wohl alle lachen, dann bekommen Sie auch noch den Beweis, dass der eine halt schneller merkt als der andere, dass das Hirn ihn ausgetrickst hat. Das Gelächter als Antwort auf diese »Fehlleistung« hat etwas Befreiendes. Wir kommen uns auf die Schliche. Wir merken, wie unser Hirnchen eben seine ausgetretenen Pfade geht. Eigentlich gleicht dieses Gelächter dem Lachen darüber, wie süß unbeholfen ein kleines Kind, das laufen lernt, immer wieder auf den dicken Windelpo plumpst.

Je mehr wir wissen, wie unser Hirn die ausgetretenen Pfade favorisiert, desto mehr können wir ihm Neuland anbieten, mit seiner Hilfe neue Wege bahnen in Gegenden, in denen wir noch nicht waren. Und dafür gibt es dann auch noch eine Belohnung, denn Neuigkeit wird belohnt, indem – laienhaft gesprochen – unser Körper uns »Wohlfühlstoffe« schickt, wenn wir etwas Neues lernen oder ein Problem erfolgreich lösen.

Noch ein schönes Beispiel:

Sie sind wieder Publikum bei einem Vortrag. Auf der Powerpoint-Folie reihen sich Farbadjektive untereinander, die Sie – um dem Dozenten einen Gefallen zu tun – brav laut mitsprechen. So ein Kinderspiel, eine Unterforderung! Nun erhöht sich die Schwierigkeit, das Wort »blau« ist tatsächlich in blauer Farbe gedruckt, nun eigentlich ist das ja noch einfacher. Worauf will das Experiment hinaus? Nun kommt die dritte Kolumne, die Farbadjektive prangen in bunten Farben, allerdings: Das Wort blau erscheint in roter Farbe und so weiter! Was geschieht? Die meisten Menschen rufen »Rot!«, und dann halten sie sich erschrocken den Mund zu!

Ausgetrickst!

Die Art, wie unser Nervensystem arbeitet, kann man auch schön an der optischen Täuschung sehen, die z.B. das sogenannte »Kanizsa«-Dreieck anbietet (vgl. Abb. 1).

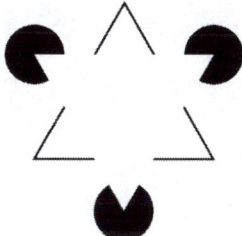

Abb. 1: Kanisza-Dreieck (Quelle: http://de.wikipedia.org/wiki/Optische_Täuschung)

Wenn wir diese Figur betrachten, dann ergänzen wir die fehlenden Linien und sehen ein Dreieck, wo »eigentlich« gar keines ist.

Diese Vorgänge systematisch zu untersuchen ist Aufgabe der Wahrnehmungspsychologie. Dabei werden zwei Verarbeitungsprozesse unterschieden, die aber eigentlich nicht klar voneinander zu trennen sind. Bei dem »Bottom-up-Prozess« werden die Reize nach ihren Merkmalen verarbeitet – Farbe, Helligkeit, Größe, Richtung. Bei dem »Top-down-Prozess« spielt die kognitive Verarbeitung der Reizmerkmale eine Rolle, d.h. die Vorerfahrung der Person und ihre Vorannahmen hinsichtlich des Kontextes, in dem der Reiz auftaucht. Der Top-Down-Prozess bewirkt, dass Reize schneller in den passenden Zusammenhang eingeordnet werden. Was aber, wenn die vorschnellen Zuordnungen nicht stimmen? Dann können uns diese Muster im Wege stehen.

Schon das Wissen darum, wie uns unsere Sinne einen Streich spielen können, ermöglicht es uns, die Distanzierungsfähigkeit zu entwickeln, die für die Haltung der Achtsamkeit so heilsam ist. Wenn wir wissen, dass das, was wir zunächst wahrnehmen, einer Prüfung unterzogen werden kann, dann bekommen wir eine Freiheit, die auch darin besteht, spielerisch mit unseren Eindrücken umzugehen. Wenn wir unsere Erlebnisse nicht sogleich als »wahres« Abbild der Realität abspeichern und nicht automatisch als Grundlage für unsere weiteren Schlüsse nehmen, sondern wenn wir fragen, nachschauen, genauer hinsehen, die Perspektive wechseln, uns unserer Vorannahmen bewusst werden, dann gewinnen wir Freiheit unseren eigenen Impulsen gegenüber. Diese spielerische Haltung ermöglicht ein kreatives Umgehen mit unserer Wahrnehmung, neue Verknüpfungen können entstehen, neue Assoziationen können zugelassen werden, aus einem strengen »Entweder–oder« kann ein fließendes »Sowohl-als-auch« werden. Sinnfälliges Beispiel für unsere Fähigkeit, selbsttätig mit unserer Wahrnehmung umgehen zu können, sind die sicherlich sehr bekannten Kipp-Bilder.

Abb. 2: Kipp-Bild Vase (http://www.onlinewahn.de/kipp-r.htm)

Was sehen Sie auf Anhieb? Die Gesichter oder die Vase? Gelingt es Ihnen problemlos, von einer Version zur anderen umzuschalten? Hier konkurrieren also mögliche Sichtweisen miteinander um Ihre Aufmerksamkeit, die in Abb. 2 ihre Entsprechung haben.

Sicherlich kennen Sie das Buch »Der Kleine Prinz« von Antoine de Saint-Exupéry. Vielleicht erinnern Sie sich auch an die Zeichnung, die eindeutig wie ein Hut aussieht.

Erinnern Sie sich daran, wie der Erzähler davon berichtet, wie beeindruckt er davon war, dass die Boa ihre Beute als Ganzes verschlingt, dass er sich sofort hinsetzte und so ein schreckliches Vorkommnis zeichnete? Eine Schlange, in deren Bauch sich ein riesiger Elefant befand. Gut, von außen ähnelte diese Zeichnung wirklich sehr dem Bild eines schwarzen Hutes, rechts und links die Krempe, in der Mitte die Wölbung.

Und so reagierten dann auch die Erwachsenen. Für sie war das ein Hut mit Krempe. Sie zitterten nicht, sprangen nicht zurück, ängstigten sich nicht vor dieser Riesenschlange, die einen ganzen Elefanten verschluckt hatte.

> *»›Warum sollen wir vor einem Hut Angst haben?‹ fragten sie ahnungslos. Ich habe dann das Innere der Boa gezeichnet, um es den großen Leuten deutlich zu machen. Sie brauchen ja immer Erklärungen. [...] Die großen Leute haben mir geraten, mit den Zeichnungen von offenen oder geschlossenen Riesenschlangen aufzuhören und mich mehr für Geographie, Geschichte, Rechnen und Grammatik zu interessieren. So kam es, dass ich eine großartige Laufbahn, die eines Malers nämlich, bereits im Alter von sechs Jahren aufgab. Die Misserfolge meiner Zeichnungen [...] haben mir den Mut genommen.«* (de Saint-Exupéry 1976, S. 5 f.)

Diese kleine Geschichte gibt dem Thema der Wahrnehmung noch eine neue Dimension. Bei den optischen Täuschungen gaukelt uns unsere Wahrnehmung eine Gewissheit vor, die – denken wir an das Beispiel des Dreiecks – gar nicht »in echt« vorhanden ist. Wir stülpen unsere Sicht der Dinge – beruhend auf unseren Vorerfahrungen – der aktuellen Situation über. Wir nehmen so wahr, wie wir immer wahrgenommen haben. Wir fahren in Windeseile über unsere »neuronalen Autobahnen« (Hüther 2001).

Saint-Exupéry macht uns darauf aufmerksam, dass unsere Vorerfahrungen und früheren Wahrnehmungen uns auch in die Lage versetzen könnten, hinter die vermeintliche Oberfläche zu sehen, indem wir das Gewohnte mit anderen Augen sehen, im Vertrauten das Unbekannte suchen. So können wir neue Assoziationen herstellen, Bilder und Vorstellungen auf ungewohnte Weise verknüpfen und damit dem Sehen eine ganz persönliche Tiefe geben. Dann werden die Äste von kahlen Bäumen zu ausgestreckten Händen oder die Berge zu schlafenden Riesen.

Nichts anderes ist ja das Geschäft der Dichter und Künstler. Sie laden uns ein, unsere Vorerfahrungen *bewusst* einzubringen, hinter das Wahrnehmbare zu schauen, neue Verbindungen zu entdecken.

All dies – das Misstrauen dem ersten Wahrnehmen gegenüber und das schöpferische Gestalten des Wahrgenommenen – eröffnet uns eine mehrdimensionale Welt.

Diese Haltung der Offenheit und Neugier kann nur in einem Klima der wachen Entspanntheit entstehen. Dies ist die Haltung der Achtsamkeit, die deshalb so heilsam ist, weil sie es ermöglicht, dass wir aus hergebrachten Mustern aussteigen.

Angst verengt unsere Wahrnehmung und lässt uns automatisch auf bekannte Muster zurückgreifen. Das kann uns gegebenenfalls das Leben retten, aber es kann uns auch bei einer lebendigen Erkundung der Welt im Wege stehen. Wenn Sie nun gleich mehr über Achtsamkeit erfahren wollen, überschlagen Sie das folgende Kapitel.

2.2 Stress – hilfreich und hinderlich

Nach diesem Schnellkurs über unsere biologische Grundausstattung, Resultat einer bewegten evolutionären Geschichte, sind wir dafür gerüstet, uns genauer mit dem Phänomen »Stress« auseinanderzusetzen. Die Fähigkeit unseres Körpers, blitzschnell auf Gefahr zu reagieren, kann lebensrettend sein, aber sie kann uns auch behindern, ja krank machen. Dabei kommt es darauf an, was es ist, das unser Organismus als Gefahr bewertet.

Stellen Sie sich vor, Sie gehen barfuss durch einen Olivenhain in Griechenland. Plötzlich springen Sie zur Seite, Ihr Herz klopft, Sie verspüren Angst. Sie haben aus dem Augenwinkel etwas Braunes entdeckt, das sich bewegte, gleichzeitig meinten Sie, ein Rascheln gehört zu haben. Es kann gut sein, dass Sie erst gesprungen sind und sich dann an diese Wahrnehmungen erinnert haben. Was ist geschehen? Blitzschnell und unterhalb der Bewusstseinsschwelle haben Sie eine Schreckreaktion und entsprechend »klug« gehandelt. Das braune Etwas und das Rascheln haben als Schlüsselreiz gewirkt und Sie zu einer emotionalen Reaktion und einem entsprechenden Verhalten veranlasst. Dieser »primäre Affekt« stammt aus der Schatztruhe unserer Urahnen: Die Reaktion des Mandelkerns (Amygdala) läuft automatisch ab und sichert das Leben des Organismus.

Bei näherem Hinsehen entpuppt sich die vermeintliche Giftschlange als harmlose Blindschleiche. Sie lächeln jetzt vielleicht über sich selbst und geben mit diesem sekundären Gefühl der Erleichterung, das entstanden ist, als die eingegangenen Informationen den längeren Weg über den Kortex genommen haben, Ihrem Körper Entwarnung. Damit haben Sie sich selbst »vernünftig« beruhigt, und alle körperlichen Prozesse, d.h. die Stressreaktionen, die durch die »Fehlinformation« ausgelöst wurden, können nun zurückgefahren werden.

Es gibt also zwei Wege der Informationsverarbeitung: den direkten, kurzen und schnellen, der direkt vom sensorischen Reiz zur Amygdala führt und dort die Schreckreaktion auslöst, oder den längeren Weg über den Kortex. Hier wird der Reiz genauer »überprüft« und eingeordnet. Der Hirnforscher LeDoux entdeckte diesen kürzeren direkten Weg zur Amygdala. »Die Untersuchung von LeDoux revolutioniert unser Verständnis des Gefühlslebens, weil sie neuronale Bahnen für Gefühle aufgedeckt hat, die den Neokortex umgehen. […] Der Mandelkern kann uns zum Handeln veranlassen, während der langsamere, aber vollständiger informierte Neokortex noch damit beschäftigt ist, seinen verfeinerten Plan für eine Reaktion aufzustellen« (Goleman 1997 S. 37/38).

Der direkte Weg des Reizes über den sensorischen Thalamus zur Amygdala hat den Vorteil der Schnelligkeit, aber den Nachteil der Ungenauigkeit. Der Weg über den Kortex ist langsamer, dafür aber präziser. Hier können noch Informationen eingebunden werden, die aus früheren ähnlichen Situationen stammen und im Gedächtnis gespeichert sind.

Dass wir – ohne zu überlegen – bei einer vermeintlichen oder wirklichen Gefahr instinktiv angemessen reagieren, diese automatisierten Reaktionsmuster sichern das

Überleben, aber sie erschweren es auch. Wir können diese älteren Hirnschichten ja nicht einfach abschalten, zumal sie über uns wachen bei Tag und Nacht und ganz fürsorglich unsere Körperfunktionen im Gleichgewicht halten. Doch manchmal können sie uns ganz schön auf Trab bringen, obwohl wir das gar nicht »wollen«.

2.3 Mr. Lizard – mal aufdringlich, mal hilfreich!

Die Psychologin Martha Beck (2008) hat für diese ältesten Gehirnteile, die uns das Leben sichern und unabhängig von unserer bewussten Kontrolle sozusagen durch uns hindurch regieren, als Metapher eine Eidechse gewählt – ein sehr anschauliches Bild.

Doch eben ein Bild, das Sie bitte als Metapher für all die Prozesse sehen, die unserer bewussten Kontrolle entzogen sind. Wenn ich in der Folge von Mr. Lizard spreche, dann soll dieses Bild all diese unbewussten, aber wirkmächtigen Prozesse bezeichnen, einschließlich der damit verwobenen Beteiligung des limbischen Systems.

Rufen Sie sich so ein flinkes Tierchen vor das innere Auge, wie es blitzschnell seine lange Zunge nach Beute ausfährt oder sich bei Gefahr in Windeseile in eine Mauerritze zurückzieht. Bleiben wir bei dem Bild:

Ihr »Lizard« übernimmt für Sie nur eine Aufgabe – die aber so gründlich, dass Sie ihm ausgeliefert sind, wenn Sie nicht aufpassen (Davon später!): Mr. Lizard macht 24 Stunden lang immer dasselbe: Er ist auf der Hut, sucht innen und außen nach Zeichen für Bedrohung, aber auch nach Lustquellen.

So sichert er Ihnen das Überleben – meint er. Er entscheidet über Flucht oder Angriff – meint er. Er fühlt sich als Ihr Survival-Trainer und meldet Ihnen ständig, ob Gefahr droht, aber auch, wo Leckerbissen auf Sie warten. Er wird allerdings auch tätig, ohne dass Sie etwas davon bemerken. Manchmal wundern Sie sich dann, weshalb Sie schon wieder ein Stück Schokolade im Mund haben, obwohl Sie doch abnehmen wollen. Oder Sie wundern sich, wie schnell Sie laufen können, wenn ein Kampfhund hinter ihnen her ist.

Das Bild mit dem Lizard ist Ihnen zu unwissenschaftlich? Ich mag einfach das Bild dieses wachsamen, aber eben oft auch »allzu tüchtigen« Tierchens. Sie wollen einwenden, dass auch noch die Amygdala und der Hippocampus beim Stressgeschehen Alarm schlagen? Deshalb hier noch einige ernsthafte Erklärungen: Bei Gefahr wird über den Hypothalamus sofort der gesamte Organismus für eine Kampf- oder Fluchtreaktion aktiviert. Durch eine akute Belastung werden bestimmte körperliche Reaktionen ausgelöst (Anpassungssyndrom). Diese Anpassung rettet uns das Leben, wenn wir in Gefahr sind. Die »Fight-or-Flight«-Reaktion geschieht reflexartig – wie im Falle der vermeintlichen Schlange. Dem Zwischenhirn wird Gefahr signalisiert, und damit wird reflexartig das autonome Nervensystem aktiviert. Der Sympathikus und der Parasympathikus – die beiden Stränge des Nervensystems – verbinden das Gehirn mit den inneren Organen. Das Nervensystem reagiert auf äußere Reize, z. B. auf die vermeintliche Giftschlange, aber eben auch auf Gedanken und Gefühle.

Stellen Sie sich vor, Sie sitzen in einer Konferenz mit Menschen, die Sie noch nicht gut kennen. Es wird ein Thema verhandelt, zu dem Sie gerne etwas sagen würden. Sie sind sich aber bewusst, dass Ihr Beitrag gewiss von vielen kritisch beurteilt werden wird. Sie erinnern sich, wie Sie neulich schon einmal etwas gesagt haben und jemand eine provokante Zwischenbemerkung gemacht hatte. Wer Sie in diesem Augenblick ansieht, dem wird nichts Besonderes auffallen, vielleicht hat sich Ihre Gesichtshaut etwas gerötet. Sie selbst spüren, was dieser Gedanke, gleich die Hand zu heben, bei Ihnen auslöst: Der Herzschlag wird schneller, Sie schwitzen, die Atmung wird flacher, Sie haben ein ungutes Gefühl im Bauch. Was ist geschehen? Über den Sympathikus werden im Nebennierenmark, die Botenstoffe Adrenalin und Noradrenalin ausgeschüttet. Die Transmitter bewirken, dass z.B. der Kreislauf aktiviert wird und dass die Muskelspannung ansteigt. Es ist zwar nicht zu erwarten, dass ein Redebeitrag in einer Konferenz zu tätlichen Auseinandersetzungen führt, aber zunächst signalisieren Ihre Gedanken dem Körper Gefahr, und er macht sich bereit zum Kampf oder zur Flucht.

Dass auch Glucose- und Fettreserven aktiviert werden, lässt sich damit erklären, dass die Muskeln viel Energie für Angriff oder Flucht brauchen. Auch der zweite Nervenstrang wird bei gedachter oder akuter Gefahr aktiviert: Der Parasympathikus ist für die Hemmfunktion zuständig. Verdauungstätigkeit und Sexualfunktion werden bei Bedrohung nicht benötigt, also werden sie gebremst oder blockiert. Außerdem wird bei Stress das Stresshormon Kortisol ausgeschüttet, es hat die Funktion der Gegenreaktion und Beruhigung. Wie im Einzelnen die Stresshormon-Achse funktioniert, braucht hier nicht erläutert zu werden (Stresshormon-Achse: HPA-Achse/Hypothalamus-Hypophysen-Nebennierenrinden-Achse).

Stellen Sie sich vor, Sie sind auf der Autobahn. Es war ein langer Tag, Müdigkeit macht sich bemerkbar. Sie lauschen Ihrem Lieblingslied und freuen sich auf zu Hause.

Plötzlich schert ein Auto vor Ihnen auf Ihre Bahn ein, reflexartig bremsen Sie, steuern dagegen. Fast hätte es einen Unfall gegeben. Sie sind wie erstarrt. Der Puls schlägt rasend, der Mund ist trocken, Sie haben ein flaues Gefühl im Magen, Ihr Geist ist hellwach. Vielleicht hupen Sie noch wütend, betätigen die Blinkhupe und fluchen über den Vordermann, aber dann beruhigen Sie sich, sind froh, dass alles gut ausging, ja vielleicht wundern Sie sich, wie hervorragend Ihre Reflexe funktioniert haben. Keine Sekunde haben Sie überlegt, was zu tun sei. Sie haben instinktiv richtig gehandelt, um die Gefahr abzuwenden.

Vielleicht kommt sogar Dankbarkeit auf, und Sie merken, wie Sie sich selbst beruhigen, wie der Herzschlag langsamer wird, die Starre sich löst, das Angstgefühl verschwindet.

Sie können Ihre Erregung herunterfahren, indem Sie aufatmen und glücklich sind, der Gefahr entkommen zu sein. In diesem Fall hat Ihr Lizard gute Arbeit geleistet, wenn er Sie vor einem Autounfall bewahrt.

Viele äußere Stressoren, die unser Wohlbefinden stören, nehmen wir gar nicht bewusst wahr, und dennoch setzt sich unser Organismus damit auseinander. Wer viel steht, verlagert z. B. automatisch sein Gleichgewicht, d. h. unser Körper vollbringt ständig Anpassungsleistungen.

Nun wird es spannend! Wann steht unsere Stressreaktion nicht mehr im Dienste unserer Gesundheit und unseres Wohlbefindens?

2.4 Die lieben Kleinen – Nervensägen oder Wonneproppen

Was uns in Stress versetzt, hängt davon ab, wie wir den Reiz bewerten: Sie sitzen gemütlich im Liegestuhl und lesen. Fröhliches Kindergeschrei dringt an Ihr Ohr:

Wenn es Ihre eigenen lieben Kleinen sind, dann freuen Sie sich, dass Sie Zeit zum Lesen haben und dass die Kiddies beschäftigt sind, den Lärm blenden Sie aus. Sie räkeln sich behaglich und vertiefen sich in Ihren Schmöker. Handelt es sich aber um die Nachbarskinder, über die Sie sich schon oft geärgert haben, weil die immer ihre Bonbonpapiere in Ihren Garten werfen oder Ihre Katze jagen, dann sieht die Sache schon anders aus. Wut steigt in Ihnen hoch. Sie würden am liebsten laut über den Zaun rufen. Sie können sich nicht konzentrieren. Was könnten Sie nur gegen dieses Geschrei tun? Die Eltern anrufen? Aber die haben Sie neulich ja schon nicht einmal gegrüßt. Und so weiter und so weiter. Das Kindergeschrei hätte in beiden Fällen dieselbe Lautstärke, aber das eine Mal befördert es sogar Ihr Wohlgefühl, das andere Mal entwickelt Ihr Körper eine akute Stressreaktion.

Warum ist diese Erkenntnis so interessant? Nicht der Stressor an sich ist verantwortlich für die Stressreaktion, sondern unsere Bewertung desselben, die Bedeutung, die wir ihm verleihen, unsere Interpretation. Und wovon hängt diese Bewertung ab?

Diese Bewertung ist Ergebnis all unserer Erfahrungen und Erlebnisse, unserer Erinnerungen an bestimmte Situationen, in denen Ähnliches geschah und wir ähnlich reagierten. In unserem Erfahrungsspeicher verknüpft sich die Erinnerung an Gerüche, Geräusche, Berührungen und Emotionen. Der Hirnforscher Damasio spricht hier von »somatischen Markern« – einem Konglomerat von körperlichen Empfindungen, gedanklichen und gefühlsmäßigen Konnotationen, emotionalen Bewertungen und erinnerten Bildern.

Eine Wahrnehmung aus dem gesamten Bereich kann genügen, um körperliche Prozesse in Gang zu bringen. Das Körpergedächtnis erinnert diese Wahrnehmung und ihre Einbettung in eine ganze Szenerie. Wenn Sie heute das Lied hören, auf das Sie Ihren ersten »Steh-Blues« tanzten, schwappt das damalige Wonnegefühl hoch. Oder – nicht so angenehm – Sie sehen einen Hund auf der Straße und wechseln sofort die Straßenseite. Noch Jahrzehnte nach einem Hundebiss geht es mir so, dass ich beim Anblick eines Hundes sofort Angst empfinde. Inzwischen habe ich gelernt, mir gut zuzureden, und kann mich sogar überwinden, einen Hund zu streicheln, aber die erste Reaktion beim Anblick eines Hundes ist immer noch der Impuls, mich aus dem Staub machen zu wollen.

Ich erinnere mich an die Küche meiner Großmutter, in die der Nachbarshund hereinstürmte, ich sehe diesen wuchtigen Schäferhund noch heute vor mir, sehe genau den Küchenschrank vor mir, den Stuhl, auf den ich gerade steigen wollte, um mir ein kleines Schokoladentäfelchen oben aus dem Schrank zu holen. Aus der Gedächtnisforschung wissen wir, dass Erfahrungen, die Menschen emotional erregen, eher behalten werden. Insofern ist das Gedächtnis ein »Überlebensmechanismus«. Sobald bestimmte Reize wieder auftauchen, werden sie mit der Gefahrensituation verknüpft.

Nur dumm, dass meine Begegnung mit dem Hund in Omas Küche so tief verankert ist, dass wie auf Knopfdruck sich beim Anblick jedes Hundes diese Angst einstellt, die ich als kleines Kind in der Küche fühlte. Sie merken, wie fatal diese tief verankerten, emotional unterfütterten Gedächtnisinhalte sind. Oft bleiben sie ja im Bereich des Unbewussten, aber sie wirken dennoch. Adrenalin wird evoziert, wir haben Angst, der Körper zeigt eine Stressreaktion.

Sie merken, es wird immer komplizierter, denn jetzt befinden wir uns in dem Bereich, in dem der Lizard uns nicht mehr zuverlässig schützen kann. Er gibt Alarm, sobald in meiner Nähe ein Hund auftaucht. Ich kann mich inzwischen durch »Einschaltung höherer Hirnfunktionen« selbst beruhigen. Dass Hunde mir nicht immer übel wollen, musste ich mühsam lernen.

Ob uns eine Situation bedrohlich erscheint, hängt also davon ab, wie wir sie bewerten, und unsere Bewertung wiederum hat ihre Wurzeln in unseren Erfahrungen, in unserer Biografie. Gerade weil uns viele dieser vergangenen Erfahrungen nicht oder nicht mehr bewusst sind, verstehen wir oft unsere heftigen Reaktionen in der Gegenwart nicht.

Vielleicht sind Sie einmal von Ihren Mitschüler/innen beschämt worden, als Sie ein Referat hielten. Alle grinsten, als Sie sich versprachen, manche verdrehten die Augen, tuschelten, der Lehrer schaute auch noch missbilligend. Diese Situation haben Sie längst vergessen, aber wenn Sie nun vor Publikum etwas sagen wollen, können Erinnerungen an die Szene in der Vergangenheit aktiviert werden, und Sie reagieren heftig mit Angst. Ihr Körper aktiviert umgehend die Stressachse, und Sie wundern sich, warum plötzlich Ihr Herz schneller schlägt und es Ihnen flau im Magen wird.

Wie im Fall der vermeintlichen Schlange, haben Sie in dieser Situation die Möglichkeit, sich selbst zu beruhigen, falls – ja falls – Sie überhaupt bewusst wahrnehmen, was gerade mit Ihnen geschieht. Sie können sich sagen, dass Sie inzwischen souverän genug sind, auch Kritik zu ertragen, dass Sie viel Sachkenntnis besitzen, dass keiner Ihnen übel gesonnen ist und so weiter. Wenn Sie dann noch Ihren Beitrag gut formulieren, Erfolg haben und Applaus bekommen, dann haben Sie die Situation umgewertet und Ihrem Körper signalisiert, dass er das nächste Mal in einer ähnlichen Situation keine Gefahr mehr sehen muss. Solche Situationen stellen dann in Zukunft »guten« Stress dar. Man empfindet Spaß daran, die Herausforderung zu bewältigen, weil man das Vertrauen hat, dass man eine Lösung finden kann. Hier handelt es sich dann um »Eu-Stress« (*controllable stress* – Selye prägte den Begriff, Lazarus [1974] verwendete ihn weiter).

Was aber, wenn Sie in dieser Situation Ihr inneres Selbstgespräch in folgende Richtung lenken: »Typisch, jetzt habe ich schon wieder Herzklopfen. Weshalb sind die Anderen so souverän? Ich würde jetzt so gerne was sagen, aber wenn ich mich damit unmöglich mache? Ach, diese Diskussion ist eh unnötig, am besten höre ich gar nicht mehr hin, ich kann ja unter der Bank meinen Roman weiterlesen, das sind ja eh alles nur Egomanen, die da reden!«

Hier haben wir es dann mit Dis-Stress zu tun, mit *uncontrollable stress.*

Mit diesen Gedanken haben Sie unter Umständen bewirkt, dass die Kortisol- und Adrenalinproduktion nicht stoppt, sondern kontinuierlich weitergeht, denn viele ähnliche Situationen werden wieder ähnlich negativ bewertet. Auf diese Weise entsteht im Körper ein Dauerstress-Zustand, der langfristig krank macht. Das sympathische Nervensystem wird auf Dauer überstimuliert: Erhöhter Blutdruck, Herzrhythmusstörungen, chronische Kopfschmerzen, Rückenschmerzen, Schlafstörungen, Konzentrations- und Gedächtnisstörungen, Angstgefühle, Panikzustände können die Folge sein.

2.5 Dis-Stress – Energieräuber, Eu-Stress – Energielieferant

Ein Dauerstress-Zustand, der sich körperlich z. B. durch einen ständig erhöhten Kortisol-Spiegel zeigt, wird verfestigt, wenn man sich als Opfer einer Situation erlebt. Wer sich als Spielball von Umständen erfährt und keine Einflussmöglichkeiten sieht, wie er die Situation verändern könnte, der ist dem Stressgeschehen ausgeliefert und sucht nach Auswegen, wie diese Dauerspannung abgeschaltet werden kann. »Ein Weinchen« oder ein »Schokolädchen« oder ein »Zigarettchen« bieten sich da an. Wer diese Seelentröster gezielt nutzen kann, dem können sie Freunde in der Not sein. Leider mausern sie sich aber oft zu Dauergästen mit Suchtcharakter.

Ob eine Situation eine Stressreaktion hervorruft oder nicht, das ist also höchst subjektiv. Unsere Bewertungen und Zuschreibungen – die gilt es, unter die Lupe zu nehmen. Der zuvor genannte »Urvater der Stressforschung«, Selye, unterschied zwischen Dis-Stress – das ist die Stressreaktion die aus einer negativen Bewertung des Stressors entsteht –, während als Eu-Stress die Reaktion auf einen Stressor benannt wird, der als Herausforderung gesehen wird. Die besondere Wachheit, die Engstellung der Aufmerksamkeit auf einen Aspekt des Erlebens, die höchste Leistungsbereitschaft des Organismus können ja eine positive Funktion haben. Wir sind einer Aufgabe besonders gut gewachsen. Nicht umsonst betonen viele Schauspieler, dass das Fehlen von Lampenfieber sie beunruhige, weil es darauf hindeute, dass sie vielleicht nicht ihr Bestes geben könnten. Wer schon einmal die Euphorie bei Schüler/innen und Lehrer/innen nach einer gelungenen Aufführung erlebt hat, der hat ein anschauliches Beispiel für Eu-Stress. Die Stressreaktion hat ihren Zweck erfüllt (Kretschmann 2008, S. 21). Im Falle der Theatervorstellung tritt eine natürliche Lösung ein: Das innere Gleichgewicht wird wiederhergestellt. Freude und Zufriedenheit bewirken, dass die Aufregung sich legt. Gleichzeitig bewirkt dieser erfolgreiche Auftritt vielleicht bei einigen einen Zuwachs an Zutrauen zum eigenen Können. Die nächste Aufführung wird weniger angstbesetzt sein, und Eu-Stress wird sich früher einstellen. Je mehr man sich als Herr der Lage fühlt, desto weniger bedrohlich erscheint eine Situation. Das mag auch daher rühren, dass jeder erfolgreiche Lösungsweg für eine Stresssituation vom Gehirn mit der Ausschüttung von Dopamin belohnt wird (Sachsse 2004). »Die Bewältigungsstrategie wird als erfolgreiches Modell für ähnliche Herausforderungen im präfrontalen Kortex gespeichert« (Fischer/Claus 2008, S. 73).

2.6   Hilfreiche oder hinderliche Bewältigungsstrategien

Wir sind schnell bei der Hand, äußere Stressoren zu identifizieren, aber erst seitdem im Forschungszweig der Psychoneuroimmunologie die inneren Stressoren und deren Auswirkungen auf den Körper ins Blickfeld genommen wurden, wächst das Bewusstsein dafür, wie nachhaltig Gedanken und Gefühle uns in Stress versetzen können, aber auch – und das ist die gute Nachricht – wie wir lernen können, aus automatisierten Gedanken- und Gefühlsmustern auszusteigen. In diesem Zusammenhang hilft es, wenn man weiß, wie Stress im Körper entsteht, denn daraus ergeben sich wirksame Methoden der Stressbewältigung. Das Wissen um körperliche Zusammenhänge den Spezialisten zu überlassen hieße, sich einen wertvollen Zugang zur Gesunderhaltung zu verbauen.

Werfen wir einen Blick auf die jüngste Entwicklung in der Stressforschung, die dem subjektiven Stressempfinden besondere Bedeutung beimisst. Wie kommt es, dass manche Menschen in belastenden Situationen krank werden, andere nicht? Offensichtlich gibt es eine große Bandbreite in der subjektiven Bewertung von Stressoren – wie ich oben schon ausgeführt habe. Nicht nur das subjektive Stressempfinden und damit das Belastungserleben sind hochindividuell, auch die Bewältigungsstrategien, die Menschen für sich nutzen, unterscheiden sich.

Seit dem Ende der 1990er-Jahre wurde in der Stressforschung besonders dem subjektiven Stressempfinden Aufmerksamkeit geschenkt. Dabei wurde unter anderem auf die von Lazarus und Leunier entwickelte »Transaktionale Stresstheorie« rekurriert: Die gleichen Stressoren führen bei verschiedenen Personen zu unterschiedlichen Stressreaktionen. Lazarus untersuchte die individuelle, kognitive Bewertung von Situationen (Lazarus 1996). Ob eine Situation als bedrohlich empfunden wird, ist eng verknüpft mit den »Bewältigungsmöglichkeiten« des Individuums, mit seinen »Coping-Strategien« (Semmer 1984).

»Ob eine Person eine Situation als bedrohlich erlebt oder nicht, als zu bewältigen oder nicht, hängt wesentlich ab von ihren Wahrnehmung- und Interpretationsgewohnheiten und diese wiederum von innerhalb der Lerngeschichte ausgebildeten Einstellungen, Gewohnheiten und Kompetenzen« (Kretschmann 2008, S. 23). Die Frage, wie es kommt, dass Menschen z. B. trotz hoher Arbeitsbelastung gesund bleiben, während andere unter ähnlichen Bedingungen krank werden, lenkt die Aufmerksamkeit von den Arbeitsbedingungen auf den individuellen Umgang damit. Hier könnte man ein Ablenkungsmanöver derer wittern, die an den Arbeitsbedingungen nichts ändern wollen, und dem Einzelnen die alleinige Verantwortung aufbürden nach dem Motto: »Meckern Sie nicht über Ihre Arbeitsbedingungen, ändern Sie lieber Ihre Einstellung!«

Damit wäre Stress »lediglich« ein Interpretationsproblem, belastende Arbeitsbedingungen müssten dann nur mit der »richtigen« Einstellung betrachtet werden, um sie für den Einzelnen erträglich zu machen? Das wäre ja ein mieser Taschenspielertrick! Und wenn es dann gelänge, dass Lehrer ihre Arbeitsbedingungen einfach als weniger belastend bewerten, dann bräuchte man die objektiven Bedingungen ja gar nicht zu ändern: »Setzen Sie einfach die rosarote Brille auf, dann sieht der Schulalltag gleich ganz anders aus!«

Solcherlei Aufforderung werden Sie von mir nicht hören, denn ich glaube sehr wohl, dass unerträgliche äußere Bedingungen geändert werden müssen. Allerdings lohnt es sich dennoch, den Blick darauf zu werfen, wie wir selbst oft Situationen dramatisieren, indem sich in uns alte Muster aktivieren. Eine ohnehin schwierige Situation kann so durch die hausgemachte Katastropheninterpretation noch komplizierter werden. Es geht nicht darum, sich Verhältnisse schönzureden, um sie erträglicher zu machen, sondern den Blick zu weiten, um möglichst viele Bewertungsalternativen zu haben. Denken Sie an das Beispiel mit den lärmenden Kindern im Garten. Der Lärm wird subjektiv lauter, wenn er sich uns als Ausgangsreiz für belastende Gedankenketten aufdrängt. *subjektiv negatives Empfinden nimmt zu*

Je öfter Sie sich über die Nachbarskinder geärgert haben, desto schneller geraten Sie in Rage, ja dann genügt schon ihr Anblick, und Sie spüren die Wut in sich aufsteigen, selbst wenn die Kleinen ausnahmsweise friedlich spielen. Ihre innere Musteraktivierungsmaschine liegt sozusagen auf der Lauer, um beim ersten Ton das bekannte Modul abzuspielen. An diesem so unscheinbaren Beispiel kann deutlich werden, wie wir uns selbst unnötig in Stress versetzen.

2.7 Wie wir uns selbst »die Hölle heiß machen«

Wenn wir die recht »unselige« Fähigkeit, uns »die Hölle heiß zu machen«, im Kontext des Schulalltags beleuchten, dann wird uns klar, wie viele Anlässe es hier gibt, die Stressachse auf Hochtouren laufen zu lassen, und wie viele verschiedene »Knöpfe«, die gedrückt werden können. Und da jeder sein eigenes »Knopfarsenal« hat, kann es keine allgemeingültige Antwort darauf geben, wie wir uns im Schulalltag vor Stress schützen und uns die Freude am Beruf bewahren können. Und genau hier liegt der Einstieg in den Ausstieg aus der täglichen Hölle: Hier können wir an uns arbeiten und – falls wir es wünschen – uns verändern. Drei Bereiche bedürfen im Lehrerberuf der besonderen Beachtung. Hier können positive Bewältigungsstrategien ansetzen, und diese bestehen in der Bewusstmachung der individuellen Muster, unserer individuellen Art, uns die »Hölle heiß« zu machen.

- Die »Innenräume« – die ganz persönlichen Muster erkennen
  Je genauer wir uns selbst kennen, desto besser wissen und fühlen wir, wie und in welchen Situationen wir uns unter Stress setzen. Je authentischer wir bewusst un-

sere Persönlichkeit entfalten und zum Ausdruck bringen, desto präsenter können wir im Unterricht sein.

- Die »Außenräume« – Beziehungsgestaltung
  Je genauer wir uns kennen, desto bewusster können wir die Beziehungen zu den Schülerinnen und Schülern und zum Kollegium gestalten, desto weniger laufen wir Gefahr, dass »unsere Knöpfe gedrückt« werden.
- Aufmerksamkeitsschulung
  Je fähiger wir sind, präsent zu sein, desto besser können wir mit der Aufgabenvielfalt umgehen und können die Gefahr des Multi-Taskings vermeiden. In kaum einem anderen Beruf ist man gezwungen, im 45-Minuten-Takt seine Ansprechpartner zu wechseln, ständig andere Wissensgebiete zu aktualisieren, zwischen verschiedenen Anforderungsarten zu pendeln. Ein Lehrer kann es an einem Schultag mit bis zu 150 Schülerinnen und Schülern zu tun haben, wenn man von fünf Schulstunden und fünf verschiedenen Klassen ausgeht. Allein schon in einer einzigen Unterrichtsstunde muss der Lehrer eine solche Vielfalt an Fertigkeiten beherrschen und aktiv nutzen (z. B. zuhören, referieren, moderieren, präsentieren, vermitteln, Streit schlichten, sanktionieren).

2.8 Hilfe aus Fernost?

Nachdem ich so ausführlich die Bedeutung des subjektiven Stressempfindens und der subjektiv verfügbaren Bewältigungsstrategien für die Gesunderhaltung dargestellt habe, ist sicherlich klar geworden, dass es für jeden Einzelnen nur eine maßgeschneiderte Art gibt, wie er sich persönlich Kraft, Motivation und Freude für diesen anstrengenden Beruf erhalten kann. Es müsste eine Möglichkeit geben, wie jeder Einzelne den Einstieg in den Ausstieg aus dem hausgemachten Stress findet. Und so eine Möglichkeit möchte ich Ihnen vorstellen:

Ich möchte Sie neugierig darauf machen zu erkunden, wie heilsam die Haltung der Achtsamkeit und ihre Einübung sein können.

Das Wort »Achtsamkeit« springt uns derzeit genau wie das Wort »Glück« aus den Medien an; uns begegnen Buchtitel, Zeitungsartikel, Fernsehsendungen und Filme über das Thema. Kein Wunder! Trotz Finanzkrise leben wir in den Metropolen in einer Welt, die kaum ein Bedürfnis ungestillt lässt. Das Angebot an Vergnügungen ist Legion. Damit einher gehen eine Beschleunigung, eine permanente Reizüberflutung und eine Schnelligkeit in allen Lebensbereichen, die atemlos und eben auch ratlos und unzufrieden macht. Die uralte Frage nach dem Sinn drängt sich bei vielen ins Bewusstsein, und die Sehnsucht nach Besinnlichkeit, Ruhe und Zufriedenheit meldet sich. Je unsicherer der Arbeitsplatz, je gnadenloser der Leistungsdruck, je fordernder der Konsumzwang, desto bohrender das Verlangen nach einem Ausweg. Der Markt hält vieles bereit: Glücksbücher, Glücksseminare, Essen, das glücklich macht, Düfte, die glücklich machen. Konsumieren und glücklich sein? Fast-Food-Glück, Glück als neuer Medien-Hype, als neue Ware! So auch Achtsamkeit?

Überlegen Sie sich doch einmal, was Ihnen spontan zu diesem Begriff einfällt! Yogis im Lotussitz? Eine Buddha-Statue? Der Duft von Räucherstäbchen? Sitar-Klänge? Das Yin-Yang-Zeichen?

Seit einiger Zeit gebe ich Seminare mit dem Thema »Achtsamkeit in der Schule« und merke an der Reaktion vieler Lehrerinnen und Lehrer, dass der Begriff zunächst mit großen Vorurteilen behaftet ist: Sollen Lehrer jetzt »auch noch« achtsam sein? Schwappt hier die Eso-Welle in die Schule? Muss denn die Pädagogik jeden Hype mitmachen? Für solche Mätzchen ist nun wirklich die Zeit zu knapp! Andererseits gibt es Lehrerinnen und Lehrer, die schon lange Yoga oder QiGong praktizieren und aus eigener Erfahrung berichten, wie diese tägliche Übung ihnen Kraft für ihren Beruf verleiht. Ein Ziel dieses Buches besteht darin, Achtsamkeitsübungen zu entmystifizieren.

Wie kann die Haltung der Achtsamkeit in ihrer Wirkung und Bedeutung erschlossen werden? Mit dem Hinweis auf die eigene Erfahrung? Das ist – vor allem in Akademikerkreisen – ein dubioses Argument, denn man wittert vielleicht Betroffenheitsberichte, Lebensbeichten, Nabelschau, das Reiten eines persönlichen Steckenpferdes, Dilettantismus. Solche Einwände sind vorhersehbar. Wie steht es aber mit dem Hinweis auf die Erfahrung von unzähligen Menschen aus dem fernöstlichen Kulturkreis, die die seit Jahrtausenden tradierte Kultivierung der Achtsamkeit als integralen Bestandteil ihrer Lebensführung praktizieren? Hier könnte man Idealisierung vermuten, Verklärung wie im ausgehenden 18. Jahrhundert die Verherrlichung des »Edlen Wilden«.

Sind Menschen, die meditieren, die sich in Achtsamkeit schulen, zufriedener, glücklicher, mitfühlender und auch gesünder? Können wir vom Buddhismus, der die Selbstkultivierung, das Umgehen mit den eigenen Emotionen, den »Geistesgiften« und den verführerischen Glücksversprechen lehrt und dafür eine Vielzahl von Übungen und Praktiken bereitstellt, Erfahrungswissen übernehmen und uns aneignen?

Glaubwürdigkeit fußt in westlichen Gesellschaften nicht auf dem Charisma, das ein erfahrener Weisheitslehrer ausstrahlt, dem der Schüler Vertrauen schenkt, um dann selbst im eigenen Tun die Lehre zu erproben. Glaubwürdigkeit bedarf im westlichen Kontext der wissenschaftlichen Überprüfung. Wir im Westen brauchen offensichtlich Studien und Statistiken, die belegen, dass es sich z. B. bei der Übung der Meditation um eine durch wissenschaftliche Studien belegte, hochwirksame Intervention bei stressbedingten Krankheiten handelt und darüber hinaus um eine Möglichkeit der Gesunderhaltung. Wildern westliche Wissenschaftler/innen in buddhistischen Gefilden, um wirksame »Techniken« aufzuspüren, um Gesundheit zu optimieren, Glück zu garantieren und eine Wellness-Methode zu optimieren?

Kein buddhistischer Mönch meditiert, um seinen Stresslevel zu senken. Ihm geht es darum, Körper und Geist zu schulen und sich selbst zu erkennen, das Leid zu überwinden und praktisches Mitgefühl mit den Lebewesen zu entwickeln. Meines Erachtens müssen wir die Tradition des Buddhismus, die sehr vielschichtig und oft nur schwer zugänglich ist, respektieren, ohne sie zu idealisieren. Die Aufforderung Buddhas, nichts ungeprüft zu übernehmen, entspricht ja der uns vertrauten Haltung der Aufklärung.

Info

Von Buddha selbst gibt es keine schriftlichen Zeugnisse, seine »Sutras« wurden mündlich überliefert und erst etwa 100 v. Ch. niedergeschrieben. In der » Kalama Sutta« finden sich folgende, Buddha zugeschriebenen Worte:

»Glaube nur etwas, was du selbst ganz klar als wahr erkannt hast. Wenn du nach gründlicher Untersuchung, Ausprobieren in der Praxis und genauerem Hinterfragen einer Lehre oder eines Ratschlages zum Schluss kommst, dass sie zum Glück für dich und für alle führen, nimm sie und lebe danach.« (zitiert nach Winston 2007, S. 37)

»Lebe danach« – deutet auf die praktische Umsetzung der Lehre, und hier ist immer auch der Körper involviert. Ganz selbstverständlich wird im Buddhismus der Körper als »Erkenntnisorgan« begriffen.

Neben den fünf Sinnen gibt es außerdem den sechsten Sinn, den inneren Beobachter oder den inneren Zeugen, der die Gedanken und Gefühle wahrnimmt und Distanz schafft zu dem plappernden Affengeist, der ruhelos von Zerstreuung zu Zerstreuung hüpft oder sich in Ängsten ergeht.

In den traditionellen Sprachen des Buddhismus wie *Pali* oder *Sanskrit* gibt es bei der Benennung keinen Unterschied zwischen Emotion und Gedanke, d. h. dass Gedanken emotional unterfüttert sind, gehört zum allgemeinen Erkenntnisschatz.

»Die Vorstellung es gebe ein reines Denken, eine von Emotionen freie Rationalität, ist eine Fiktion, eine Illusion, die daher rührt, dass wir die subtilen Stimmungen, die uns durch den Tag hindurch begleiten, nicht beachten« (Goleman 1995, S. 69).

Jedes Wort und jeder Begriff, deren sich das scheinbar reine Denken bedient, ist emotional unterfüttert. Wer sich dessen bewusst ist, kann damit produktiv umgehen. Die besten wissenschaftlichen Texte sind diejenigen, die uns spüren lassen, dass der Autor »mit dem Herzen« bei der Sache ist. Wir stolpern dann beim Lesen nicht über klappernde Worthülsen, sondern wir verfolgen mit eben der Freude, mit der der Autor seine Argumentation entwickelt hat, die Verknüpfung von Gedanken und Argumenten. Unsere Emotionen sind immer beteiligt, auch wenn wir sie bewusst wegsperren, um einen besonders sachlichen Text zu produzieren.

Der Hirnforscher Damasio (1994) schildert als Beweis für die enge Verzahnung zwischen Denken und Fühlen den Fall eines Juristen, dem bei der Entfernung eines kleinen Tumors im Gehirn versehentlich die Verbindung zwischen Stirnlappen und Amygdala durchtrennt wurde. Mit der Zeit stellte sich heraus, dass zwar alle geistigen Funktionen erhalten waren, aber der Mann sich nicht mehr entscheiden konnte. Er konnte z. B. alle Gründe, die für oder gegen eine Entscheidung sprachen, auflisten, war aber nicht in der Lage, selbstständig zu wählen. Dieser Fall war für Damasio einer der Ausgangspunkte für seine weitere Forschung. Er kam zu dem Schluss, dass unsere

Emotionen unser Denken sozusagen unterlegen. Unsere Gedanken werden von Empfindungen durchsetzt, die wiederum von unseren Präferenzen beeinflusst werden, die wiederum durch unsere früheren Erfahrungen gespeist sind, die unter anderem von unserem instinktiven Muster, Gefahr zu meiden und Lust zu suchen, bestimmt sind. Sich dessen bewusst zu werden wird auf dem buddhistischen Wege der Bewusstwerdung angestrebt.

Die Selbstkultivierung im Buddhismus darf nicht zur »Methode der Gesunderhaltung« verkürzt werden, ihre Absicht ist die Erleuchtung, die Lösung von allen Anhaftungen (z. B. Gier, Angst) und das Erreichen von Mitgefühl für alle Wesen – Mitgefühl für andere und auch für sich selbst (Walach/Buchheld 2004). Die Trennung zwischen sich selbst und anderen wird als Illusion begriffen, sie verschwimmt und löst sich auf (Maezumi 2002). Buddhistische Mönche verbringen viele Stunden am Tag mit Meditation und mit dem Studium tradierter Texte. Es geht um philosophische Fragen, die immer im Zusammenhang mit der eigenen Praxis der Meditation stehen. Die persönliche Erfahrung spielt eine große Rolle, ebenso wie die Erfahrung des Lehrers, der mit seiner Person für die Bedeutung dessen, was er lehrt, steht. Die Fülle der Traditionen und der verschiedenen Lehrmeinungen, die durchaus nicht immer friedlich koexistieren, kann in unserem Zusammenhang nicht thematisiert werden. Mir ist es wichtig, verständlich zu machen, dass es sich hier um ein sehr komplexes Phänomen handelt: Wir wenden uns einer Tradition zu, die uns fremd ist, weil sie auf Voraussetzungen beruht, die uns nicht geläufig sind. Warum interessieren sich westliche Wissenschaftler für Meditation, kontemplative Methoden, Yoga, Qigong? Weil wir hier erprobte Möglichkeiten der Selbsterkundung finden, die der Ganzheitlichkeit des Menschen Rechnung trägt, die eben genau bei der engen Verflochtenheit zwischen Körper und Geist ansetzt. Es geht hier nicht um intellektuelle Konzepte und Vorstellungen, abgelöst von der eigenen Lebenspraxis.

»Die Vorstellung [Unterstreichung V. Kaltwasser] von Verstehen und Mitgefühl hat nichts mit wirklichem Verstehen und wirklichem Mitgefühl zu tun. Verstehen und Mitgefühl müssen zu einer Wirklichkeit in unserem Leben werden – man muss sie sehen und fühlen können« (Thich Nhat Hanh 1995, S. 16).

Nicht hehre Konzepte und ausgefeilte Vorstellungen zählen, sondern deren Verkörperung im praktischen Tun im Hier und Jetzt. Thich Nhat Hanhs schlichter Ausspruch verweist auf die Wirklichkeit unseres Körpers. Wir können nur mit »Leib und Seele« achtsam sein: Unser Körper spielt hier die Hauptrolle, denn er allein ist »wirklich«, ohne ihn können wir nicht im »Hier und Jetzt« sein.

Gerade weil die östlichen Traditionen viele Übungsmöglichkeiten dafür haben, wie wir ganz im »Hier und Jetzt« sein, ganz präsent sein können, haben sie das Interesse westlicher Wissenschaften, in letzter Zeit – eben vor allem auch der Hirnforschung – auf sich gezogen: Die Wirkmacht der Gedanken und Gefühle für die »körperliche Verfassung« des Menschen (und das bedeutet dann auch immer für seine Gesundheit oder Krankheit) gilt im Buddhismus als gesicherte Erkenntnis, die nun von westlichen Hirnforschern »bestätigt« wird. Indem wir lernen, auf unsere Gedanken und Gefühle Einfluss zu nehmen, können wir uns gesund erhalten. Wenn seit einiger Zeit die Bedeutung der Achtsamkeit für die Gesunderhaltung und Stressprävention mit vielen Studien erforscht wird, dann geht es hier um eine westliche Aneignung von Übungsmöglichkeiten, die im Buddhismus und anderen fernöstlichen Traditionslinien integriert sind. Der interkulturelle Dialog impliziert auch, dass unterschiedliche Methoden der Realitätsprüfung und Bewusstseinsforschung aufeinanderprallen. Treffen hier nicht völlig unterschiedliche »Sprachen« aufeinander? Im folgenden Kapitel möchte ich von einigen Verständigungsversuchen berichten.

2.9 Westliche Wissenschaft und östliches Erfahrungswissen

Seit 1985 findet jährlich eine Konferenz mit buddhistischen Mönchen, dem Dalai Lama, mit Hirnforschern und Psychologen statt (z.B. Francisco Varela†, Paul Ekman, Richard Davidson, Jon Kabat-Zinn, Sharon Salzberg, Daniel Brown, Matthieu Ricard) (Goleman 1996; Ricard 2008). Veranstalter ist das »Mind and Life-Institut«. Es wurde gegründet von dem Kognitionswissenschaftler Varela. Die Wissenschaftler wollen erforschen, welche Auswirkungen Meditationspraktiken auf die Aufmerksamkeitsleistung, auf die Fähigkeit der emotionalen Selbstregulation, auf Stressresilienz und Gesunderhaltung im Allgemeinen haben. Zwischen dem Psychologen und Mimikforscher Paul Ekman und dem Dalai Lama entwickelte sich – ausgelöst durch diese jährlichen Konferenzen – ein reger Austausch, der in dem 2009 veröffentlichten Zwiegespräch »Gefühl und Mitgefühl« seinen Niederschlag fand. In diesem Buch zeigt sich, wie fruchtbar der Dialog zwischen Ost und West ist (Ekman 2009).

2004 wurden erste Ergebnisse einer Studie veröffentlicht, die die Auswirkungen von Langzeitmeditationspraxis auf das Gehirn untersucht hatte. Erfahrene Meditierende wurden mit einer Gruppe von zwölf freiwilligen Gleichaltrigen verglichen. Die Mitglieder der Kontrollgruppe waren eine Woche lang in den verschiedenen Meditationstechniken unterwiesen worden. Als Untersuchungsmethoden wurden das Elektroenzephalogramm (EEG) verwendet, das die elektrische Hirnaktivität aufzeichnet, und die funktionelle Kernspintomografie, die eine Lokalisierung der zerebralen Aktivitäten ermöglicht. Diese Versuche im Detail wiederzugeben, würde hier zu weit führen (Ricard 2008, S. 267 ff.). Die Ergebnisse der Studie: Die erfahrenen Meditierenden konnten länger einen Fokus der Aufmerksamkeit wahren und schreckten kaum zusammen, wenn ein lautes Geräusch zu hören war. Außerdem stimmte das subjektive Urteil der Meditierenden über die Tiefe ihrer Meditation mit dem Grad der messbaren »hochfrequenten Gammawellen« überein, die nur bei den Langzeitmeditierenden zu beobachten waren. Richard Davidson, der Leiter der Studie, schloss aus diesem Ergebnis, dass »Meditation die Gehirnfunktionen nicht nur kurzfristig verändert, sondern höchstwahrscheinlich auch dauerhafte Veränderungen herbeiführt« (zitiert nach Ricard 2008, S. 271).

Der deutsche Hirnforscher Wolf Singer verweist in seinem Gespräch mit Matthieu Ricard auf eine andere Studie:

»Sie legt nahe, dass Meditation zu langfristigen Veränderungen jener Mechanismen führen kann, welche die Aufmerksamkeit kontrollieren. Es scheint, als ob das hohe Maß an Konzentration, das für die Aufrechterhaltung meditativer Zustände notwendig ist, jene Strukturen verändert, die mit der Steuerung von Aufmerksamkeit befasst sind« (Singer 2008, S. 69). In dieser Studie geht es um das *attentional blink*. Wenn eine Versuchsperson in schneller Folge Wörter oder Bilder gezeigt bekommt, die durch andere Bilder (»maskierende Reize«) voneinander getrennt sind, kann die Versuchsperson nur einen Teil der Reize bewusst wahrnehmen. Diese Unfähigkeit, schnell aufeinanderfolgende Reize wahrzunehmen, nennt man *attentional blink*. Wolf Singer berichtet (2008, S. 69), dass Menschen mit großer Meditationserfahrung ungewöhnlich kurze Blink-Intervalle hatten oder gar keinen *attentional blink* aufwiesen.

Was ist von diesem Dialog zwischen Hirnforschern und Mönchen zu halten? Welche Erkenntnisinteressen sind jeweils im Spiel? Einen Einblick in die jeweiligen Erkenntnisinteressen und Fragestellungen gibt das Gespräch zwischen Wolf Singer und Matthieu Ricard (Singer 2008)? Singer erwähnt in diesem Zusammenhang auch Ergebnisse einer Studie, die Tania Singer und Rainer Goebel erzielt haben. Die Fragestellung bestand darin, ob es dem in Meditation erfahrenen Ricard besser gelinge als untrainierten Probanden, selektiv Hirnstrukturen zu aktivieren, »die normalerweise erregt werden, wenn wir lebensweltlichen Bedingungen ausgesetzt sind, die Schmerz oder Ekel induzieren, Mitgefühl oder Freude« (Singer 2008, S. 70).

Die Fähigkeit, sich etwas vorzustellen oder sich willentlich in eine bestimmte Stimmung zu versetzen, hat jeder Mensch, aber die Ergebnisse der Studie legen nahe, dass die Meditationspraxis diese Fähigkeit stärkt. Meditation würde demnach dem Einzelnen einen größeren Spielraum zur emotionalen Selbstregulation ermöglichen, d. h. ein in Meditation Geübter wäre den unwillkürlichen Impulsen nicht mehr so ausgeliefert. Singer knüpft an diese These die weitere Überlegung: Wer in der Lage sei, seine eigenen Emotionen so differenziert wahrzunehmen und zu steuern, der könne auch die Emotionen anderer besser wahrnehmen und differenzieren. Singer: »Wir erkennen die Gestimmtheit unseres Gegenübers durch die meist unbewusste Analyse von Mimik und Gestik und Prosodie. Es wäre faszinierend, wenn meditationserfahrene Menschen eine gesteigerte Fähigkeit besäßen, die Gestimmtheit anderer zu erkennen und differenzierter wahrzunehmen« (Singer 2008, S. 71), worauf Ricard an das Experiment des Psychologen Paul Ekman erinnert, bei dem Ricard Probant war: Es wurden Bilder eines Menschen mit neutralem Gesichtsausdruck gezeigt, aber in unterschiedlichen Abständen wurde diese Reihe für eine dreißigstel Sekunde durch ein Bild dieses Menschen mit einer Mimik von Wut, Trauer, Freude, Überraschung, Angst und Abscheu unterbrochen.

Diese »Mikroausdrücke« (*microexpressions*, Ekman 2004) treten im Alltag ständig auf. Wie gut sie wahrgenommen werden, ist individuell sehr verschieden. Ricard und ein anderer erfahrener Meditierender hatten eine höhere Punktzahl erreicht als Tausende von anderen Testpersonen (Goleman 2003, erstes Kapitel). Solche Studienergebnisse liefern zunächst einfach Daten. Die Frage, wie diese zu interpretieren sind, welche Variablen in die Ergebnisse eingeflossen sind, die nicht gemessen wurden oder werden konnten, diese Frage nach der Relevanz solcher Daten stellt die eigentliche Herausforderung dar. Wie allgemeingültig sind die Ergebnisse und in welcher Weise führen sie zu Schlussfolgerungen, die für die Lebenspraxis der Menschen Bedeutung haben? Wer seit Langem meditiert und berichtet, dass ihn dies gelassener und empathischer, belastbarer und aufmerksamer gemacht hat, der kann nur die eigene persönliche Erfahrung ins Feld führen. »Evidenzbasiert« heißt bei uns das Gütesiegel, d. h. durch wissenschaftliche Studien als wirksam bewiesen. Wenn z. B. nachgewiesen wird, wie wirksam Achtsamkeitsübungen bei Schüler/innen für deren Aufmerksamkeitsleistung und Stressresilienz sind, dann werden hoffentlich die Bildungspolitiker hellhörig.

An der University of California in Los Angeles wurde eine Studie von Dr. Lidia Zylowska vorgelegt, die nachweist, dass Schülerinnen und Schüler mit der Aufmerksamkeitsstörung ADHD (*Attention Deficit Hyperactivity Disorder*) von regelmäßigen Achtsamkeitsübungen profitieren. »Unaufmerksamkeit und Hyperaktivität wurden signifikant positiv verändert. In Kognitionstests konnten die Probanden sich in einer Situation mit verschiedenen Außenreizen besser konzentrieren. Außerdem fühlten sich die Teilnehmer nach Beendigung des Programms weniger ängstlich und niedergeschlagen« (Zylowska 2006).

Meditieren könnte also als natürliches *Neuroenhancement* gelten: Selbsttätige Verbesserung der Konzentrationsleistung und Stressresilienz, eine »kostengünstige« Alternative zu den gängigen Verlockungen des Pharma-Marktes: Schon heute verlassen sich manche Studenten vor den Klausuren auf Psychopharmaka zur Steigerung der Aufmerksamkeit, auf dieselben Psychopharmaka, die auch – oft zu leichtfertig – Schülerinnen und Schülern verschrieben werden, die sich nicht konzentrieren können und deren Impulssteuerung nicht altersgerecht ist. Es bleibt abzuwarten, ob wissenschaftliche Studien über die Wirkung von Achtsamkeitsübungen so überzeugen können, dass die Bildungsbürokratie Ausbildungs- und Fortbildungsmöglichkeiten in dieser Richtung schafft.

3. Die Haltung der Achtsamkeit

3.1 Definitionen von Achtsamkeit

Was hat es nun mit der Achtsamkeit auf sich? Wie könnte sie definiert werden und – vor allem – wie können wir sie praktisch umsetzen?

»Achtsamkeit ist durch ein gelassenes, nicht-wertendes und kontinuierliches Gewahrsein wahrnehmbarer geistiger Zustände und Prozesse von Augenblick zu Augenblick gekennzeichnet. Dies bedeutet ein anhaltendes, unmittelbares Gewahrsein körperlicher Empfindungen, Wahrnehmungen, Affektzustände, Gedanken und Vorstellungen« (Grossmann 2004, S. 73).

Heidenreich (Heidenreich/Michalak 2004) betont, und das scheint mir der Schlüssel zu einem umfassenden Verständnis des Konzeptes, dass Achtsamkeit ein stetiges »im Kontakt sein mit dem Körper« bewirke.

Jon Kabat-Zinn, von dem die nächste Definition stammt, hat das große Verdienst, die Haltung der Achtsamkeit so für westliche Menschen übersetzt zu haben, dass die Wirkmacht dieser Haltung verständlich und erlebbar werden kann.

Das von ihm entwickelte und inzwischen weltweit angewendete Acht-Wochen-Programm »Mindfulness-Based-Stress-Reduction« (MBSR) wird in den unterschiedlichsten klinischen Bereichen eingesetzt. Inzwischen wurde es auch im Rahmen der kognitiven Verhaltenstherapie für das Krankheitsbild der Depression und anderer psychischer Krankheiten leicht verändert und wird derzeit erforscht (MBCT – »Mindfulness-Based-Cognitive-Therapy«).

»Im Grunde genommen ist Achtsamkeit ein ziemlich einfaches Konzept. Seine Kraft liegt in der praktischen Umsetzung und Anwendung. Achtsamkeit beinhaltet auf eine bestimmte Art und Weise aufmerksam zu sein: bewusst im gegenwärtigen Augenblick und ohne zu beurteilen« (Kabat-Zinn 2007, S. 18).

Übung

»Ein ziemlich einfaches Konzept«
»Bewusst im gegenwärtigen Augenblick« – Das ist, so scheint es, ja tatsächlich keine Kunst, oder? Versuchen Sie es doch einmal! Schließen Sie die Augen für diesen gegenwärtigen Augenblick! Jetzt! Legen Sie einfach das Buch beiseite und probieren Sie es aus, ganz bewusst im gegenwärtigen Augenblick zu sein. Vielleicht für eine Minute?

....

....

Wie war Ihr bewusster Augenblick? Was haben Sie wahrgenommen? Die Geräusche in Ihrer Umgebung? Angenehme oder unangenehme Empfindungen im Körper? Ist Ihr inneres Bewertungsprogramm angesprungen? »Kindisch, diese Anweisung! Was soll das? Also darauf läuft es hinaus, ich soll zum Meditieren gebracht werden.«

Das Gedankenkarussell dreht sich, und irgendwann bemerken Sie, dass die Aufforderung »einfach bewusst im gegenwärtigen Augenblick zu sein«, gar nicht so einfach zu erfüllen ist.

Übung

Schließen wir noch ein kleines Experiment an: Nun schließen Sie die Augen und achten *einfach* auf Ihren Atem, ohne ihn zu verändern. Lassen Sie sich Zeit! Erfüllen Sie nur gewissenhaft diese eine Anweisung: *»Auf den Atem achten, ohne ihn zu verändern!«*

....

....

Was haben Sie bemerkt? Wie sind Sie mit der Aufforderung umgegangen? Waren Sie so experimentierfreudig und haben sich darauf eingelassen, oder regt sich Unmut über meine Art, Sie zu etwas zu bringen? Schon diese Prozesse können Teil der achtsamen Haltung sein. Und wenn Sie tatsächlich auf die Aufgabe eingegangen sind und Ihren Atem beobachtet haben: Wie ging es Ihnen damit?

Welche Körperteile wurden vom Atem bewegt? Wie fühlte sich das Einatmen, wie das Ausatmen an? Konnten Sie beim Atem verweilen oder sind Ihre Gedanken abgedriftet?

Gerade weil wir keine Tradition in ritualisierten Formen der Körperwahrnehmung, also z.B. des Beobachtens des Atems, haben, fällt vielen der Zugang zu solch einer Praxis nicht leicht, zumal Meditation oft mit esoterischer Weltflucht, sektenhaftem Gehabe oder abgehobener Spinnerei in Verbindung gebracht wird.

»Sitzen und auf den Atem achten« – diese einfache Übung soll so weitreichende Folgen haben? Dass Meditation, die für die Haltung der Achtsamkeit eine wichtige Übungsform ist, heute nicht mehr mit so vielen Vorurteilen behaftet ist, liegt sicherlich auch an dem interkulturellen Dialog zwischen Mönchen und Wissenschaftlern, den das »Mind-Life«-Institut ermöglicht hat.

Das Konzept der Achtsamkeit ist einfach, aber hochwirksam – und das scheinbar Einfache entfaltet seine Komplexität erst in der Praxis der Übung. Was so simpel erscheint, entpuppt sich als ganz schön vielschichtig. Deshalb hat Kabat-Zinn das kleine Adverb »ziemlich« hinzugefügt. Was damit gemeint ist, werden Sie selbst entdecken, wenn Sie sich auf das Abenteuer Achtsamkeit einlassen.

Die Kraft der Achtsamkeit liegt »in der praktischen Umsetzung«

Sie können noch so viele Bücher über Achtsamkeit lesen, die Haltung der Achtsamkeit erschließt sich in der Praxis – in jedem einzelnen Moment, mit allen Sinnen – auch mit dem Sinn des »Inneren Beobachters«, der das Gedankenkarussell wahrnimmt, das allein schon durch achtsame Beobachtung sich langsamer dreht.

Es gibt *die formalen Achtsamkeitsübungen*, die – wenn sie regelmäßig praktiziert werden – einen großen Einfluss auf unseren Alltag haben. Denn je mehr uns unsere gewohnheitsmäßigen Muster auffallen, desto eher können wir uns aus deren Umklammerung befreien. In der Praxis der Meditation lernen wir diese Lücke kennen, in die Bewusstheit einziehen kann. Dies ist das wirkungsvolle Rüstzeug, das wir in die Hand bekommen. Dies ist der Schlüssel, der neue Räume aufschließt und uns Bewegungsfreiheit einräumt. Wenn wir das Bild von den »neuronalen Autobahnen« nehmen, dann zeigt uns die formale Praxis der Meditation, wie viele »Freeways« wir haben, die gar nicht so frei sind, weil sie gebahnte Muster sind in einer ungeheuer vielfältigen Landschaft, die zu entdecken wir Lust bekommen, wenn wir merken, dass es ja viel mehr Ausfahrten gibt, als wir bislang wussten.

»Auf eine bestimmte Art und Weise aufmerksam sein«
Dieser Teil der Definition von Kabat-Zinn verweist auf die unterschiedlichen Arten der Aufmerksamkeit, derer wir fähig sind. Auf jeden Fall erstreckt sich die Aufmerksamkeit immer auf die Wahrnehmung des Körpers, und genau das macht einen Großteil der Wirksamkeit der Übungen aus. Ich werde Ihnen einige Achtsamkeitsübungen vorstellen, die sich darin unterscheiden, worauf der Fokus der Aufmerksamkeit liegt: auf dem unveränderten Atem, auf einer bestimmten Art der Atmung, z.B. auf der Bauchatmung, auf dem Hören, Sehen, auf dem Erspüren einzelner Körperbereiche, auf dem langsamen bewussten Gehen oder auf einfachen Bewegungen z.B. aus der Tradition des Qigong.

Je öfter wir diese Übungen praktizieren, desto schneller gleiten wir in den Zustand der entspannten Wachheit. Wenn uns, d.h. auch unserem Körper, dieser Zustand vertraut ist, dann verfeinert sich unsere Wahrnehmungsfähigkeit. Sie wird immer subtiler, und wir werden feststellen, dass dieser Übungsweg auch *jenseits der formalen Übungszeit* bewirkt, dass wir genauer wahrnehmen, wie die Welt bunter und vielschichtiger wird, was nichts anderes bedeutet, als dass unsere Wahrnehmungsfähigkeit sich ausdifferenziert.

»Bewusst im gegenwärtigen Augenblick«
Diese Formulierung klingt so einfach und harmlos, oder nicht? Kinderleicht! Keineswegs! Unseren »Affengeist« – wie unser ruheloses Gemüt in buddhistischen Texten oft genannt wird – hält es nicht lange in der Gegenwart. Er springt in die Vergangenheit oder in die Zukunft. Er lässt sich mit Zwang nicht festhalten, im Gegenteil, je mehr wir uns bemühen, ihn zu gängeln, desto kräftiger zerrt er an den Zügeln. Dass wir dies bemerken, das eröffnet die Lücke, in die der innere Beobachter eintreten kann. Um

bewusst im gegenwärtigen Augenblick zu sein, bedürfen wir unseres Körpers. Der Atem kann hier ein hilfreicher Freund sein. Er ist immer gegenwärtig, unser Körper ist immer im Hier und Jetzt. Das klingt zunächst nur banal. Wenn wir diese Erkenntnis aber praktisch umsetzen, dann sind wir dem Geheimnis der Präsenz auf der Spur.

Ganz präsent sein zu können, diese Fähigkeit ist besonders für Lehrerinnen und Lehrer eigentlich unverzichtbar. Sie kommt ihren Schülerinnen und Schülern zugute, aber sie erhält auch die Lehrenden gesund. Erinnern Sie sich an das Kapitel über Stress! Auf das Konto des ungezügelten Affengeistes geht ein Großteil unseres hausgemachten Stressempfindens: Wir trauern verpassten Chancen nach, wir regen uns über andere auf und tragen den Ärger mit in die Schulklasse. Wir haben hohe Erwartungen und ziehen unsere Unterrichtsplanung durch, ohne zu merken, dass im Augenblick vielleicht ganz anderes anstünde. Aus Ihrem eigenen Erleben wissen Sie: Die Stunden, bei denen Sie ganz anwesend sind –»bewusst im gegenwärtigen Augenblick« –, diese Stunden haben den Zauber der Präsenz, fließen mühelos dahin und münden in ein Ergebnis, das einen dann oft in Staunen versetzt. So wenig Aufwand – und so viel Resultat.

»Ohne zu beurteilen«
Ja – dieser kleine Nachsatz in der Definition der Achtsamkeit hat es in sich. Wenn Sie daran denken, wie Mr. Lizard ständig auf der Lauer liegt und bewertet, dann ist Ihnen jetzt vielleicht auch klarer, weshalb dieser Nachsatz harmlos klingt, aber schwer in die Tat umzusetzen ist.

Gerade für Lehrer, die berufsmäßig zum ständigen Bewerten verdonnert sind, bedeutet so eine Anweisung eine besondere Herausforderung, denn sie verlangt, dass wir uns unseres Autopilot-Modus, unserer habitualisierten Wahrnehmungs-, Denk- und Verhaltensmuster bewusst werden.

Wenn wir in den formalen Achtsamkeitsübungen – wenn wir z.B. ruhig dasitzen und auf unseren Atem achten – unseren Affengeist dabei beobachten, wie er sich in Grübelketten verstrickt und auf bekannten Mustern herumturnt, dann üben wir die Wahrnehmung dieser Muster und lösen uns Schritt für Schritt von ihnen. Wir bekommen die Freiheit der Wahl und werden offener für neue, ungewohnte Sichtweisen, die uns vielleicht mehr Spielraum geben als die vorgefertigten Muster.

3.2 Die Praxis der Achtsamkeit

3.2.1 Das Üben – die formale Praxis

Wenn Sie bereit sind, für sich diesen Weg zu beschreiten, vielleicht vorsichtig tastend, unsicher, voller Zweifel, gelingt dies am besten, wenn Sie sich im Alltag kleine Übungsinseln schaffen und kontinuierlich mit kontemplativen Methoden ihre persönliche Erfahrung machen. Ich hoffe, dass Ihnen meine Hinweise dabei helfen werden.

3.2.2 Die Haltung der Achtsamkeit im Alltag

Schon nach relativ kurzer Zeit werden Sie feststellen, dass die täglichen Übungen große Auswirkungen auf Ihr Alltagserleben haben. Wie ein Forscher, der ein neues Gebiet erkundet, sehen Sie Ihren vertrauten Alltag mit einem anderen Blick. Weil Sie Ihre »Innenräume« genauer wahrnehmen, erkennen Sie auch, wie Sie selbst Ihre »Außenräume« gestalten. Sie kommen Ihren Mustern auf die Spur – nicht durch Grübeln und Nachdenken, sondern durch die wache Präsenz im gegenwärtigen Augenblick. Im nächsten Kapitel möchte ich Ihnen einige »Forschungsbereiche« und »Forschungs- methoden« vorstellen.

3.3 RAIN und The Student of Hell – Stofhell

> »Im Grunde genommen ist Achtsamkeit ein ziemlich einfaches Konzept. Seine Kraft liegt in der praktischen Umsetzung und Anwendung. Achtsamkeit beinhaltet auf eine bestimmte Art und Weise aufmerksam zu sein: bewusst im gegenwärtigen Augenblick und ohne zu beurteilen.« (Kabat-Zinn 2007, S.18)

Diese Definition von Kabat-Zinn begleitet mich nun schon seit vielen Jahren, genauso wie eine Anweisung, die – typisch amerikanisch – als Akronym daherkommt und in Achtsamkeitsseminaren immer wieder gelehrt wird. RAIN heißt das Prinzip. Der be- kannte Meditationslehrer Jack Kornfield schreibt, dass er diese Abkürzung liebe, weil sie ihn an den Ausspruch eines Zen-Dichters erinnere: »Der Regen fällt gleichmäßig auf alle Dinge.«

Schauen wir uns also die Haltung der Achtsamkeit noch einmal mit dieser Defini- tion und an einem Beispiel aus dem Schulalltag an.

3.3.1 R – »Recognition« – Genau Hinsehen, sich nicht abwenden!

Es geht hier um die Bereitschaft hinzusehen, sich nicht abzuwenden. Auch das klingt zunächst wieder sehr einfach und harmlos. Erinnern wir uns aber daran, wie uns un- sere biologische Grundausstattung beeinflusst, dann fällt uns auf, dass wir eben meist nicht »interesselos« wahrnehmen, sondern von unseren Erwartungen und Befürch- tungen geleitet werden. Mr. Lizard liebt es nicht, nur wahrzunehmen, er will agieren:

»Raus aus der Gefahrenzone oder hin zur Lustzone!« Falls keines von beiden zu- trifft, zieht er sich gelangweilt zurück. Genau hinzusehen, wahrzunehmen – unter- schiedslos, das ist eine Herausforderung, die anzunehmen zunächst nicht besonders verlockend erscheint. Was uns ärgert, was uns »nervt«, was uns Schmerzen bereitet, das vermeiden wir am liebsten oder wir versuchen, schnell eine Lösung zu finden, und schnelle Lösungen kommen immer aus dem Fundus der bekannten Muster.

Als Lehrerin oder Lehrer brauchen wir ganz oft »schnelle Lösungen« – meinen wir. Einfach mal wahrnehmen, ohne in alte Routine-Reaktionen zu verfallen: Was hieße das? Spielen wir es doch mal durch – am Beispiel des »Höllen-Schülers«, wie der bekannte amerikanische Pädagoge Parker Palmer (1998) diesen Typus des Schülers nennt, der einem sofort ins Auge springt, wenn man eine neue Klasse betritt und der dann meist im Laufe der Zeit zum »teuflischen Höllen-Schüler« avanciert. Und diesen Typen, der einen zur Weißglut reizt, weil er gnadenlos die entsprechenden Knöpfe drückt, diesen Schüler soll man nun einfach »interessiert wahrnehmen«, ohne ihn zu bewerten?

The Student of Hell namens Stofhell

Sie kommen in eine neue Klasse, vielleicht zur Vertretung oder am ersten Schultag – und da ist er schon: Ihr »Student of Hell«.

Jede Lehrerin, jeder Lehrer hat so einen ganz persönlichen »Student of Hell«. Er wechselt von Schuljahr zu Schuljahr, von Vertretungsstunde zu Vertretungsstunde seine Gestalt, vielleicht auch sein Geschlecht: Mal lümmelt er sich in der letzten Bank, spuckt provokativ seinen Kaugummi in Richtung Papierkorb, wohl wissend, dass er niemals treffen wird. Oder er beginnt, sobald Sie mit dem Unterricht angefangen haben, mit nonverbalen Störmanövern, kommuniziert mit Augenrollen oder anderen publikumswirksamen Faxen mit seinen Mitschüler/innen. Dabei hat er es zu einiger Perfektion gebracht. Sie merken seine schauspielerischen Einlagen an den Reaktionen der Mitschüler/innen. Drehen Sie sich zu Ihrem persönlichen Widersacher, dann schaut er Sie lammfromm lächelnd an. »Ist was?«

Er kennt all Ihre Knöpfe und drückt sie mit unverhohlener Freude, zumal er ja Publikum hat. In erster Linie Sie selbst, und dann natürlich die gesamte Klasse, die bald merkt, dass die Devise »Alles ist besser als Unterricht!« auch hier gilt, denn in jedem Falle ist das Scharmützel ihres Lehrers mit »Stofhell« viel amüsanter als Goethes »Erlkönig«. Der »Student of Hell« kann im nächsten Schuljahr eine ständig schlecht gelaunte Blondine sein, die unter der Bank hingebungsvoll ihre Nägel bearbeitet, ein Fünftklässler, der nie seine Hausaufgaben dabei hat, oder eine Abiturientin, die Ihnen ständig nachzuweisen versucht, dass Sie sich politisch unkorrekt ausdrücken.

Wie aber kommt es, dass Sie – wenn Sie im Lehrerzimmer einem Kollegen das Herz ausschütten und gerne gemeinsam über den »Student of Hell« lamentieren würden – zu hören bekommen: »Bei mir ist Stofhell ganz anders. Da habe ich keine Probleme! Aber mit XYZ schon!« Mit XYZ kommen Sie wiederum wunderbar zurecht.

Also liegt es doch sehr nahe, dass hier ein klassisches Autopilot-Muster vorliegt. »The Student of Hell« – drückt *Ihre* Knöpfe, und da Sie genauso reagieren, wie Stofhell es braucht, um sein eigenes Muster, was genau auf das Ihrige passt, zu aktivieren, sind Sie beide in einen Höllentanz verstrickt, der von außen eben ganz wunderbar unterhaltsam anzusehen ist – allerdings nur von außen. Ihr Stresslevel nach Stunden mit Stofhell ist garantiert ungesund erhöht, aber auch Stofhell genießt diesen Höllentanz nicht wirklich. Er provoziert Reaktionen, die er wahrscheinlich von Vater oder Mutter kennt, oder er holt sich Sympathien aus der Peergroup, die er dringend nötig hat, weil er sich abgelehnt fühlt.

Da Sie in Ihrem Studium gelernt haben, wie die Mechanismen von Übertragung und Projektion funktionieren, wissen Sie theoretisch davon, wie viel Unbewusstes in Interaktionen einfließen und dass natürlich der Unterricht ein großes Tummelfeld von unbewussten und unausgesprochenen Regungen ist. Allerdings nehmen wir uns nicht immer die Zeit, uns mit diesem Minenfeld genauer zu befassen und es vielleicht sogar zu entschärfen.

Stattdessen zwingt der Zeitdruck vermeintlich dazu, einfach zu reagieren, d.h. dann, dass Stofhells Eltern eingeladen werden, mit dem Effekt, dass dann auch noch »The Parent of Hell« mit von der Partie ist. Es werden schriftliche Missbilligungen geschrieben, es wird eine Aktenlage geschaffen. (Das Prinzip RAIN eignet sich auch für den Umgang mit Schülereltern. Ihnen fallen sicherlich auf Anhieb Eltern ein, die geschickt »Knöpfe drücken« und Sie im Nu in Stress versetzen können!)

Zurück zu unserem Beispiel: Sie gehen immer lustloser in die Klasse, die Ihnen diesen Liebensentzug prompt quittiert, indem sie dem Stofhell noch begeisterter als Publikum zur Verfügung steht. Die Situation kann eskalieren. Es spricht sich herum, dass Sie mit dieser Klasse nicht zurechtkommen, Eltern rufen den Schulleiter an, der bittet Sie zu einem Gespräch. Sie können dieses Szenarium selbst weiter ausspinnen, bei dem alle Beteiligten eigentlich nichts Böses im Schilde führen, sondern nur in bekannten, vorgefertigten Mustern reagieren. Der Lizard hat in solchen Situationen gut zu tun. Er meldet Gefahr und bietet die alten Muster an, die ja schnell verfügbar, weil schon hundertmal aktiviert sind, »neuronale Autobahnen«, auf denen das Ziel vermeintlich umgehend zu erreichen ist.

Nur was ist das Ziel? Für den Lizard gibt es da eine klare Antwort: aus der Gefahrenzone kommen, der Stärkere bleiben, Oberhand behalten, Macht ausüben, kein Opfer sein, nicht gefressen werden. Das ist das Lizard-Ziel, deshalb versetzt er den Körper in den Stresszustand mit den beschriebenen Auswirkungen.

Wie gehen Sie mit dem Lizard-Ziel um? Schließlich müssen Sie sich von Mr. Lizard ja nicht auf der Nase herumtanzen lassen, aber dazu gehört, dass Sie überhaupt bewusst wahrnehmen, was sich da abspielt in Ihrer Interaktion mit Stofhell.

Übung

Nehmen Sie sich doch einmal Zeit! Sitzen Sie in Ihre Loge und beobachten Sie wie in einem Film, was genau sich da eigentlich abspielt zwischen Ihnen und Stofhell:
- Wie sieht denn Ihr persönlicher Stofhell aus?

Vielleicht würden die oben skizzierten »Students of Hell« Sie völlig kalt lassen, weil deren Verhalten keinen einzigen Ihrer »Knöpfe« drücken würde. Vielleicht betrachten Sie diesen Stofhell, der da seinen Kaugummi spuckt, mit kaum verhohlener Sympathie, weil er Sie daran erinnert, wie Sie als Schüler waren. Stofhell spürt das sofort, dass Sie kein geeigneter Partner für einen Höllentanz sind. Er spürt vielleicht Ihre innere Akzeptanz und kann dann auch die strenge Ermahnung, den Kaugummi einzuwickeln und richtig zu entsorgen, klaglos und ohne Gesichtsverlust annehmen.

> **Übung**
>
> Was ist also Ihr ganz persönlicher »Student of Hell«? Vielleicht schließen Sie einmal kurz die Augen und lassen im Geiste Ihre Schüler Revue passieren, vielleicht hat sich aber schon längst der derzeitig aktive Stofhell vor Ihrem inneren Auge unübersehbar in Positur gesetzt.
> Schauen Sie ihn genau an: seine Haltung, seine Mimik! Erinnern Sie sich an eine Situation, die Ihnen noch besonders gewärtig ist, in der Sie sich so richtig aufgeregt haben, in der Sie Stofhell am liebsten in die Hölle geschickt hätten?

Ihr Lizard kennt Stofhell übrigens auch. Er ist vielleicht sogar der Erste, der Stofhell bemerkt, denn der Lizard (im Verbund mit Mrs. Amygdala und Mr. Hippocampus und anderen) hat ja die kleinsten Nuancen gespeichert: ein Blick, eine Geste, ein Wort, Erinnerungen daran, dass Stofhell, wenn nicht Gefahr, dann zumindest Ärger bedeutet. Stofhell aktiviert ein altes Muster, ohne dass Ihnen dies gleich bewusst wird. Allerdings könnte Ihre heftige Reaktion Sie darauf hinweisen.

> **Übung**
>
> Wenn Sie sich wirklich einmal genauer mit Stofhell und Ihrer Reaktion auf ihn auseinandersetzen wollen, können Sie einmal folgende Fragen beantworten, vielleicht sich auch einmal schriftlich damit auseinandersetzen, Worte finden für einen Ärger, den Sie noch nie so genau verbalisiert haben.
> - Beschreiben Sie doch einmal, welches Verhalten des Schülers Sie so ärgert und wütend macht! Welche Aussprüche von ihm können Sie zur »Weißglut« bringen?
> - Erinnern Sie sich an eine bestimmte Situation, in der Sie mit Stofhell interagiert haben?
> - Wie hat sich Ihr gesamter Unterricht verändert, wenn Stofhell sich in den Vordergrund spielte und Sie mit ihm in Interaktion traten?
> - Wie hat sich Ihr Verhältnis zur gesamten Klasse verändert?
> - Was wissen Sie über Stofhell? Über die Eltern, die Geschwister? Kennen Sie seine Hobbys, seine Lieblingsfächer? Haben Sie mit ihm schon einmal außerhalb des Unterrichts gesprochen? Welches sind Stofhells Freunde in der Klasse?
> - Hat er schon einmal etwas getan, etwas gesagt, wofür Sie ihn gelobt haben?
> - Könnten Sie eine liebenswerte Eigenschaft an ihm erkennen?
> - An wen erinnert Sie Stofhell? Haben Sie schon eine lange Liste verschiedener Stofhells?
> - Kennen Sie aus Ihrer eigenen Schulzeit solche Schüler/innen oder Schüler?
> - Waren Sie mit diesen befreundet oder eher nicht?
> - Wären Sie Mitschülerin oder Mitschüler von Stofhell – würden Sie ihn mögen oder vielleicht vor ihm Angst haben?
> - Gibt es eine Eigenschaft Stofhells, die Sie mit ihm gemeinsam haben?
> - Angenommen, jemand würde Stofhell über Sie interviewen, was würde er sagen?

Diese wenigen Minuten, die Sie dafür verwenden, sich ein genaueres Bild dieses Schülers zu machen, haben schon bewirkt, dass Sie den Autopilot verlassen. Sie legen den Fokus Ihrer Aufmerksamkeit auf Ihre Wahrnehmungsmuster, räumen ein, dass Sie vielleicht manches nicht wahrnehmen, verzerrt wahrnehmen, also Stofhell z. B. Motive unterstellen, die er gar nicht hat, die Sie aber aufgrund Ihrer Voreinstellung auf ihn projizieren.

Stofhell aktiviert bei Ihnen ein Stressgeschehen, das bislang von Schlüsselreizen induziert wurde, die von Ihnen auf bestimmte Weise interpretiert wurden, die aber ein anderer Kollege ganz anders bewertet und die bei diesem keinerlei Stressreaktion auslösen: »Was? Der XY? Das ist doch ein ganz lieber, interessierter Schüler, den mag ich sehr!«, sagt vielleicht eine Kollegin ganz verständnislos angesichts der Rage, mit der Sie von Stofhells Übeltaten berichten. (Haben Sie eher weibliche oder eher männliche »Students of Hell«? Sicherlich auch eine interessante Forschungsfrage!)

● *Wie sieht die Sache nun aus der Sicht von Stofhell aus?*
  Ihm geht es ähnlich! Er interpretiert Ihr Verhalten aufgrund seiner bisherigen Erfahrungen, und er aktiviert das Verhaltensrepertoire, das ihm bislang in ähnlichen Situationen geholfen hat, seine Ängste irgendwie in den Griff zu bekommen. Sein Muster, mit Bedrohung umzugehen – und er fühlt sich vielleicht bedroht –, ist es eben, zum unterschwelligen Angriff überzugehen.

● *Was würde die Haltung der Achtsamkeit bei der Interaktion mit Stofhell beinhalten?*
  Es geht zunächst darum, einfach Raum zu schaffen für den »Inneren Beobachter«, die Lücke, in die Bewusstheit eintreten kann, zu weiten. Dieses Innehalten scheint in emotional aufgeladenen Situationen kaum möglich. Der Autopilot rastet dann schon automatisch ein. Unversehens hat man sich in einen Machtkampf mit Stofhell verstrickt und ist im wahrsten Sinn des Wortes »außer sich«. Genau hier hilft die tägliche formale Übung der Achtsamkeit. Sie lernen, sich mit Ihrem Atem zu verbinden und finden »in« sich die Kraft, den Autopiloten abzuschalten und genau hinzusehen (*investigate*).
  Statt zu reagieren wie bisher, können Sie sich das nächste Mal einfach Zeit nehmen und die Situation genau erforschen. Sie werden bald merken, wie der Atem dabei wie ein verlässlicher Freund zur Verfügung steht: Sie können innehalten und Stofhell einfach Aufmerksamkeit schenken.
  Für die Schülerinnen und Schüler ist genau spürbar, ob Sie bei sich sind, aus Ihrer Kraft handeln oder impulsiv aus Ihrem Ärger heraus reagieren. Es geht hier um ganz subtile Prozesse, die sich dennoch mitteilen.
  Dies ist die positive Qualität der Präsenz: Sie lassen sich auf diese konkrete Situation ein, die jetzt herrscht. Vielleicht schauen Sie sich Stofhell einfach ganz genau an, nicht abwertend, sondern interessiert, zugewandt, wertschätzend. Sein Verhalten in diesem Augenblick mag nicht in Ordnung sein, aber als Pädagoge sehen Sie dahinter den verunsicherten Jungen, der den großen Macker spielen muss. Zwar nehmen Sie Ihre Abneigung wahr, Ihren Ärger über diesen Jungen oder dieses Mädchen, aber Sie sind sich dessen eben bewusst, werden nicht von Ihrem Ärger zu wütenden Tiraden hingerissen, sondern handeln und sprechen mit einer Klar-

heit, die auch Stofhell oder Stofhelline die Chance bietet, einmal anders zu reagieren, ja sich der festgefahrenen Reaktionen einmal überhaupt bewusst zu werden. Vielleicht können Sie in der Pause das Gespräch mit Stofhell suchen und auf der Meta-Ebene die vergangene Situation thematisieren. Dabei erfahren Sie vielleicht auch, weshalb Stofhell heute über sein ungebärdiges Verhalten Ihre Aufmerksamkeit erzwingen musste.

Und plötzlich sehen Sie diesen Jungen oder dieses Mädchen mit anderen Augen. Das ist die Beziehungsarbeit, die zwar anstrengend und aufwendig ist, aber den Lehrerberuf auch so befriedigend macht. Sie entlassen Stofhell aus der eigenen festgelegten Musterfixierung. Aber auch Sie merken, wie Sie ein Bildnis geschaffen haben, das mit dem Menschen nichts zu tun hat, deshalb nennen Sie Stofhell nun bei seinem richtigen Namen. Sie haben Ingo vor sich oder Claudia oder Inge, alles Persönlichkeiten mit einem Potenzial, das Sie dann am besten fördern können, wenn Sie selbst die Freiheit haben, auch ihre eigenen Verhaltensautomatismen mit der Zeit kennenzulernen, d. h. sich selbst als Person hervorzubringen. Diese Arbeit gleicht der eines Geburtshelfers.

Kehren wir zu RAIN zurück. Nach dem vorurteilslosen Wahrnehmen (»Recognition«), kommt der nächste Schritt, den ich persönlich als den schwersten empfinde:

3.3.2   A – »Accept« – Annehmen, was ist

Annehmen bedeutet nicht, dass wir Veränderung ausschließen oder auf Intervention verzichten, aber zunächst müssen wir in der Lage sein anzuerkennen, dass jetzt, in diesem Augenblick, diese bestimmte Situation besteht.

Der Student of Hell ist jetzt in dieser Situation anwesend. So wir er ist, trifft er auf Sie, so wie Sie gerade sind. Die Haltung der Achtsamkeit beinhaltet ein Annehmen – zunächst ein Annehmen der eigenen Gefühle und Gedanken. Es ist »Ihr« Ärger, den Sie spüren, Stofhell hat ihn nur ausgelöst, indem er die entsprechenden Knöpfe gedrückt hat.

3.3.3   I – »Investigate« – Untersuchen, Erforschen

Der nächste Schritt besteht im Erforschen dieses Gewusels von Gefühlen, Gedanken, Körperwahrnehmungen. Es rät sich, mit dem Erforschen des Körpers zu beginnen.

- *Wie fühlt es sich an, wenn Stofhell Sie provokant anschaut und den Kaugummi ausspuckt und dann genüsslich auf Ihre Reaktion wartet? Spüren Sie Hitze, fühlen Sie eine Art Verknotung im Herzbereich, haben Sie die Schultern hochgezogen, halten Sie den Atem an? Wie ist Ihre Gefühlsstimmung? Haben Sie den Eindruck, ein Gefühl in einem Körperteil zu spüren?*
  Überlagern sich verschiedene Gefühle?

Ärger, Zorn, Wut gemischt mit Hilflosigkeit, Überdruss, Ekel?
Welche Bilder tauchen auf? Erinnerungen an ähnliche Situationen? Erinnerungen an
bestimmte Menschen, die Stofhell ähneln?

Jetzt erkennen Sie vielleicht das Muster, können sehen, wie eine Geste, ein Blick genügt, um die ganze Gefühlslawine ins Rollen zu bringen. Kennen Sie Ihre eigenen Muster? Was genau ist eigentlich mit »Autopilot« gemeint? Ist es nicht eher hilfreich, auf bekannte Muster zurückgreifen zu können? Routine erleichtert uns doch das Leben! Ist es nicht eine Zumutung, diesem Stofhell so viel Aufmerksamkeit zu widmen?

3.3.3.1 Autopilot – Hilfe oder Hindernis?

Angenommen, Sie holen einen Freund vom Bahnhof ab, den Sie lange nicht gesehen haben. Auf der Autofahrt nach Hause unterhalten Sie sich angeregt, und wenn Sie vor Ihrem Haus ankommen, stellen Sie vielleicht fest, dass Sie gar nicht mehr genau sagen können, welchen Weg Sie genommen haben oder wie stark der Verkehr unterwegs war. Als routinierter Autofahrer haben Sie das Auto dennoch sicher gesteuert. Ihre Routine hat ermöglicht, dass Sie sich dem Gespräch mit Ihrem Freund widmen konnten. Wir sind darauf angewiesen, dass wir Routinen ausbilden und z.B. nicht mehr bewusst überlegen müssen, wie wir bremsen oder Gas geben. Viele unserer Alltagsaktivitäten geschehen im Modus des Autopiloten. In diesem Falle sind Gewohnheiten für uns sehr hilfreich, und jede erneute Durchführung desselben Musters festigt dieses. Denken wir an Bewegungsabläufe, z.B. beim Radfahren. In unserem Hirn sind diese Abläufe abgebildet und sind selbst nach Jahren, in denen wir vielleicht nicht Rad gefahren sind, wieder aktivierbar.

Wir interpretieren die Welt um uns auch gewohnheitsmäßig. Mit den Jahren verfestigen sich bestimmte Verhaltens-, Denk- und Fühlmuster. Wir schaffen einen ganz persönlichen Filter für unsere Wahrnehmung. Durch diesen Filter nehmen wir nur das wahr, was unserer gewohnheitsmäßig verfestigten Interpretation entspricht – denken Sie an das »vorauseilende Gehirn« und an die Geschichte mit dem von der Schlange gefressenen Elefanten.

Der Filter lässt nur durch, was zu unseren gewohnheitsmäßigen Überzeugungen passt. Was nicht passt, wird entsprechend »zugeschnitten«, sodass es durch den Filter passt. Diese Muster oder dieser Modus des Autopiloten umfasst Bewertungen, Gefühle und Verhaltensweisen, die wiederum, indem sie aktualisiert werden, sich verfestigen. »Ich bin eben so!«, lautet dann vielleicht die Auskunft des Ehemannes, der wie immer in einer bestimmten Situation jähzornig die Tür zuknallt und das Gespräch meidet. Im Buddhismus werden solche automatisch sich wiederholenden Muster als »geistiges Leiden« bezeichnet. Weil wir nicht genug »unterscheidendes Gewahrsein« haben, sind wir Opfer von Zuständen, die wir, indem wir sie unbewusst wiederholen, festigen.

3.3.3.2 Schemata

Ein anderer Begriff für diese gewohnheitsmäßigen Muster, die nicht bewusst wahrgenommen werden, ist der Begriff »Schema«, den der Psychologe und Therapeut Jeffrey Young geprägt hat, um habitualisierte Muster zu bezeichnen, die in der Kindheit unter bestimmten Bedingungen entstanden, im Erwachsenenleben aber die Entfaltung der Persönlichkeit behindern.

Das »Schema« stellte eine Notfallhilfe da, um Schmerz abzuwenden und irgendwie klarzukommen. Wir strengten uns vielleicht besonders an, um eine überkritische Mutter zufriedenzustellen, indem wir ihre Erwartungen erfüllten und die eigenen Bedürfnisse hintan stellten: Das Lob der Mutter fühlte sich so gut an. Als Erwachsene zahlen wir einen Preis, wenn wir dieses Muster weiterführen: Wir werden abhängig vom Lob anderer und kümmern uns nicht um unsere eigene Befindlichkeit. In der Kindheit entstandene, verfestigte Muster dienten ursprünglich der Vermeidung von Schmerz oder sollten den Wunsch nach Nähe und Bindung befriedigen. (Das ist natürlich keineswegs eine neue »Entdeckung« von Young! Interessant finde ich seine Erklärungen zum Body-Mind-Link.)

Laut Young verhindern in der weiteren Entwicklung der Persönlichkeit starre Erlebnismuster, die ja mit neuronalen Strukturen korrelieren, das Erproben von neuen Mustern. Die Muster werden maladaptiv. Hinderliche Schemata umfassen Gedächtnis, Körperreaktionen, Körperempfindungen, Emotionen und Kognitionen, also das komplexe Ineinander von Körper und Geist. Weil Young in seinem Ansatz den Body-Mind-Link berücksichtigt, wird sein Ansatz auch von Therapeuten, die die Haltung der Achtsamkeit als Intervention nutzen, zur Kenntnis genommen, denn die typisierten Schemata, die er herausgearbeitet hat, können dafür sensibilisieren, welche Arten von Mustern es gibt und wie sie auch im Körpergedächtnis gespeichert sind.

Schauen wir uns im Hinblick auf diese Musterbildung die neurobiologischen Grundlagen genauer an: Ein emotional bedeutsames Erlebnis – ausgelöst durch innere oder äußere Reize – bewirkt, dass im Gehirn ein bestimmtes Muster an Nervenzellen gleichzeitig aktiv wird. Je öfter nun ähnliche Reize auftreten, desto häufiger werden dieselben Neuronen aktiviert und miteinander verbunden. Diese Gewohnheitsbildung ist einerseits hilfreich, denn Routine entlastet uns, andererseits behindert sie uns.

Info

Der Psychologe Jeffrey Young bezeichnet diese verfestigen Muster auch als »Lebensfallen«. Sie sind als Bewältigungsstrategie in einer bestimmten Situation entstanden. Gerald Hüther spricht in seinem Buch »Bedienungsanleitung für ein Gehirn« den Leser darauf an:

»Sie haben ganz bestimmte Strategien zur Bewältigung Ihrer Ängste und zur Aufrechterhaltung Ihrer inneren Ordnung gefunden und diese einmal gefundenen Strategien anschließend immer wieder zwanghaft eingesetzt. Die dabei in Ihrem Hirn aktivierten Verschaltungen werden so immer enger verknüpft und gebahnt, bis aus den anfänglichen

> *kleineren ›Nervenwegen‹ allmählich immer festere Straßen und schließlich sogar breite ›Autobahnen‹ entstanden sind. Aus der primären Bewältigungsstrategie ist dann ein eingefahrenes Programm geworden, das das gesamte weitere Denken, Fühlen und Handeln der betreffenden Menschen bestimmt.*« (Hüther 2001, S. 62)

Young nennt neunzehn »maladaptive Schemata«, die als Reaktion auf ein bestimmtes Verhalten der Eltern entstehen und zu einer bestimmten »Kognition« führen, aus der wiederum bestimmte Verhaltensweisen resultieren. Youngs Ansatz hat sicherlich auch reduktionistische Züge, denn die von ihm genannten Schemata grenzen die Vielfalt möglicher Ausprägungen ein und vereinfachen die Gründe für das Entstehen der Muster. Allerdings können diese Typisierungen dazu dienen, einmal nach eigenen festgefahrenen Mustern zu fahnden. Das macht uns auch sensibler für die Schemata, die die Schüler/innen internalisiert haben und die ihrer Entwicklung im Wege stehen. Young nennt eines seiner Schemata »Anspruchshaltung, Grandiosität«, das mit der Kognition verknüpft ist: »Ich bin etwas Besonderes. Ich darf das, für mich gelten keine Regeln.« Wer so durch die Welt geht, nimmt die Bedürfnisse anderer nicht wahr, beansprucht Ausnahmen von Regeln.

Youngs Schemata umfassen: Emotionale Vernachlässigung, Verlassenheit, Missbrauch, soziale Isolation, Unzulänglichkeit/Scham, Unattraktivität, Erfolglosigkeit, Versagensängste, Abhängigkeit, Verletzbarkeit, unentwickeltes Selbst, Anspruchshaltung/Grandiosität, unzureichende Impulskontrolle oder Selbstdisziplin, Unterwerfung, Aufopferung, Streben nach Zustimmung und Anerkennung, emotionale Gehemmtheit, unerbittliche Standards/überhöhte Ansprüche, Negatives hervorheben, Bestrafungsneigung.

Info

In Deutschland hat E. Roediger die Schematheorie und Schematherapie weiterentwickelt:

> *»Auch die Bewältigungsversuche werden zur Gewohnheit, d. h. bilden Attraktoren und neigen dazu, sich selbst aufrechtzuerhalten. Dadurch besteht die Tendenz, aktuelle Probleme im Erwachsenenleben mit in der Kindheit entwickelten Lösungsstrategien anzugehen .... In Momenten der Schemaaktivierung erleben wir wieder wie als Kind, sehen die Welt gewissermaßen mit Kinderaugen und setzen mangels Alternativen die gewohnten Kinderlösungen ein. Die Lösungsversuche, die in der Kindheit adäquat und die relativ bestmöglichen waren, nutzen nicht die Möglichkeiten, die wir jetzt als Erwachsene haben.«*
> (www.schematherapieroediger.de/down/Bewaeltigungsversuche.pdf, 22.12.2009)

Machen wir uns eigentlich bewusst, welche Kaskade von Botenstoffen und Hormonen wir auf Trab halten, wenn wir unsere individuelle Grübelketten Perle für Perle abfingern?

»Das musste ja so kommen, typisch für mich, so bin ich eben, der geborene Verlierer, das nächste Mal wird es wieder schiefgehen!« Nach Youngs Kategorie zeigt sich in dieser Kognition das Muster »Erfolglosigkeit«, der Glaube, dass man scheitert, weil man ja schon so oft gescheitert ist, dass man schlechter abschneidet als die Gleichaltrigen, dass man untalentiert, unfähig ist.

Diese Gedankenkette signalisiert Mr. Lizard, dass er gut zu tun bekommen wird, d.h. er sorgt dafür, dass die Stressachse funktioniert wie geschmiert. Wenn das oft so geht, signalisiert der Körper, dass es ihm langsam reicht. Man spürt Müdigkeit, fühlt sich erschöpft. Doch wie kann es gelingen, aus diesem Teufelskreis auszubrechen? Wie können Sie Ihrem Körper signalisieren, dass keine Gefahr besteht? Denken wir an die RAIN-Methode! Danach besteht der Einstieg in den Ausstieg im Wahrnehmen, Annehmen, Untersuchen und Erforschen. Schon dadurch, dass das Licht der Bewusstheit auf die Muster fällt, verändern sie sich.

- Wie erkennen wir, dass wir im Modus des Autopiloten sind oder uns in einem hinderlichen Schema verfangen haben?
- Was sind die emotionalen Kennzeichen für diesen Modus? Wie fühlt er sich an?

Wenn Sie das nächste Mal meinen, ein Muster bei sich entdeckt zu haben, dann spüren Sie doch einmal genau in den Körper hinein und in die Gedanken und Assoziationen, die Bilder, die dabei vielleicht aufsteigen. Interessant, dass wir bei anderen den Autopilot-Modus sehr viel deutlicher erkennen als bei uns selbst. Das ist psychologisch sehr plausibel, denn wir hängen an unseren Schutzmechanismen. Sie sind uns so vertraut, und das Vertraute gibt man ungern auf, auch wenn es einen behindert.

Wenn Sie in einer Paarbeziehung leben, dann kennen Sie den Autopilot-Modus ihres Partners sicherlich sehr genau und wissen auch, welche »Knöpfe« Sie drücken müssen, um bestimmte Reaktionsmuster zu evozieren. Ziel jeder Paartherapie ist es ja, diese Muster ins Bewusstsein zu heben. Wer seinen Autopilot-Modus kennengelernt hat, der kann schmunzeln, wenn das Stichwort fällt, bei dem er früher aus der Haut gefahren wäre. Paartherapeuten empfehlen ein Signal, das vorher abgesprochen wird, mit dem man fatale Verhaltensmuster unterbrechen kann, vielleicht das Wort »Spiel-Stopp«, begleitet von der entsprechenden Geste. Mit der Zeit lernt man, aus dem Gefängnis des unerwünschten Autopiloten auszusteigen. Dann kann man mit dem Partner losprusten, wenn wieder einmal die ersten Takte der »Uralt-Schallplatte« ertönen.

3.3.3.3 Das Gedankenkarussell

Die Haltung der Achtsamkeit sensibilisiert uns dafür, wie wir uns selbst »die Hölle heiß« machen. Inzwischen ist deutlich geworden, wie unser ständiges inneres Selbstgespräch uns in einen Dauerstress versetzen kann. Die tägliche Zeit des Innehaltens sensibilisiert uns dafür, das Gedankenkarussell im Alltag überhaupt wahrzunehmen, und mit der Zeit können wir lernen, es anzuhalten oder zu verändern. Schauen wir uns einmal typische Muster an, mit denen wir uns unter Druck setzen, indem wir einem Ereignis eine Bedeutung verleihen, die vielleicht der Situation gar nicht angemessen ist. Wenn der Schulleiter nicht grüßt, muss das nicht heißen, dass er wütend ist, weil Sie neulich in der Konferenz Kritik geübt haben. Es könnte ja auch sein, dass er Sie nicht gesehen hat. Matthew McKay, Professor für kognitive Verhaltenstherapie am Wright Institut in Berkeley, nennt in seinem Buch »Gedanken und Gefühle« (2009) einige Annahmen, die das Gedankenkarussell so richtig in rasenden Schwung bringen:

- **»Polarisiertes Denken«**
  Bei anderen fällt es uns sofort auf, dieses »Schwarz-Weiß«-Denken, aber in Stresssituationen heizen wir mit diesem Gedankenmuster unsere Spannung noch an: »Der Kollege X ist völlig unkooperativ.« »Diese eine Klasse ist fantastisch, die andere einfach schrecklich.« Gerade dieses Denken in den Kategorien »Entweder-oder« verengt unseren Blick und wirkt wie eine sich selbst erfüllende Prophezeiung. Bei der einen Klasse achten wir nur noch darauf, wie viele lernschwache oder aufmüpfige Kinder es gibt, wir sind entsprechend gereizt, während bei der Lieblingsklasse so manche Unstimmigkeit einfach übersehen oder anders gewertet wird. Die aufmüpfigen Schüler/innen sind dann »vital«, man bringt sie mit einem entschiedenen Spruch zur Ruhe, bleibt aber gut gelaunt.

- **»Aufbauschen«**
  Es könnte ja eine Kleinigkeit sein, aber sie kann schnell zum Drama werden, das man mit entsprechenden Gedanken und Gefühlen dann noch aufheizt. Ein Beispiel:
  Ein Kollege hat die versprochene CD vergessen. Das erscheint einem plötzlich als unverzeihlich. Man wittert eine Absicht dahinter und ist schon bei der nächsten Drehung des Gedankenkarussells, dem

- **»Persönlichnehmen«**
  Das zu vergessen, das war bestimmt Absicht. Der Kollege möchte einen damit persönlich treffen. Er hat einen ja neulich auch nicht auf das Fest eingeladen. Und da sind wir schon bei der nächsten Wendung:

- **»Gedankenlesen«**
  Der Kollege kann einen vielleicht nicht leiden (Gründe lassen sich nun genügend finden).
  Je nach den jeweiligen biografischen Mustern tauchen da im Nu Geschichten auf, sei es, dass dieser Kollege nun in die Schar all derer eingereiht wird, die einem im Leben konkurrent entgegentraten, sei es, dass er einen an den missgünstigen Bruder erinnert, sei es, dass er dem überstrengen Vater gleicht.

- **»Katastrophisieren«**
  wäre eine weitere Möglichkeit, sich selbst noch weiter unter Druck zu setzen: Es könnte ja sein, dass das Vergessen der CD ein deutliches Zeichen dafür ist, dass der Kollege nicht mehr mit einem zusammenarbeiten will und so weiter und so weiter … Die Sprache, derer man sich im inneren Selbstgespräch bedient, kann da auch

aufschlussreich sein: »schrecklich, total, ständig, immer, nie mehr«. Wenn Sie Kinder haben, kommt Ihnen vielleicht der Satz bekannt vor, wenn einmal der Wunsch nach einem Eis abgeschlagen wird: »Ich bekomme NIE MEHR ein Eis!«

Ein weitere Möglichkeit, sich unter Druck zu setzen, bestünde dann noch im

● **»Vergleichen«**

Kollege X kommt besser bei den Kollegen an. Er ist effizienter, deshalb ist das Vergessen auch sicherlich persönlich zu nehmen, denn bei anderen hält Kollege X seine Versprechen immer ein. (Womit wir wieder beim »Polarisieren« wären: »Immer, nie!« sind dafür untrügliche sprachliche Hinweise.)

Würden wir den Kollegen X fragen, was seine Beweggründe waren, so würde sich zeigen, dass er bei all den vielen Verpflichtungen die CD schlicht und einfach vergessen hat, dass es ihm leidtut und dass keine einzige von unseren Annahmen zutrifft, ja dass der Kollege X uns sogar besonders zugetan ist.

Bei all den Zuschreibungen und Annahmen, den Bewertungen und Einschätzungen, die unsere innere Sortiermaschine uns ständig liefert, lohnt es sich zu fragen: »Ist das wirklich so?« Und es ist dann sehr entlastend, überhaupt zu merken, wie wir uns unnötig unter Druck setzen. Es ist auch interessant, einmal die Reihenfolge der verschiedenen inneren Prozesse aufzudröseln.

Da ist zunächst einfach die Tatsache, dass jemand etwas vergessen hat. Die erste Falle besteht darin, dies auf sich selbst zu beziehen, dabei könnte man doch auch daran denken, dass der Kollege überlastet, sein Kind gerade krank ist und so weiter. Diese erste Reaktion ist ein Gedanke, an den sich ein Gefühl knüpft. Man fühlt sich enttäuscht, abgelehnt. Schon dieses Konglomerat von Gedanken und Gefühlen setzt nun eine ganz Lawine von Geschichten in Gang, Geschichten über Ausgrenzung, Ablehnung, Verletztheit, Selbstzweifel. Diese Geschichten verengen den Blick so, dass einem an diesem Kollegen dann nur noch auffällt, was in diese Schublade passt, was damit kohärent ist. Das eigene Verhalten diesem Kollegen gegenüber wird verkrampft und feindselig, und daraufhin verhält er sich dann vielleicht ebenso. Und schon hat man eine hausgemachte Stressquelle im Lehrerzimmer.

3.3.3.4 »Ich sollte, ich müsste!«

Wer kennt diese Stoßseufzer nicht! Wer hat nicht diesen inneren Antreiber in sich, den gnadenlosen Peitschenschwinger mit dem Kasernenhofton. Die bekannte Psychoanalytikerin Karen Horney spricht von der »Tyrannei des Solls« (Horney 1975). Studien belegen (Siegel 2007; Williams et al. 2009), dass Menschen, die ständig die Diskrepanz zwischen dem, was ist, und dem, was ihrer Meinung nach sein sollte, zum Ausgangspunkt von Grübelketten nehmen, sich unter chronischen Dauerstress setzen. Die Ansprüche und Ziele werden nicht infrage gestellt, sondern das Denken kreist um die eigene Unzulänglichkeit und um die vermeintliche Unfähigkeit, die eigenen Forderungen erfüllen zu können. Das »Ich sollte!« bezieht sich hier auf Ziele, die wir im Außen verwirklichen wollen, und dann gibt es noch das »Ich sollte!«, das sich auf die Gefühle und Stimmungen bezieht. Angenommen Sie fühlen sich »irgendwie« niedergeschlagen. Sie schauen aus dem Fenster, die Sonne scheint, und da taucht der Gedanke auf: »Ich sollte mich glücklich fühlen!«, und damit ist die Kluft aufgetan zwischen dem, wie ich mich fühle, und dem, wie ich meine, wie ich mich fühlen sollte. Diese Diskrepanz kann dann der Ausgang von endlosem Grübeln sein. »Ich fühle mich so allein, warum ruft niemand an, warum sitze ich immer zu Hause?«

> »Wir grübeln, wenn wir uns schlecht fühlen, weil wir glauben, dadurch werde sich ein Weg zeigen, wie wir unsere Probleme lösen können. Doch die Forschung hat gezeigt, dass Grübeln genau das Gegenteil bewirkt: Tatsächlich nimmt unsere Fähigkeit, Probleme zu lösen, während des Grübelns erheblich ab. Alles scheint auf die harte Wahrheit hinzudeuten, dass das Grübeln ein Teil des Problems ist und nicht Teil der Lösung.« (Williams et al. 2009, S. 64)

Wie kann die Lösung aussehen? Wie können wir dem Grübeln, das unseren Körper unter Dauerstress setzt, ein Ende machen? Wie kann es gelingen, dass dieser »Diskrepanz-Monitor« ausgeschaltet wird? Die Forschung zur Wirkung von Achtsamkeitsübungen zeigt, dass Menschen, die gelernt haben, die Gedanken ziehen zu lassen und sich auf die Körperwahrnehmung, z. B. auf die Bauchatmung, einzuschwingen und einige Zeit in diesem Wahrnehmungsmodus zu bleiben, eine hochwirksame Möglichkeit haben, das Grübeln zu unterbrechen. Williams nennt dies den »Seins-Modus« im Unterschied zum »Tun-Modus«, in dem der Geist ständig ruhelos zwischen Plänen, Bewertungen, Einschätzungen hin und her pendelt. Das Gedankenkarussell wird dann langsamer, wenn wir es nicht mit zwanghaftem Nachdenken antreiben, sondern unsere Aufmerksamkeit unserem Körper zuwenden. Damit wechseln wir sozusagen den Modus unserer Wahrnehmung.

> »Wenn wir mit Hilfe von Achtsamkeit in den ›Seins-Modus‹ übergehen, können wir lernen, unsere Gedanken – und so gesehen auch unsere Gefühle – als Erfahrungen zu beobachten, die in unserem Geist kommen und gehen.« (Williams et al., 2009, S. 81)

Die Gedanken und Konzepte, die uns auf diese Weise oft in Angst und Schrecken versetzen, speisen sich ja aus Erinnerungen an Vergangenes oder Befürchtungen über Kommendes. Es sind Konstrukte unseres Geistes, verflochten in die damit einhergehenden Körpersensationen. Wenn wir die Haltung der Achtsamkeit einnehmen, können wir diese Katastrophengedanken als aufgebauschte Erfindungen erkennen.

> »Achtsamkeit geschieht durch Erfahren und ist unmittelbar auf unsere Erfahrungen im gegenwärtigen Moment konzentriert. Beim Grübeln hingegen ist unser Geist mit Gedanken und Abstraktionen beschäftigt, die von der direkten sinnlichen Erfahrung weit entfernt sind. Das Grübeln treibt unsere Gedanken in die Vergangenheit oder in eine konstruierte Zukunft hinein.« (Williams et al. 2009, S. 69)

Studien aus der Depressionsforschung, die Williams (2009) zitiert, belegen, dass Menschen, die gelernt haben, sich mithilfe von Achtsamkeitsübungen in den »Seins-Modus« einzuklinken, gegen Rückfälle besser geschützt sind als Patienten, die dies nicht gelernt haben. Kehren wir wieder zu RAIN zurück. Der letzte Buchstabe verweist auf eine Haltung, die im Buddhismus grundlegend kultiviert wird:

3.3.4   N – »Non-Identification« – Sich nicht identifizieren

Indem wir beobachten und wahrnehmen und diesen Prozess wiederum beobachten und wahrnehmen, schaffen wir eine Distanz zum Geschehen und zu unseren Gedanken und Gefühlen. In der Psychologie gilt die Distanzierungsfähigkeit als grundlegender Ausweis für psychische Gesundheit, denn damit eröffnet sich die Entscheidungsfreiheit. Ich werde von meiner Wut nicht in einen Strudel mitgerissen, bin nicht Opfer einer Welle von Gefühlen, sondern bin in der Lage, dieses Gefühl wahrzunehmen, ohne es gleich in Handlung umsetzen zu müssen. »Sie sind nicht Ihre Wut!« Sie müssen sich damit nicht identifizieren. Sie können heraustreten aus dem so oft aktivierten Muster.

»Wenn Wut in uns geboren wird, sollten wir ganz dicht an unserem Atem bleiben, während wir unsere Wut identifizieren und achtsam betrachten.« Diese Haltung führt laut Thich Nhat Than dazu, »dass unsere Wut, einfach indem wir sie identifizieren, bereits an Destruktivität verliert« (Thich Nhat Than 1995, S. 75).

Damit geben Sie sich die Freiheit, neu zu entscheiden, und geben auch Stofhell frei, der nun keine Knöpfe mehr drücken kann, weil die Knöpfe nicht mehr direkt mit Ihrem Verhalten gekoppelt sind. Übrigens kann man mit Schüler/innen sehr gut über diese Zusammenhänge ins Gespräch kommen. Im derzeit gefragten Kompetenzjargon handelt es sich hier um die Meta-Kompetenz der Kognitionserkennung. Auch die Schüler/innen sollten lernen, ihre eigenen Muster zu erkennen, z. B. die Hintergründe des ewigen Zuspätkommens zu erforschen oder die Neigung ins Bewusstsein zu heben, immer alle Verantwortung von sich zu schieben. Die Einsicht in die eigenen Muster ist ein ganz wesentlicher Teil der Selbsterkenntnis. Nur wenn Schülerinnen und Schüler diesen bewussten Blick auf ihr eigenes Verhalten lernen, können Sie zu Subjekten ihres Bildungsprozesses werden. Dazu bedürfen sie der Hilfe der Lehrerinnen und Lehrer. Die größte Hilfe ist ein Lehrer, der als Vorbild selbst über einen reflektierten Umgang mit sich selbst verfügt.

3.4   Warum nicht einfach »abschalten«?

Vielleicht fragen Sie sich nun, ob es nicht besser wäre, in einer als schwierig erlebten Situation einfach abzuschalten. Wie kann es heilsam sein, sich mit unangenehmen Gefühlen zu befassen?

Wäre es da nicht gesünder, sie wegzuschieben, gar nicht auf sie zu achten, sie mit Missachtung zu strafen? Wäre es nicht klüger, sich die sprichwörtliche Elefantenhaut zuzulegen oder die Parole »Augen zu und durch!« zu beherzigen?

Beispiel

Moritz hatte sich auf ein verlängertes Wochenende gefreut. Die Klassen, die er am Freitag hatte, waren auf Klassenfahrt. Der Schulleiter hatte der Bitte entsprochen, dass der Freitag für Moritz »geblockt« würde, er also keinen Unterricht zu geben hätte. Moritz plante eine ausgiebige Fahrradtour am Rhein, ganz allein, ohne seine Frau, Herr über seine Zeit zu sein, anzuhalten, wo es ihm gefiel, sich beim Fahren richtig auszupowern.
Gut gelaunt verabschiedet er sich am Donnerstag von seinen Kolleg/innen. Da ruft ihn der Schulleiter zu sich und teilt ihm mit großem Bedauern mit, dass er nun doch am Freitag gebraucht werde. Moritz spürt eine unbändige Wut in sich aufsteigen, aber er bleibt freundlich. Der Schulleiter entschuldigt sich wortreich, und Moritz versicherte beflissen, das sei ja nicht so schlimm, das könne ja vorkommen, als Beamter sei er ja immer im Dienst. Moritz ist heiß, sein Puls rast, er fühlt sich elend. In stiller Wut fährt er nach Hause. Er beschließt, sich nicht weiter damit auseinanderzusetzen, einfach abzuschalten. Er will sich ablenken, nicht mehr daran denken. Weg damit!
Der Frage seiner Frau, was denn los sei, er sehe so angespannt aus, weicht er aus, verschwindet in seinem Arbeitszimmer und zündet sich eine Zigarette an.
Als seine Schwester anruft und fragt, ob er schon an das Geburtstagsgeschenk für die Mutter gedacht habe, schreit er sie an, er habe schließlich noch anderes zu tun, knallt den Hörer auf und verlässt Türen schlagend das Haus.

Die Reaktion auf den Anruf der Schwester wäre sicherlich anders ausgefallen, wenn Moritz nicht so enttäuscht gewesen wäre. Den Ärger über das verpatzte Wochenende versuchte Moritz gar nicht an sich heranzulassen, aber Mr. Lizard wird auch tätig, ohne dass wir ihn dazu einladen. Er witterte Gefahr, Bedrohung und setzte die entsprechenden Körperreaktionen in Gang, die sich durchaus nicht angenehm anfühlen, die wir am liebsten nicht hätten, die wir am liebsten abschalten würden, aber auf dieser Ebene hat der Körper die absolute Autonomie. Die Wut über das verpatzte Wochenende aktiviert die Stressachse.

Zugleich werden Erinnerungen an ähnliche Situationen wach, an ähnliche Enttäuschung, an das Gefühl, übergangen zu werden, an das Gefühl, sich nicht wehren zu können, an das vertraute Muster, gute Miene zum bösen Spiel machen zu müssen. Diese Gefühle sind verwoben mit den Gedanken, den Erinnerungen, den Gefühlswahrnehmungen, die in ähnlichen Situationen, geweckt worden sind.

Dieses Cluster von unangenehmen Gefühlen und Gedankenketten wegzuschieben ist eine Erste-Hilfe-Maßnahme, die nützlich sein kann und über die jeder Mensch verfügen muss.

Als Patentlösung dient das Wegschieben aber nicht, denn schließlich ist das Gefühl der Wut hier ein Signal für einen Konflikt. Die Wut stellt die nötige Energie bereit, um den Konflikt zu klären. Verdrängen, Verschieben und andere Abwehrmechanismen helfen zunächst und stellen die Kohärenz wieder her, aber diese Abwehrmechanismen kosten Kraft und gehen auf Kosten der Authentizität.

Verzeihen Sie mir, wenn ich sehr komplexe psychische Vorgänge hier grob vereinfache.

Theorien zu den Mechanismen der Verdrängung und anderen Abwehrmechanismen können hier nicht referiert werden, ebenso wenig wie die aktuellen Diskussionen im Bereich der klinischen Psychologie hinsichtlich der Bedeutung des Vermeidungsverhaltens. Unsere Frage ist, weshalb es heilsam sein kann, unangenehme Gefühle nicht wegzuschieben, sondern sie interessiert zur Kenntnis zu nehmen, sie zu erforschen. Gerät man dann nicht erst recht in die Fänge unangenehmer Gefühle wie Trauer, Ärger oder Wut, wenn man sich mit ihnen beschäftigt?

Auf unsere Frage, weshalb die Haltung der Achtsamkeit verknüpft mit formalen Achtsamkeitsübungen, unsere Gesundheit stärken, Stress reduzieren und unser Potenzial zur Entfaltung bringen kann, geben Achtsamkeitsforscher, wie z. B. Prof. Mark Williams oder Prof. Kabat-Zinn, die Antwort, dass *experiential avoidance*, also Vermeidung von Emotionen und Gefühlen, zu gesundheitlichen Störungen, z. B. zu chronischem Dauerstress, führen kann. Diese Mechanismen werden derzeit immer genauer erforscht. Achtsamkeitsforscher stellen die These auf, dass die achtsame Erforschung auch negativer Gefühle durch den Betroffenen selbst einen positiven Effekt hat. Dies ist auch eine Grundannahme in der buddhistischen Tradition, die viele Übungen bereithält, mit denen der Einzelne lernen kann, sich seinen negativen Gefühlen zu stellen und sie zu transformieren. Diese Fähigkeit gilt als ein wesentlicher Aspekt der Selbstkultivierung.

Vermeidung mag kurzfristig Erleichterung bringen, aber die körperliche Anspannung und Aktivierung bleibt, man nimmt sie nur nicht zur Kenntnis. Was ein Signal sein könnte, wenn es bewusst wahrgenommen wird, wirkt weiter fort, auch wenn es unterdrückt oder beiseite geschoben wird.

Diese Vermeidungshaltung (*experiential avoidance*) kann zum Autopilot-Muster werden. Der gewohnheitsmäßige Umgang mit unangenehmen Gefühlen besteht dann darin, sie möglichst beim ersten Anflug wegzudrücken, was dem Versuch gleicht, ein seltsames Motorengeräusch zum Verschwinden zu bringen, indem man das Autoradio immer lauter stellt. Würde man das Signal im Vorfeld ernst nehmen und auf echte Abhilfe sinnen, dann könnte man einem Totalausfall des Motors vorbeugen. Zugegeben, das Beispiel, das Williams et al. (2009) zitieren, mag etwas platt erscheinen, aber das Bild kann doch eindrücklich vermitteln, wie wenig hilfreich es ist, eine Vermeidungshaltung aufzubauen, denn die körperlichen Stressreaktionen laufen weiter. Die unangenehmen Gefühle werden nicht mehr erlebt, aber sie nagen im Untergrund weiter und unterlaufen unser Wohlbefinden.

Was wäre also die Alternative zu habitualisiertem »Abschalten«? Ein forschendes »Einschalten«: achtsam sein, die körperlichen Anzeichen, z. B. der Wut, wahrnehmen, das Gefühl der Wut erforschen, die Gedankenketten zur Kenntnis nehmen, die durch das Gefühl ausgelöst werden.

Sich nicht abwenden, sondern hinwenden, nicht auf das Gefühlskarussell aufspringen, sondern es interessiert vorbeiziehen lassen – dies kann geübt werden, und in der Übung verändert sich das Gefühl.

Info

Resinger (2009) referiert einige Studien, die besonders diesen Aspekt der Akzeptanz, des Annehmens (auch unangenehmer Gefühle) für die heilsame Wirkung von Achtsamkeit herausarbeiten, da die gewohnheitsmäßige Koppelung zwischen Situation, Gedanken und Gefühlen aufgelöst werden könne:

»Es zeigte sich bei den Experimenten, dass durch die Unterdrückung von Gedanken, die jeweilig vorherrschende Stimmung an den unterdrückten Gedanken gekoppelt wird. Dies hat einerseits zur Folge, dass bei ähnlichen Stimmungen verstärkt immer wieder derselbe Gedanken ausgelöst wird und andererseits bei bestimmten Gedanken immer wieder dieselbe Stimmung auftritt.«
(Resinger 2009, S. 21).

4. Innehalten

»Meditation ist nicht das, was Sie denken!«, so begann Jon Kabat-Zinn während eines Retreats, an dem ich in den USA teilnahm, seinen Vortrag. Er betonte, dass Meditation keine Technik sei, obwohl es unzählige Meditationstechniken gebe. Lehren und Anleitungen seien wertvoll, um die Fähigkeit der Achtsamkeit zu schulen, aber Meditation sei gleichzeitig auch *keine* Methode, *kein* Instrument.

> *»Wenn sie überhaupt eine Methode ist, dann eine Methode der Nicht-Methode. Sie ist kein Tun oder vielmehr ein Nichttun, dem wir uns um seiner selbst willen widmen, zu keinem anderen Zweck, als für das wach zu sein, was wirklich ist.«* (Kabat-Zinn 2006, S. 78)

Diese Aussagen klingen paradox, und damit deuten sie auf den Kern aller meditativer Übungen: auf das spielerische Entdecken und Erforschen – interesselos, aber konzentriert, einfach und doch schwer, anstrengend und doch leicht, wach und entspannt. Vielleicht kann man den Übungsweg mit dem Erlernen eines Musikinstrumentes vergleichen. Beharrliches Üben ist Voraussetzung, aber nicht das Ziel.

4.1 Keine Zeit?

Wo die Zeit hernehmen, um »auch noch« zu meditieren? Vielleicht kann die Neugier am Ausprobieren am Anfang stehen? Nach kurzer Zeit merken Sie dann, wie gut diese Zeiten des Innehaltens Ihnen tun, und dann freuen Sie sich auf den Besuch dieser Stille-Inseln.

> *»Ich bin dahin gelangt, die Meditation mehr als alles andere als einen Akt der Liebe anzusehen, eine nach innen gerichtete Geste des Wohlwollens und der Freundlichkeit uns selbst und anderen gegenüber, eine Geste des Herzens, die unsere Vollkommenheit selbst inmitten unserer offensichtlichen Unvollkommenheit anerkennt, in all unseren Mängeln, unseren Verletzungen, in unserem Verdruss und unserer gewohnheitsmäßigen Unbewusstheit.«* (Kabat-Zinn 2006, S. 82)

Während uns unbewusste Gewohnheiten behindern und sogar schaden, kann das tägliche Üben zur heilsamen Gewohnheit werden. Schmerzpatienten, die das Programm *Mindfulness-Based-Stress-Reduction* wählen, verpflichten sich zu einem täglichen Üben von 45 Minuten, was für viele eine Reorganisation ihres Alltags erfordert. Doch der Leidensdruck und die Hoffnung auf Linderung der Schmerzen motivieren dazu, diese Verpflichtung einzuhalten. Was könnte *Sie* motivieren, täglich – anfänglich vielleicht »nur« zehn Minuten – innezuhalten und eine der folgenden vorgeschlagenen Übung zu machen?

4.2 Einfach anfangen!

Nein, Sie brauchen weder ein schickes Meditationskissen noch Räucherstäbchen. Sie müssen auch nicht mit gekreuzten Beinen auf dem Boden sitzen. Am besten wählen Sie sich einen schönen Platz in der Wohnung, sorgen dafür, ungestört zu sein, und fangen »einfach« an. »Aber gleichzeitig hat die Sitzmeditation nichts Beiläufiges. Wir können und müssen sanft und freundlich mit uns selbst umgehen und dennoch so ›sitzen‹, als hinge unser Leben davon ab« (Kabat-Zinn 2006, S. 258). Kabat-Zinn spricht immer von der Würde (*dignity*) der Position des aufrechten Sitzens.

»Es ist eine Würde ohne Selbstbehauptung, in der Sie weder nach vorn, auf etwas zudrängen, noch vor etwas zurückweichen, ein Balancieren in schierer Gegenwart« (Kabat-Zinn 2006, S. 259). Mit zwanglos aufgerichteter Wirbelsäule sitzen Sie entweder mit gekreuzten Beinen, das Gesäß etwas erhöht durch ein Sitzkissen oder auf einem Stuhl – die Beine hüftbreit und parallel, die Füße flach auf dem Boden. Sie machen sich innerlich bereit für diese Zeit des Innehaltens:

4.3 Sich mit dem Atem befreunden

4.3.1 Den Atem erforschen, ohne ihn zu verändern

Der Atemrhythmus wird vom vegetativen Nervensystem reguliert, aber anders als auf den Herzschlag können wir auf den Atem bewusst Einfluss nehmen.

Der Atem schlägt eine Brücke zwischen Körper und Geist. Wenn wir aufgeregt sind, geht unser Atem schneller oder er stockt. In einer Schrecksituation halten wir unwillkürlich den Atem an. Doch meist sind wir uns gar nicht bewusst, dass wir atmen. Wenn wir uns bewusst auf den Atem konzentrieren, dann verändern wir ihn meist, indem wir einmal tief durchatmen oder vielleicht den Rhythmus des Ein- und Ausatmens leicht verändern.

Ziel der Sitz-Meditation ist es aber, den Atem zunächst gar nicht zu verändern, sondern in seinem natürlichen Ablauf einfach zu beobachten. Sie spüren vielleicht den feinen kühlen Luftzug an den Nasenlöchern, wenn sie einatmen, oder den etwas erwärmten Atem beim Ausatmen. (Am besten ist es, Sie atmen mit geschlossenem Mund durch die Nase ein und aus.)

Vielleicht fällt Ihnen auf, dass Sie mehr durch das rechte oder das linke Nasenloch atmen. Oder Sie spüren, wie sich der Brustkorb hebt und senkt, die Bauchdecke sich nach vorn wölbt oder die Schultern sich heben und senken. Beobachten Sie einfach interessiert, wie Sie atmen, folgen Sie dem Atem, reiten Sie auf den Atemwellen – ohne Anstrengung, ohne Absicht. Wie viele Atemzüge lang können Sie beim Atmen bleiben, bis sich wieder Gedanken in den Vordergrund drängen? Der Atem kann Ihr Verbündeter sein, weil Sie immer wieder bei ihm Zuflucht suchen können. Gerade weil jeder Atemzug im Hier und Jetzt stattfindet, ist der Atem der verlässliche Garant dafür, dass Sie sich nicht in Grübeleien über die Vergangenheit oder in Befürchtungen über die Zukunft verlieren.

Info

Der Meditationslehrer Jack Kornfield vergleicht das »Zähmen« der Gedanken mit dem Erziehen eines jungen Hundes:

> »Du nimmst den Welpen, setzt ihn auf ein Blatt Papier und sagst ihm, dass er sitzen bleiben soll. Aber tut er das? Ganz sicher nicht. Wie der Verstand springt er auf und rennt herum. Nachdem du ihn oft genug zurück getragen und zum Sitzenbleiben aufgefordert hast, fängt der kleine Hund allmählich an zu begreifen, worum es geht … Falls du jemals versucht hast, einen jungen Hund zu erziehen, weißt du, dass es keine gute Idee ist, ihn zu bestrafen, wenn er wegläuft. Das Gleiche gilt für uns. Wenn du bemerkst, dass bewertende Gedanken auftauchen wie zum Beispiel ›Ich kann das nicht‹ und du beginnst, dir deswegen Vorwürfe zu machen, dann ist das überhaupt keine Hilfe. Du nimmst stattdessen den kleinen Hund behutsam auf und bringst ihn zum nächsten Atemzug zurück … Die Kunst der Meditation besteht darin zu erkennen, wann der Verstand sich auf Wanderschaft begibt, und dann zum Atmen zurückzukehren.« (Kornfield 2005, S. 36)

Wir begleiten jeden Atemzug bewusst, wir sind der Atem und zugleich der Beobachter des Atems. Versuchen Sie zu Anfang einmal, zehn Atemzüge bewusst zu atmen, zehnmal ganz wach und genau dem sanften Ein und Aus des Atems folgen.

Übung

Vielleicht legen Sie das Buch beiseite und versuchen es einfach mal? Machen Sie keine Zählübung daraus, sondern versenken Sie sich IN den Atem, das Zählen läuft im Hinterkopf beiläufig mit.

Wie ist es Ihnen ergangen? Wenn Sie ganz selbstverständlich ohne Mühe mit dem Atem verbunden bleiben konnten, haben Sie schon einen wertvollen Schritt auf dem Übungsweg getan. Auf das Zählen können Sie bald verzichten. Es kann zu Anfang als eine Art Krücke dienen. Fangen Sie vielleicht mit fünf Minuten der Atembeobachtung an und verlängern Sie die Zeitspanne allmählich. Thich Nhat Than beschreibt die Wirkung dieser Übung mit einem anrührenden Bild:

»Wie ein Kind, das nach langer Abwesenheit wieder nach Hause kommt, spüren wir die Wärme unseres inneren Herdes, und wir finden zu uns selbst zurück … Mit vollkommener Achtsamkeit zu atmen ist ein wunderbarer Weg, die Knoten des Bedauerns und der Angst zu lösen und mit dem Leben im gegenwärtigen Augenblick in Berührung zu sein. Wenn wir unserem Atem folgen, sind wir bereits entspannt, nicht länger von unseren Befürchtungen und Sehnsüchten beherrscht.« (Thich Nhat Han 1995, S. 37)

Doch wie schnell schweift die Aufmerksamkeit ab! Leichtes Spiel haben diese irrlichternden Gedankenfetzen. Kabat-Zinn spricht davon, dass die Atemmeditation zum »Nicht-Tun« einlädt, gleichzeitig lädt sie ein zum »passiven Widerstand«. Wir kämpfen nicht gegen die Gedanken, die sich keck und frech oder winselnd und Mitleid heischend vor den Atem stellen, wir schieben sie auch nicht zur Seite. Wir lassen die Eindringlinge gewähren, nehmen sie wahr, ohne ihnen aktiv Aufmerksamkeit zu schenken. Das ist Tun im Nicht-Tun. Jede Meditationssitzung hat eine eigene Färbung. Wir sollten uns den staunenden »Anfängergeist« bewahren.

4.3.2 Wie die Babys atmen

Manche Menschen atmen habituell schon so, dass sich beim Einatmen der Unterbauch etwas nach außen wölbt und er beim Ausatmen ein wenig nach innen geht. Babys atmen mit dieser sogenannten Zwerchfell-Atmung. Das Zwerchfell ist ein gewölbter Muskel, der Brust- und Bauchraum voneinander trennt und mit den unteren Rippen verbunden ist. Die Bauchatmung ist dann besonders wirksam, wenn die Bauchdecke entspannt ist. Dann kann sich das Zwerchfell weit absenken, das Einatmen verlängert sich, und in die Lungen kann mehr Luft einströmen.

Während Sie anfangs also den Atem nur beobachten, können Sie bei fortgeschrittener Praxis die Bauchatmung einüben. Dabei sollten Sie darauf achten, sehr behutsam mit sich umzugehen. Manchen Menschen kommt diese Art der Atmung »unnatürlich« vor. Experimentieren Sie damit, wie es sich für Sie am besten anfühlt. In Ihrer Vorstellung können Sie das Bild von sanften Wellen zu Hilfe nehmen. Das Anrollen und Zurückweichen der Wellen entspricht dann dem Aus und Ein der Bauchatmung. Im Qigong arbeitet man mit der Vorstellung, dass sich der Bauchraum warm anfühlt, oder man visualisiert die Farbe Orange. Im Liegen vor dem Einschlafen hat die Bauchatmung eine sehr beruhigende Wirkung. Probieren Sie es einmal aus! Auch hier gilt es, den Atem, »einfach nur« zu beobachten, aber nun kommt noch dazu, dass Sie versuchen, den Atem in die Bewegung des Bauches einzuweben.

In der Terminologie und Vorstellungswelt des Qigong gilt der Bereich des Unterbauches (Dan Tian) als eine Art »Energiespeicher«, als Kraftspeicher und Kraftquelle. Wenn Sie sich mit dieser Art zu atmen vertraut machen, kann es sein, dass Sie mit der Zeit dieses sanfte Hin und Her, das Heben und Senken der Bauchdecke als so angenehm empfinden, dass diese Art der Atmung für Sie zur Gewohnheit wird.

Wie atmen Sie denn jetzt, gerade in diesem Augenblick? Bewegt sich eher Ihr Brustkorb oder mehr die Bauchdecke? Oder nehmen Sie eine Abfolge von Brust- und Bauchatmung wahr? Oder bewegen sich auch Ihre Flanken? Oder, oder ... Sie sehen, hier gibt es viel zu entdecken und zu beobachten.

Wie selten lauschen wir so in uns hinein! Vielleicht kommt es uns anfänglich »komisch« vor. Bei uns gibt es eben – anders als z. B. in der buddhistischen Tradition – dafür keine überlieferte Kultur.

Diese Art, den Körper wahrzunehmen, bewirkt, dass wir immer vertrauter werden mit ihm. Je besser wir Kontakt aufnehmen können, je genauer wir Unterschiede im Spüren entdecken können, desto wohler fühlen wir uns »in unserer Haut«.

4.4 Sich mit dem Körper befreunden

Sind Sie mit Ihrem kleinen Zeh befreundet? Schließen Sie doch einmal ganz kurz die Augen und versuchen in Ihren rechten kleinen Zeh »hineinzuspüren«, ohne ihn zu bewegen.

Vielleicht werden Sie zunächst Mühe haben, ihn zu »finden«.

Und jetzt spüren Sie zum Vergleich in Ihre rechte Handinnenfläche hinein, ebenfalls mit geschlossenen Augen. Wahrscheinlich war es leichter, die Hand wahrzunehmen, als den linken kleinen Zeh, einfach weil diese Nervenverbindungen viel öfter aktiviert werden. Die motorischen Pfade zwischen Körper und Gehirn werden öfter genutzt, deshalb »finden« Sie den kleinen Zeh schneller, wenn Sie ihn bewegen. Die sensorischen Pfade sind unterschiedlich gebahnt. In unserem Gehirn gibt es, laienhaft gesprochen, »Landkarten«, die die Körperbereiche abbilden. Je nach der Anzahl der sensorischen oder motorischen Neuronen, die mit den Körperregionen in Verbindung stehen, sind manche Gebiete auf der Landkarte sehr groß im Vergleich zu anderen. Der Neurochirurg Penfield hat zur Verdeutlichung der unterschiedlichen Größenverhältnisse einen sogenannten Homunculus gezeichnet, dessen Hände riesengroß sind. Ein großer Kopf mit einem überdimensionierten Mund sitzt auf einem schmächtigen Körper. Wie viel Wahrnehmungsvermögen haben wir doch in unseren Händen oder unserem Mund, was sicherlich wesentlich nützlicher ist als ein genaues Spüren des kleinen Zehs. Diese Landkarten der Propriozeption sind veränderlich. Je öfter wir in einen bestimmten Körperteil hineinspüren, desto größer und genauer wird er im Gehirn repräsentiert.

Je öfter wir bestimmte Körperbereiche bewusst wahrnehmen, desto stabiler wird die Verbindung zwischen Gehirn und Körper. Je genauer wir uns mit dem Körper auf diese Weise vertraut machen, desto größer wird auch unsere bewusste Einflussmöglichkeit.

Im fernöstlichen Qigong wird diese Möglichkeit, Körper und Geist in Verbindung zu bringen, seit Jahrtausenden genutzt.

Eine Vielzahl von Übungen und Übungssystemen ist entstanden, die trotz ihrer Unterschiedlichkeit eines gemeinsam haben: die Wahrnehmung sowohl des Körpers als auch der Gedanken und Gefühle wird ganzheitlich verstanden und bildet die Basis für alle Übungen. Sich mit dem Körper zu befreunden, steht am Anfang aller Übungspraxis im Qigong. (Genaueres über Qigong, seine Geschichte, die verschiedenen Übungsstile und die philosophischen und medizinischen Aspekte in: Kaltwasser 2008, S. 60 ff.)

4.4.1 Kurze Information zu Qigong

Qigong ist ein moderner chinesischer Begriff für eine Vielfalt von Traditionen des kunstvollen Umgangs mit Qi (»Qi«– kann übersetzt werden mit »Lebensenergie, Vitalität, Lebendigkeit, Beseeltheit«, »Gong« bedeutet beständiges Üben). Es ist wenig bekannt, dass Qigong eine Art Kunstwort ist, das unter Mao in den 1950er-Jahren dafür verwendet wurde, ein »massentaugliches« Übungssystem zu etablieren, das die präventive Wirkung der Gesunderhaltung nutzte, aber all jene Aspekte der alten Traditionen ausmerzte, die dem kommunistischen Ideal zuwiderliefen. Besonders die Ausrichtung des taoistischen Qigong, das auf die persönliche Beziehung zwischen Meister und Schüler setzt und den individuellen Erfahrungsweg als Voraussetzung sieht, wurde vom maoistischen System unterdrückt. In der Kulturrevolution wurden die Qigong-Meister nicht selten verfolgt, eingekerkert oder sogar getötet. Da die gesundheitsfördernde Wirkung der alten Übungspraktiken auch von den neuen Machthabern erkannt und geschätzt wurde und die Übungen auf den ersten Blick einfach sind, wurde Qigong zur Gesunderhaltung propagiert und in ein parallel dazu konzipiertes System der sogenannten »Traditionellen chinesischen Medizin« eingegliedert. TCM – dieser Begriff ist ja hierzulande geläufig. Er gibt eine monolithische Geschlossenheit vor, die den Ansprüchen der chinesischen Medizin in den 1950er- und 1960er-Jahren entsprach. Akupunktur, Phytotherapie und Qigong waren effiziente und kostengünstige Möglichkeiten zur Gesunderhaltung. Dass es eine unüberschaubare Vielfalt und auch Widersprüchlichkeit unterschiedlichster Ansätze gibt und gab, wird dabei oft übersehen, aber immerhin haben sich auf diese Weise wertvolle Erkenntnisse der Erfahrungsmedizin erhalten.

Der Frage, inwieweit Übungen aus einem gesamten Übungssystem herausgelöst und von der Fülle auch philosophischer Grundüberzeugungen der jeweiligen Linie getrennt werden können, kann man pragmatisch begegnen: Wir können uns die Übungen anverwandeln, wenn nur die Essenz des Qigong bewahrt wird, die enge Verquickung zwischen Körperwahrnehmung, Vorstellungskraft und Bewegung (beim stillen Qigong »Innere Bewegung«).

Ich habe hier nur ganz wenige Übungen ausgewählt, die auch ohne Vorkenntnisse gelernt werden können. Um Qigong in seiner ganzen Komplexität kennen zu lernen, bedarf es persönlicher Unterweisung. Nur so können Übungsfehler vermieden werden. Nur ein Lehrer, der selbst viele Jahre geübt hat, kann die Aufmerksamkeit des Schülers auf bestimmte Aspekte lenken.

Wer Qigong übt, verfeinert seine Selbstwahrnehmung und das Gespür für die eigene körperliche und psychische Befindlichkeit. Die Übungen fördern die Fähigkeit zur Selbstwirksamkeit. Man erzeugt damit bei sich selbst z. B. die Fähigkeit, mit Stresssituationen konstruktiv umzugehen und seine Gefühle und Emotionen zu regulieren. Auf der körperlichen Ebene wirken sich die Übungen harmonisierend auf das vegetative Nervensystem aus, senken den Blutdruck, stärken die Immunabwehr.

Die Wirksamkeit der Übungen stellt sich für die westliche Schulmedizin anders dar als in der Auffassung der chinesischen Tradition. Nach chinesischer Lehre werden durch die Übungen »die Meridiane durchlässig«, in denen »das Qi fließt«. Blockierungen lösen sich. Und da die Meridiane mit den Organen verbunden sind, kann man durch gezielte Übungen mittels der Meridiane auch bestimmte Organsysteme erreichen; zudem kommt es dabei auf das Zusammenspiel aller Organe an. Wenn ein Organ eine pathologische Symptomatik zeigt, so kann die Ursache dafür durchaus in einem anderen Organ bzw. Organsystem liegen. Wir haben es also hier mit einer systemischen Sicht von Gesundheit und Krankheit zu tun, einer Sicht, der sich die westliche Schulmedizin auch langsam öffnet. Verblüffend ist, dass in der chinesischen Medizin, die eine empirische, sich auf Beobachtung stützende Medizin ist, seit Jahrhunderten mit Annahmen gearbeitet wird, die in der Medizin des Westens erst in jüngster Zeit durch eine entsprechende wissenschaftliche Untermauerung Akzeptanz gefunden haben: Die Regulierung der Körperspannung bewirkt ausgeglichene Stimmung, und die meditative Beruhigung des Geistes wirkt auf die körperliche Befindlichkeit. Qigong impliziert die zirkulär-kausale Beeinflussung von Soma und Psyche. Vorstellungskraft, Atmung und Bewegung bilden gemeinsam einen Wirkungszusammenhang. Wenn man Qigong in seiner Komplexität verstehen will, sollte man sich mit dem Konzept von Yin und Yang vertraut machen. Dieses Wechselspiel der Polaritäten findet sich in der chinesischen Philosophie und Medizin. Yin und Yang bezeichnen immer eine Eigenschaft in Beziehung zu einer anderen, es gibt kein striktes »Entweder-oder«, sondern einen stetigen Prozess der Veränderung. Yin bezeichnet die im Schatten liegende Seite des Berges, Yang die von der Sonne beschienene Seite. Was morgens im Schatten liegt, wird abends von der untergehenden Sonne beschienen. Wenn Yin und Yang im Gleichgewicht sind, herrscht Ordnung und Harmonie, dann ist der Mensch gesund. Gesundheit ist also keine statische Größe, sondern immer ein strömender Prozess, ein ständiges Pulsieren: Schlafen und Wachen, Arbeiten und Ruhen, Aktivität und Passivität, Essen und Fasten, in Gesellschaft sein und allein mit sich. In der chinesischen Medizin sind auch die Organe entweder dem Yin oder dem Yang zugeordnet.

Wir haben es hier mit einem **dynamischen Bild** zu tun. Durch die ständige Entfaltung von Yin und Yang entsteht eine Dynamik des Werdens und Vergehens.

Während der »westliche Geist« die Gründe hinter den Phänomenen sucht, richtet der »östliche Geist« die Aufmerksamkeit auf die Verflechtung der Phänomene. Es geht um deren genaue Wahrnehmung, um die Einsicht in ihre Prozesshaftigkeit und Bedingtheit. Dafür ist das Bild der Dynamik von Yin und Yang ein dienliches Verständnismodell.

Bezogen auf unsere Lebenswelt können wir feststellen, dass das Prinzip des Yang deutlich überwiegt. Die Schnelligkeit unseres Lebens, die Reizüberflutung, der Lärm, die Erreichbarkeit rund um die Uhr weisen auf ein Übermaß an »Yang-Energie« hin, was das Yin erschöpft und letztlich den Körper schwächt. Der natürliche Ausgleich im vegetativen Nervensystem zwischen Sympathikus und Parasympathikus wird – so die westliche Terminologie – durch ständige Anspannung und Aktivierung des Sympathikus gestört. Ein Übermaß an Yang-Energie würde aus westlicher Sicht den krank machenden Dauerstress bezeichnen. Sind Yin und Yang aus dem Lot geraten, entstehen Unordnung und Disharmonie. Dann existiert kein freier Fluss mehr, sondern es gibt Blockaden und Störungen. Der Körper versucht zunächst aus eigener Kraft, dieses Ungleichgewicht auszugleichen, aber irgendwann sind die Selbstheilungskräfte erschöpft, und Krankheit manifestiert sich.

Um das Yin zu stärken, bedarf es der Ruhe, der Selbstwahrnehmung, der Kontemplation, der Versenkung, des Rückzugs aus der geschäftigen Welt. Nutzen Sie die Qigong-Übungen in diesem Sinne.

4.4.2 Fingerübung

Alle folgenden Übungen finden im Sitzen statt und beginnen damit, dass Sie sich in die aufrechte, aber entspannte Position setzen. Die Hände ruhen mit den Handflächen nach oben auf den Oberschenkeln. Verbinden Sie sich mit Ihrem Atem und schwingen Sie sich in das sanfte Ein und Aus der Atembewegung ein. Jetzt wenden Sie sich der Wahrnehmung Ihrer Finger zu, und zwar in folgender Weise:

Sie nehmen die Vorstellung zu Hilfe, dass die Finger atmen könnten. Sie beginnen damit, in die Daumen hineinzuspüren. Das wird zu Anfang sehr ungewohnt für Sie sein. Vielleicht »finden« Sie die Daumen zunächst gar nicht. Je öfter Sie diese Übung machen, desto vertrauter wird Ihnen das Bild der atmenden Daumen, und desto deutlicher treten sie in Ihre Wahrnehmung. Sie spüren das langsame Pulsieren des Atems in Ihren Daumen. Wenn die Gedanken abschweifen, dann holen Sie sie zurück wie bei der klassischen Atemmeditation. Als Nächstes wenden Sie sich den beiden kleinen Fingern zu. Sie stellen sich vor, dass die kleinen Finger atmen, und spüren auch hier dem sanften Ein und Aus nach. Auf diese Weise fühlen Sie sich auch in die Ringfinger und die Mittelfinger ein. Und nun können Sie ein spannendes Experiment machen: Die Zeigefinger sind noch nicht »beatmet«. Versuchen Sie den Unterschied zwischen den Fingern, die Sie mit Aufmerksamkeit bedacht haben, und den noch »vernachlässigten« Zeigefingern zu erspüren!

Sie werden sicherlich einen deutlichen Unterschied bemerken. Die Zeigefinger fühlen sich irgendwie »leerer« an, sind nicht so »vertraut» und »integriert« wie die anderen Finger. Bei dieser Wahrnehmung kann für Sie erfahrbar werden, welche Wirkung Qigong-Übungen haben: Sie verfeinern mit jedem Üben Ihre Körperwahrnehmung und bekommen so »Zugang« zu Ihrem Körper, können positiv Einfluss nehmen.

Zurück zur Übung: Als Letztes treten also die Zeigefinger in Ihre Wahrnehmung, und Sie beenden die Übung, indem Sie in die Handflächen hineinspüren und dann die Hände insgesamt mit innerer Aufmerksamkeit versorgen. Zum Schluss der Übung können Sie noch eine Weile Ihre Aufmerksamkeit auf die Bauchatmung lenken. Sie schließen die Übung ab, indem Sie sich die Hände reiben, mit den Fingern durch die Haare kämmen und – erfrischt und entspannt – die Augen öffnen.

4.4.3 Zwischenraum

Diese Übung können Sie im Sitzen oder im Stehen (vgl. Kap. 4.4) ausführen. Auch hier spielt die Wahrnehmung der Hände eine große Rolle. (In den Händen lässt sich ein starkes Qi-Gefühl entwickeln. Nach chinesischer Vorstellung wird durch die Bewegungen der Arme und Hände das Qi angeregt und ins Fließen gebracht.)

Wieder versetzen Sie sich in eine entspannte Haltung. Die Hände werden vor den Unterbauch gehalten. Die Handflächen zeigen zueinander. Sie halten die Hände so, als hätten Sie einen Ball von der Größe eines Fußballes zwischen den Händen.

Die Hände sind leicht geformt, also weder ausgestreckt noch gespannt, nicht schlaff und weich, sondern in einer wachen, entspannten Haltung, leicht gerundet, sodass sie sich dem vorgestellten Ball anpassen.

Verharren Sie eine Weile in dieser Position. Spüren Sie in den Raum zwischen den Händen. Die Handflächen sind leicht gekrümmt. Der Atem fließt leicht und ungezwungen. Jetzt ziehen Sie die Hände ein wenig auseinander und nehmen wahr, wie sich dies anfühlt. Dann wandern die Hände wieder aufeinander zu.

Sie können nun den Abstand zwischen den Händen spielerisch verändern. Die Handflächen zeigen immer zueinander, aber Sie könnten nun mit den Händen um »den Ball« wandern; mal ist die eine Handfläche oben, die andere unten, mal ziehen Sie die Hände diagonal auseinander. Lassen Sie sich einfach treiben. Folgen Sie Ihrer spontanen Eingebung. Vielleicht verlieren Sie auch einmal den Kontakt mit den Handflächen. Wie fühlt sich das an? Zum Schluss verharren Sie ein wenig in der Ausgangsposition, d.h. die Hände umfassen vor dem Bauch »den Ball«. Dann lassen Sie den Ball los, machen eine Art Sammelbewegung vor dem Unterbauch und legen die eine Hand mit der Handfläche auf den Bauch etwas unterhalb des Nabels, darüber die andere. (Frauen sollten die rechte Hand unter die linke legen, Männer die linke unter die rechte – so lautet die Anweisung vieler chinesischer Qigong-Meister. Experimentieren Sie doch einfach damit, welche Haltung sich für Sie am angenehmsten anfühlt.)

Sie können die Hände so übereinander legen, dass die Daumen rechts und links des Nabels liegen. Sie verharren noch eine Weile so und spüren die sanfte Atembewegung. Dann kommen Sie langsam wieder ins Hier und Jetzt.

4.4.4 Im Lot sein

Diese Übung gibt es in vielen Qigong-Stilen. Sie hat so unterschiedliche Namen wie »Stehen wie ein Baum«, »Die Übung der Übungen«, »Stehen wie eine Kiefer«, »Stehen zwischen Himmel und Erde«.

Zu einem berühmten Meister kam einmal ein Schüler, der es selbst schon zu einer gewissen Meisterschaft im QiGong gebracht hatte und der nun von diesem berühmten Meister noch besonders komplizierte und wirksame Übungen lernen wollte. Der Meister zeigt ihm die Übung »Zwischen Himmel und Erde stehen«, die der Schüler schon längst kannte. Er konnte seine Enttäuschung nicht verbergen, fühlte er sich doch zu weit Komplizierterem befähigt als zu dieser »läppischen Übung«, wie er sie bei sich titulierte. Der Meister lächelte und sagte: »Diese Übung enthält alle Übungen. Übe diese Übung im rechten Geist ein ganzes Jahr und komme dann wieder.« In der Tat ist das richtige Stehen für die QiGong-Übungen die Voraussetzung dafür, dass die bewegten Übungen ihre Wirkung entfalten können.

Es geht hier um eine Haltung, die Geist und Körper zusammenführt; erst dann kann das Qi nach Auffassung der QiGong-Meister ungestört fließen. Der chinesische Arzt, bei dem ich gelernt habe, betonte, das Allerwichtigste sei, die drei Sperren zu lösen. Was ist damit gemeint?

Viele Menschen neigen dazu, das Kinn nach vorne zu strecken. Dadurch verschiebt sich die Halswirbelsäule. Achten Sie darauf, das Kinn ganz leicht anzuziehen. Die nächste Sperre befindet sich in der Brustwirbelsäule, entweder weil der Brustkorb zu sehr nach vorne gewölbt wird, weil die Schultern nach vorne fallen und man einen Buckel macht, oder weil in Anlehnung an die militärische Weisung »Brust raus, Bauch rein!« das Brustbein übertrieben nach vorne durchgedrückt wird.

Wie genau die Öffnung der Sperre bewerkstelligt wird, das muss jeder Einzelne bei sich fühlen lernen: In welcher Stellung haben Sie das Gefühl der Durchlässigkeit, das Gefühl des freien Fließens? Das »Hohlkreuz« stellt die dritte Sperre dar, es zu lösen ist Voraussetzung für einen guten Stand.

Im Qigong gilt das lotrechte Stehen mit der richtig dosierten Spannung als Grundübung. Benita Cantiene formuliert aus der Position der Körpertherapeutin, ohne auf Qigong Bezug zu nehmen:»Ein solcherart aufgerichteter Mensch hat immer Ausstrahlung, Charisma. Es ist ihm eine sinnliche Freude, den eigenen Körper zu bewohnen … Die gesamte Muskulatur vibriert in einem Vitaltonus« (Cantieni 2006, S.115). Dieser »Vitaltonus« entspricht im Qigong der Mitte zwischen zu wenig und zu viel Spannung, in diesem Bereich lässt sich der Qi-Fluss spüren, ein Fließen und Strömen, das ein Gefühl von Lebendigkeit und Leichtigkeit beinhaltet.

Sie stehen hüftbreit, die Füße sind parallel ausgerichtet, die Zehen zeigen nach vorn. Das Gewicht auf den Fußsohlen ist gleichmäßig verteilt. Nehmen Sie den Kontakt mit dem Boden wahr.

Jetzt erspüren Sie den Körper von oben nach unten. Der Kopf schwebt ohne Anstrengung auf dem Hals. Die Stirn ist entspannt, der Bereich zwischen den Augenbrauen ist weich und glatt. Alle Geräusche und Töne, die Sie hören, nehmen Sie wahr, ohne ihnen Bedeutung zu schenken. Das Kinn ist leicht angezogen, damit entlasten Sie den hinteren Nacken. Die Schultern sind nicht angezogen. Sie fallen entspannt ein ganz klein wenig nach vorne, aber Sie machen keinen Buckel. Das Hohlkreuz lösen Sie, indem Sie ein wenig in die Knie gehen. Die Knie sind durchlässig und geben das Körpergewicht nach unten zu den Füßen weiter.

Stellen Sie sich vor, dass die Füße fest im Boden verwurzelt sind. Die Hände hängen locker neben dem Körper, in den Achselhöhlen ist etwas Platz, die Hände sind leicht geformt. Von der Taille abwärts fühlen Sie sich stabil und fest, von der Taille aufwärts fühlen Sie sich leicht und mit dem Himmel verbunden, als ziehe Sie ein goldener Faden vom Scheitelpunkt leicht nach oben. Ihre Wirbelsäule fühlt sich durchlässig an, alle Sperren sind gelöst, und die Wirbel reihen sich wie Perlen aneinander. Wenn Sie ein sanftes, leichtes Schwanken bemerkt, so nehmen Sie das einfach wahr, ohne es zu verstärken oder zu unterbrechen. Sie stehen im Lot, das heißt aufrecht, ohne sich nach vorne oder hinten zu beugen.

Wenn Sie Spannung und unangenehme Festigkeit oder vielleicht sogar leichte Schmerzen spüren, so nehmen Sie das wahr und sagen vielleicht innerlich ein freundliches »Loslassen!« zu diesen Stellen. Oder Sie visualisieren die Atembewegung in den schmerzenden Bereichen. Wenn Sie eine Zeit lang stehen, werden Sie vielleicht auch in den Handflächen, die zu den Oberschenkeln hinzeigen, ein leichtes Wärmegefühl oder ein Prickeln empfinden.

An dieser Stelle können Sie die Übung »Zwischenraum«, die Sie im Sitzen schon ausprobiert haben, anfügen, d.h. Sie führen die Hände mit den zueinander gewandten Handflächen vor den Unterbauch und spielen mit dem Zwischenraum: Die Hände entfernen sich voneinander und nähern sich. Konzentrieren Sie sich mit geschlossenen Augen ganz auf dieses spielerische Ausdehnen und Zusammenziehen.

Wenn Sie die Übung beenden wollen, lassen Sie die Arme sinken, machen eine Sammelbewegung vor dem Unterbauch, legen die Hände übereinander und ziehen das linke Bein an, d.h. Sie schließen die Übung ab. Zum Abschluss können Sie sich die Hände reiben und den Körper leicht abklopfen.

Wenn Sie die Herz-Übung (4.5.2.2) machen, dann beginnen Sie auch mit der hier beschriebenen Grundstellung. Sie kann eine Übung für sich sein, die man durchaus zehn bis fünfzehn Minuten praktizieren kann. Alle anderen Übungen beginnen immer mit dieser Grundübung. Qigong wirkt am besten in einem entspannten, aber zugleich wachen Zustand.

4.4.5 Body-Scan oder Körper-Reise

Die Übung des Body-Scan ist fester Bestandteil von Kabat-Zinns Programm »MBSR«. Die Teilnehmer/innen bekommen eine CD mit den Anweisungen; sie üben abwechselnd mit der Sitzmeditation diese Übung im Liegen. Der Ausdruck »Body-Scan« klingt technizistisch modern, aber die Übungsform ist traditioneller Bestandteil des Yoga und auch des Qigong. In der »Fingerübung« haben Sie vielleicht schon dieses

Hineinspüren in einen Körperteil erprobt. Im Body-Scan wird der Körper innerlich sozusagen mit der Vorstellung abgetastet. Beim Body-Scan beginnen Sie mit der Wahrnehmung der Zehen des linken Fußes, Sie »wandern« ganz langsam Stück für Stück das linke Bein empor. Sie lenken immer den Atem in die Bereiche, die Sie gerade in Ihre Wahrnehmung holen. Sind Sie beim Becken angelangt, beginnen Sie mit den Zehen des rechten Fußes, wieder den Fuß hinauf bis zum Becken, dann steigen Sie Stück für Stück den Torso empor bis zum Hals. Die Hände und Arme werden rechts und links gleichzeitig erspürt, von den Schultern geht es weiter zum Hals, zu dem Gesicht, dem Hinterkopf und zum Scheitel. Zum Schluss lassen Sie den Atem vom Scheitel bis zur Sohle durch sich hindurchfließen, als würde er durch eine Öffnung im Scheitel einströmen und durch die Zehen wieder ausströmen. Am Ende dieser Übung werden Sie sich leicht, fast schwerelos empfinden. Die Übung sollte mindestens 30 Minuten dauern, Kabat-Zinn empfiehlt 45 Minuten.

Zum Schluss machen Sie sich bereit zum Aufwachen, reiben sich die Hände und das Gesicht. Wenn Sie diese Übung regelmäßig praktizieren, entwickeln Sie ein differenziertes Körperbewusstsein. Wenn Sie Schmerzen haben, können Sie in die betroffenen Bereiche hineinspüren und dort selbsttätig Spannung lösen.

Der Body-Scan ist auch eine Qigong-Übung, ich nenne sie zur Unterscheidung »Körper-Reise«. Es gelten dieselben Anweisungen, allerdings wird der Körper von oben nach unten durchgespürt, und die Übung wird mit einer längeren Phase der Bauchatmung abgeschlossen.

4.4.6 Gehmeditation

Schon in dem Begriff liegt ein Widerspruch verborgen. Wir gehen meist, um an ein Ziel zu kommen. Gehen ist eine echte »Auto-Pilot«-Tätigkeit. Wenn wir ein Kleinkind bei seinen ersten Gehversuchen beobachten, dann bekommen wir eine Anschauung davon, wie mühsam diese ersten Schritte sind, welche Konzentration es das Kind kostet, einen Fuß vor den anderen zu setzen. Mit dem »Anfängergeist«, den wir in der Meditation kultivieren, mit diesem staunenden Gewahrsein des gegenwärtigen Empfindens, können wir den Akt des Gehens neu entdecken. Der Fokus unserer Aufmerksamkeit liegt in der minutiösen Wahrnehmung des facettenreichen Bewegungsablaufs beim Gehen, den wir im Alltag fast nie bewusst wahrnehmen.

Am schönsten ist diese Übung im Freien. Die Gehmeditation hat viele Varianten: Entweder Sie gehen zehn Schritte in die eine Richtung und kehren wieder um, oder Sie wählen sich eine längere Wegstrecke aus und bleiben bei der gewählten Richtung; auch die Geschwindigkeit Ihres Gehens kann variieren.

Beginnen Sie mit der Grundhaltung (vgl. Kap. 4.4.4): Sie nehmen Ihren Körper wahr, wandern mit der inneren Aufmerksamkeit von oben nach unten; Sie hören die Geräusche aus der Umgebung, Sie lassen den Blick von rechts nach links wandern und halten die Augen dann mit weichem Blick nach vorne gerichtet. Warten Sie auf den inneren Impuls, den Fuß zum Gehen zu heben, aber geben Sie ihm nicht gleich nach.

Wenn Sie mit dem rechten Fuß beginnen, verlagern Sie Ihr Gewicht leicht nach links. Die linke Seite fühlt sich nun schwerer an als die rechte; nun heben Sie die rechte Ferse vom Boden, dann den gesamten Fuß. Jetzt stehen Sie auf einem Bein. Wenn Sie diese Bewegung sehr langsam durchführen, merken Sie vielleicht, dass es gar nicht so einfach ist, das Gleichgewicht zu halten. Sie setzen den Fuß dann sanft – beginnend mit der Ferse – ab. Während Sie rechts abrollen, hebt sich beim linken Fuß die Ferse, und der Vorgang wiederholt sich auf dieser Seite. Achten Sie darauf, dass die Bewegung nicht ins Stocken gerät. Während sich der eine Fuß absenkt, hebt sich der andere schon.

Entdecken Sie Ihren Körper beim Gehen! Welche Bereiche drängen in die Wahrnehmung? Experimentieren Sie damit, wie Sie Ihre Arme halten wollen. Vielleicht vor dem Körper, mit gefalteten Händen oder hinter dem Körper? Oder die Arme hängen und schwingen leicht beim Gehen mit. Sie werden merken, wie viel einem auffallen kann bei so einer simplen Bewegung wie dem Gehen. Experimentieren Sie auch mit den verschiedenen Möglichkeiten, den Atem mit der Bewegung zu koordinieren.

Letztlich besteht die Übung »nur« darin, dass Sie gehen und dass Sie sich dessen bewusst sind, dass Sie gehen. Sie können jeden Spaziergang zu einer Gehmeditation machen, wenn es Ihnen gelingt, Atemzug für Atemzug präsent zu sein. Gerade beim Spazierengehen können Sie dann den Fokus ausdehnen, und Sie werden merken, wie Ihre Wahrnehmung immer differenzierter wird. Vielleicht nehmen Sie nun die verschiedenen Baumformen deutlich wahr, die Farbe der Blätter, die Form der Wolken.

Machen Sie beim ersten Üben zunächst die Gehmeditation vielleicht nur zehn Schritte in die eine Richtung und wieder zurück – langsam und ganz bewusst. Diese Wahrnehmungsschulung hinterlässt Spuren. Ihr Körper wird sich erinnern und belohnt Sie damit, dass er Sie auch beim ganz alltäglichen Gehen im Alltag ins Hier und Jetzt holt.

4.5 Visualisieren

Kabat-Zinn berichtet in seinem Buch »Zur Besinnung kommen« davon, dass er gezögert habe, die sogenannte »Meditation der liebenden Güte« in das Konzept »Mindfulness-Based-Stress-Reduction« aufzunehmen, da für seine Patienten gerade die für sie ungewohnte Praxis des »Nichttuns« und der Absichtslosigkeit im Vordergrund stehen sollte. Er befürchtete, dass die Meditation zu einem bestimmten Thema den Eindruck erwecke, dass sie »etwas tun« müssten, und sei es nur, Vorstellung oder innere Bilder zu wecken. Kabat-Zinn verweist hier zu Recht auf eine Schwierigkeit.

Wer sich dafür entschieden hat, zu meditieren oder Qigong zu üben, vielleicht um einen Weg zu finden, um aus der Stressspirale aussteigen zu können, geht dieses Vorhaben mit hoch gespannten Erwartungen und mit eben jener Haltung des Perfektionismus an, die unter anderem der Grund für Überlastung und Überforderung ist. »Einfach nur sitzen und auf den Atem achten?« Das scheint zu einfach, zu unspektakulär. Auch wer Qigong lernt, möchte oft möglichst viele Übungen kennenlernen.

Und doch kann *eine* Übung, wenn sie täglich bewusst und im »Anfängergeist« ausgeführt wird, die Selbstwahrnehmung und das Körpergefühl tiefer positiv beeinflussen als eine Vielfalt von Übungen. Wer sich mit Haut und Haaren, mit Leib und Seele auf die Atembeobachtung einlässt, dem eröffnet sich eine Welt.

> *»Sich mit nur einem kleinen Teil der verfügbaren Praktiken vertraut zu machen und diese zu vertiefen, ist bereits nicht weniger als eine Lebensaufgabe. Es ist unmöglich, ein großes Gebäude durch alle seine Eingänge gleichzeitig zu betreten, und es ist töricht, ständig durch die verschiedenen Türen ein und aus zu gehen. Wenn man das tut, wird man letztlich kaum Zeit im Gebäude selbst verbringen.«* (Kabat-Zinn 2006, S. 292)

Ich mag dieses Bild, das Kabat-Zinn verwendet, verdeutlicht es doch, wie der Wunsch, zur Ruhe zu kommen, Auslöser für eine ruhelose Suche sein kann. Trotz des Bestrebens, die Übungsarten zu beschränken, entschloss sich Kabat-Zinn, die »Meditation der Liebenden Güte« während der ganztägigen Stille-Klausur zu lehren, die in der sechsten Woche des MBSR-Programms vorgesehen ist.

4.5.1 Meditation der »Liebenden Güte«

Dies ist eine Meditation zu einem Thema, d. h. es wird mit inneren Vorstellungen und Bildern gearbeitet. Ich möchte Ihnen diese Meditation nahebringen, weil ich finde, dass sie besonders bei Stress hilfreich sein kann. Wenn Sie sehr aufgewühlt sind, wenn Sie unter Druck stehen, am liebsten »aus der Haut fahren« würden, wenn Sie sich über jemanden ärgern und wütend sind, aber auch wenn Sie sich selbst Vorwürfe machen, dann spendet diese Meditation starken Trost, beruhigt Geist und Körper und hüllt Sie in einen Mantel von Vertrauen und Zuversicht.

Sie sitzen in der gewohnten Haltung aufrecht und machen sich bereit für die Meditation, indem Sie mit Ihrem Atem Verbindung aufnehmen, dann dehnen Sie das Gewahrsein auf Ihren Körper aus. Sie schwingen sich in den Fluss des Atems ein. Nehmen Sie sich Zeit dazu! Ihr Gedankenkarussell dreht sich immer langsamer. Holen Sie jetzt einen Menschen vor Ihr inneres Auge, der sie unumschränkt geliebt hat oder liebt. Nehmen Sie wahr, wie sich Ihr Empfinden verändert, wenn Sie an diese Person denken! Spüren Sie, wie die Liebe dieses Menschen Sie umhüllt und Ihnen ein Wohlgefühl beschert. Sie werden akzeptiert, so wie Sie sind, müssen keinen Ansprüchen genügen, müssen sich die Liebe nicht verdienen. Es kann sein, dass Sie solch unumschränkte Liebe noch nicht erfahren haben, dann malen Sie es sich aus und laben sich an dieser Vorstellung. Sie spüren, wie wohl es tut, so umsorgt zu werden. Bleiben Sie bei diesem weichen Gefühl: Jetzt werden Sie nicht nur davon umfangen, sondern empfinden es auch selbst. Sie werden geliebt und lieben. Lassen Sie sich Zeit! Räkeln Sie sich in diesem warmen Wohlwollen, das Sie sich selbst entgegenbringen. Nehmen Sie wahr, was in Ihrem Körper vorgeht, wenn Sie sich so annehmen. Vielleicht spüren

Sie ein Gefühl des Schmelzens. Selbstverurteilungen, Selbstvorwürfe, Selbstzweifel – all diese nagenden Gedanken verlieren ihre Schärfe, auch sie werden mit Wohlwollen eingeladen und von dem Gefühl der »Liebenden Güte« umfangen. Während Sie in dieser Stimmung verweilen, können Sie sich folgende Sätze zuflüstern:

> »Möge ich sicher und geborgen sein und frei von innerer und äußerer Not.
> Möge ich glücklich und zufrieden sein.
> Möge ich gesund und heil sein.
> Möge ich die Leichtigkeit des Wohlbefindens erfahren.«

Diese Worte sind in buddhistischen Schriften zur »Metta-Meditation« überliefert. (»Metta« ist ein Wort der Sprache Pali und kann übersetzt werden mit »Freundlichkeit, aktives Interesse, Liebe«.)

Wenn Ihnen so ein inneres Sprechen seltsam und gekünstelt vorkommt, lassen Sie die Aussagen einfach weg und verweilen bei dem Gefühl des liebenden Akzeptierens. Kabat-Zinn beschreibt diese Zuwendung zur eigenen Person als »ein Stimmen des Instrumentes, bevor Sie damit für die Welt aufspielen. In diesem Fall ist das Stimmen des Instruments selbst ein großartiger Akt der Liebe und Güte und kein Mittel zum Zweck« (Kabat-Zinn 2006, S. 295).

Der nächste Schritt der Meditation besteht darin, vor Ihrem inneren Auge das Bild eines geliebten Menschen heraufzubeschwören. Sie stellen sich diese Person ganz genau vor, vielleicht in einer bestimmten Situation. Auf diesen Menschen dehnen Sie nun das Gefühl der Herzensgüte aus. Wenn Sie wollen, verknüpfen Sie mit dieser Empfindung die folgenden Worte:

> »Möge diese Person sicher und geborgen sein und frei von innerer Not.
> Möge sie glücklich und zufrieden sein.
> Möge sie gesund und heil sein.
> Möge sie die Leichtigkeit des Wohlbefindens erfahren.«

An dieser Stelle können Sie die Meditation beenden. Sie verweilen in dem Gefühl der Herzensgüte, lassen es in Ihren gesamten Körper strömen, verbinden es mit dem Atem, auf den Sie noch eine Weile achten, und kommen dann in den Alltag zurück, indem Sie die Handflächen aneinander reiben und vielleicht den Körper leicht abklopfen.

Eine große Herausforderung besteht in der Fortsetzung der Übung, indem Sie die Herzensgüte auf einen Menschen ausdehnen, mit dem Sie im Augenblick Probleme haben, der Sie verletzt, der Ihnen geschadet, der sich von Ihnen abgewendet hat. Sie müssen zunächst nicht so weit gehen, diesem Menschen zu verzeihen. Sie machen sich einfach klar, dass auch dieser Mensch, sich danach sehnt, glücklich zu sein, dass er selbst Schwierigkeiten hat.

Stellen Sie sich diesen Menschen genau vor, vielleicht in einer bestimmten Situation, vielleicht in einer Szene, in der Sie Opfer seines Angriffes waren. Und dann versuchen Sie die »Herzensgüte« auf diese Person auszudehnen. Zwingen Sie sich nicht!

Wer hier an das christliche Gebot »Liebe deine Feinde!« erinnert wird, findet sich – je nach persönlicher Ausrichtung – in bestimmten Assoziationsmustern wieder. Dies achtsam wahrzunehmen ist wie bei allen diesen Übungen Teil der Forschungspraxis. Vielleicht bringen Sie es ja sogar »übers Herz«, für die ungeliebte Person die folgenden Wünsche auszusprechen:

> »Möge diese Person geborgen sein und frei von innerer Not.
> Möge sie glücklich und zufrieden sein.
> Möge sie gesund und heil sein.
> Möge sie die Leichtigkeit des Wohlbefindens erfahren.«

Achten Sie darauf, wie es sich anfühlt, wenn Sie dieser Person gute Wünsche schicken und sich ihr innerlich nähern. Kommen Sie am Ende der Meditation wieder zu sich zurück, indem sie das Gefühl der Selbstliebe evozieren, und beenden Sie dann – wie beschrieben – die Meditation. Erforschen Sie, wie sich Ihre Haltung der Person XY gegenüber nach einigen Meditations-Sitzungen verändert. Ärger und Wut haben etwas Trennendes. Mr. Lizard fühlt sich bedroht und lockt uns zum Angriff. Wie anstrengend ist es doch, immer auf sein Recht zu pochen, darauf zu achten, dass man bloß ja genug von allem bekommt, dass man nicht übersehen wird, dass man nicht übergangen wird!

> »Unsere Identifikation mit dem Ich ist grundsätzlich dysfunktional, ein Störfaktor, da sie zur Wirklichkeit in Widerspruch steht … Wir sind uns der Verletzlichkeit des Ich bewusst und versuchen deshalb mit allen Mitteln, es zu schützen und zu stärken. Wir empfinden gegen alles Abneigung, was es bedroht, und fühlen uns angezogen von dem, was es vermeintlich stützt und nährt. Aus diesen Impulsen von Anziehung und Abneigung ergeben sich unzählige konfliktträchtige Emotionen.« (Ricard 2009, S. 155)

Die Herzensgüte-Meditation öffnet uns das Herz für Mitgefühl.

4.5.2 Freude und Herzlichkeit wecken

4.5.2.1 Freude – Meditation im Sitzen

Bei dieser Übung verbinden sich Körperwahrnehmung und Visualisierung. Es geht um den Bereich in der Brustmitte. In der Terminologie des Qigong spricht man hier vom mittleren Energiezentrum (Dan Zhong). Springt dieser Bereich manchmal im Alltag spontan in Ihre Wahrnehmung? Bei welchen Gelegenheiten?

Vielleicht, wenn ein lautes Geräusch Sie erschreckt oder im Gespräch das Gegenüber plötzlich laut und wütend wird oder wenn jemand hysterisch auflacht? Diese völlig unterschiedlichen Auslöser bewirken bei vielen Menschen ein ungutes Gefühl in der Brustgegend, ein Zusammenziehen, einen Anflug von Angst, einen dumpfen, großflächigen Schmerz. Doch dieser Bereich kann sich auch mit einem Wohlgefühl bemerkbar machen. Wir haben dafür den schönen Ausdruck: »Mir geht das Herz auf!«: ein warmes Glühen, eine weiche Entspannung, eine Art schmelzendes Wohlsein!

Sie freuen sich vielleicht über ein Kind, das versonnen im Sandkasten spielt. Oder Sie holen eine geliebte Person vom Flughafen ab und spüren in der Herzgegend diese Vorfreude. Oder Sie bekommen unerwartet ein Lob oder erhalten ein Geschenk. Wer einen leichten Zugang zu seinen Körperempfindungen hat, der merkt, dass der Bereich in der Brustmitte bis hin zum Nabel sich bei Schmerz oder Freude auf je eigene Art »meldet«.

In der Terminologie der chinesischen Medizin soll auf dem Weg der Selbstkultivierung gelernt werden, die »echte« Freude vom sogenannten »falschen Feuer« zu unterscheiden.

Dieser Ausdruck bezeichnet das Verlangen nach der schnellen Befriedigung, die stoffgebundene Sucht, aber auch die Sucht nach schnellem Erfolg und Ruhm. Das brennende Verlangen und die stille Freude sind in diesem Bereich zu Hause, und mit etwas Übung können wir beides auseinanderhalten und unsere Wahl treffen. Die Übung eignet sich deshalb besonders für Situationen, in denen man das Gefühl hat: »Jetzt brauche ich XXX! Und zwar sofort.« In diesen Situationen hilft die Übung dazu, diesem bohrenden Verlangen die Spitze zu nehmen und das Gemüt zu beruhigen.

Übung

Sie setzen sich in die gewohnte aufrechte Haltung, schließen die Augen oder lassen den Blick weit und weich werden. Die Hände liegen mit den geöffneten Handflächen nach oben auf den Oberschenkeln. Wie gewohnt entspannen Sie den Körper von oben nach unten: Der Kopf schwebt, die Stirn fühlt sich weich und glatt an, Sie entspannen den Bereich um die Augen, die kleinen Muskeln um die Augen lösen sich, die Kiefergelenke entspannen sich, ein leichtes Lächeln zaubert sich auf Ihr Gesicht, die Schultern werden weich und lassen die Spannung los, die Wirbelsäule ist aufrecht in ihrer natürlichen Geformtheit, die Beine sind parallel ausgerichtet, hüftbreit, Sie spüren den Kontakt der Fußsohlen mit dem Boden. Wenn Sie bei diesem gedanklichen Durchspüren des Körpers irgendwo Schmerzen wahrnehmen, vielleicht ein unangenehmes Ziehen oder Drücken, so registrieren Sie das mit freundlichem Interesse, ohne sich dabei aufzuhalten. Sie werden sich Ihres Atems bewusst, wie er ein- und ausströmt. Sie können die rechte Hand auf den Bereich in der Brustmitte legen, die linke Hand darüber. Der Atem bewegt die Hände sanft auf und ab, und Sie schwingen sich in diese Bewegung ein, spüren, wie ein friedliches, warmes Strömen in diesem Bereich entsteht. Sie nehmen die beschützende Geste Ihrer Hände als wohltuend wahr. So können Sie sich selbst Liebe geben und Zutrauen zu sich empfinden. (Wenn Sie sich mit dieser Geste »befreundet« haben, dann speichert Ihr Gedächtnis die Haltung in Verknüpfung mit den angenehmen Gefühlen. Immer wenn Sie Anspannung in diesem Bereich fühlen, können Sie allein durch diese Haltung in diesen Gefühlszustand kommen.)

Eine Variation dieser Übung:

- Freude-Bilder in der Galerie
  Sie bleiben bei dieser angenehm friedlichen Stimmung und lassen vor Ihrem inneren
  Auge ein Bild erscheinen, bei dem Sie Freude und stilles Glück empfinden: eine
  bestimmtes Naturerlebnis, vielleicht ein Bergpanorama mit schneebedeckten Gipfeln,
  die in der Sonne glitzern und sich gegen den strahlend blauen Himmel abheben.
  Hören Sie nicht auf diese kleine Stimme, die mit dem Zwischenruf »Kitsch« Ihre innere
  Bildgestaltung sabotieren will. Kitsch ist erlaubt. Es sei denn, er löst tiefen Widerwillen
  in Ihnen aus, aber schon das kann ja wieder Anlass werden dafür, die eigenen festgefahrenen Muster zu entdecken. Vielleicht ist da einfach ein innerer Zensor aus alten
  Zeiten am Werk, der laut »Gefühlsduselei« schreit, ohne zu merken, dass Sie sich
  inzwischen vielleicht gerne mal ein bisschen Gefühl gönnen.
  Sie suchen noch ein Bild, oder haben Sie es schon? Den Sonnenuntergang mit dem
  Farbspiel in allen Rottönen. Es kann aber auch die Erinnerung an eine Erlebnis mit
  geliebten Menschen sein, Ihr Kind, das gerade tapsige erste Schritte macht, ein
  Familienessen, das Singen unter dem Weihnachtsbaum. Erinnern Sie dieses selbst
  gewählte Freude-Bild in allen Facetten. Rahmen Sie die Szenerie ein. Sie besitzen jetzt
  ein ganz individuelles Freude-Bild. Schauen Sie genau hin, prägen Sie sich jedes
  Detail ein, die Farben, die Formen, eventuell die Gesichtsausdrücke der geliebten
  Menschen, ihre Haltungen. Nun verknüpfen Sie dieses Bild mit dem Gefühl der
  Freude, des inneren Glühens, Sie spüren wie der Bereich im Brustkorb weit und warm
  wird, Sie spüren den leichten Druck der Hände auf diesen Bereich, Sie verknüpfen das
  zarte Lächeln mit diesem Freude-Bild. Zum Abschluss hängen Sie gedanklich diese
  Bild in Ihre Galerie. Dieses Bild können Sie mit jedem Üben genauer ausgestalten, es
  tiefer in sich einsinken lassen. Wenn Sie dann im Alltag einmal sehr aufgeregt sind und
  das unangenehme Zusammenziehen in diesem Bereich spüren, ausgelöst durch
  eigene negative Gedanken oder unangenehme Erlebnisse, dann können Sie dieses
  Bild aktivieren, vielleicht auch die Hände auf den Brustbereich legen. Ihr Körper
  bekommt so den Hinweis, dass keine Gefahr besteht, dass er sich entspannen kann.
  Sie können sich mit der Zeit auch ganz verschiedene Freude-Bilder für »Ihre Galerie«
  erschaffen. Und dann kann es geschehen, im Alltag, während Sie etwas Schönes
  erleben, dass Sie denken: »Oh, das wird mein Freude-Bild!«

4.5.2.2 Die Herz-Übung aus dem Fünf-Elemente-Qigong

Während sich die Dialektik von Yin und Yang uns westlichen Menschen noch einiger-
maßen sinnfällig erschließt, bedarf es, um das System der »Fünf Elemente« zu verstehen, der Bereitschaft, die bildliche Sprache und die symbolische Bedeutung dieses uns
fremden Theoriegebäudes zu ergründen.

Die fünf Elemente oder fünf Wandlungsphasen – Metall, Wasser, Holz, Feuer, Erde
– werden als Kreis dargestellt und zeigen die Stadien des Wachstums und Verfalls, die
alle Lebensvorgänge prägen.

Das System der fünf Elemente ist ein Diagnosesystem der chinesischen Medizin, das den Menschen Ungleichgewichtszustände in Körper, Geist und Seele erkennen lässt. Ein Übermaß oder ein Mangel an einem dieser »Elemente« wirkt sich auf unser körperliches und seelisches Wohlbefinden aus.

Die einzelnen sogenannten Elemente haben jeweils vielfältige Entsprechungen, und zwar im Hinblick auf Organe, Emotionen, Jahreszeiten, Himmelsrichtungen, Farben, Geschmack, Klima, Töne. Bei dem Element »Feuer«, um das es bei dieser Übung geht, werden folgende Entsprechungen genannt: Organe: Yin-Organ –*Herz*; Yang-Organ: *Dünndarm*, Emotionen: *Freude, Hass, Neid, Eifersucht*; Jahreszeit: *Sommer,* Süden; Farbe: *Rot*; Geschmack: *bitter*; Körperöffnung: *Mund*.

Die einzelnen Elemente stehen nicht isoliert für sich, sondern treten miteinander in Beziehung, nähren sich und kontrollieren sich gleichzeitig; wird ein Element geschwächt, hat das ebenso Auswirkungen auf das gesamte System, wie wenn es zu stark wird.

Wenn das Herzfeuer »außer Kontrolle« gerät, dann werden Menschen übertrieben lustig, hysterisch, hetzen von einer Vergnügung zur anderen, brauchen einen »Kick« nach dem anderen. Diese Sucht nach Zerstreuung erschöpft das Qi und schwächt den Körper. In diesem Fall müsste nach chinesischer Lehre das kühlende Nieren-Qi kultiviert werden, man müsste in die Stille gehen, sich Zeit lassen, nach innen schauen, statt nach außen. Stattdessen wird Müdigkeit mit Kaffee oder einem »Gläschen Sekt« weggedrückt, was den Körper weiter schwächt.

Ein chinesischer Arzt sagte mir einmal, in der westlichen Kultur überwiege die Holz- und die Feuerenergie, es gebe wenig Raum zur Kultivierung von Ruhe, Stille und Langsamkeit, und im heutigen China werde das uralte Wissen um die Gesunderhaltung auch bald über Bord geworfen.

Die »Herz«-Übung (Freude-Übung) kann aus dem Übungszyklus der fünf Elemente herausgelöst werden. Beginnen Sie Ihre Übungszeit immer damit, dass Sie sich mit der Grundübung sozusagen ins Lot bringen (vgl. 4.4.4). Wiederholen Sie die Übung mindestens sieben Mal.

Übung   *Erster Teil der Übung*

- *Bilder 1 bis 6*
  Aus der Grundstellung heraus die Handflächen nach außen drehen, die Arme mit den Handflächen nach oben über den Kopf führen. Die Arme treiben leicht in einem 45-Grad-Winkel vor dem Körper nach oben. Die Hände werden über dem Kopf zueinander geführt, die Fingerspitzen zeigen zueinander. Die Handflächen zeigen jetzt nach unten.
- *Bilder 7 bis 9*
  Die Arme leicht angewinkelt mit den Handflächen nach unten führen, die Fingerspitzen zeigen zueinander. Die Hände bis zum Unterbauch führen, dann wieder die Grundstellung einnehmen, d.h. die Arme hängen entspannt, die Handflächen sind auf die Oberschenkel gerichtet.

Zweiter Teil der Übung

- *Bilder 10 bis 14*
  Die Arme parallel vor dem Körper fast ausgestreckt nach oben treiben lassen. Hände hängen locker in den Handgelenken. Arme bis auf Schulterhöhe hochsteigen lassen, Handgelenke zum Oberkörper heranziehen, leicht in die Knie gehen.
- *Bilder 15 bis 17*
  Handflächen aufstellen, Handflächen zeigen nach vorn, aufgestellte Handflächen nach vorn schieben, dabei im leichten Kniestand bleiben. Kurz in der Position verharren, in der die Arme mit den aufgestellten Handflächen vor dem Körper fast gestreckt sind. Arme sanft parallel vor dem Körper nach unten sinken lassen, dabei die Knie aufrichten.
- Bewegung und Atmung und Vorstellung verknüpfen
  Wenn Sie im ersten Teil der Übung die Arme mit den nach oben geöffneten Handflächen schräg vor dem Körper nach oben treiben lassen, spüren Sie dem Gefühl nach, das diese Haltung und Bewegung auslöst. Die nach oben geöffneten Handflächen lösen vielleicht ein Gefühl des Empfangens aus oder der Verbundenheit. Lassen Sie sich von diesem Gefühlsstrom treiben. Die Bewegung soll sich ganz leicht und mühelos entfalten. Versuchen Sie nur so viel Muskelspannung wie nötig einzusetzen. Sie öffnen sich »von ganzem Herzen«. Verbinden Sie diese Bewegung auch mit dem inneren Lächeln. Wenn die Hände sich über dem Kopf begegnen und dann mit den Handflächen den Oberkörper entlang nach unten gleiten, kann sich die Vorstellung einstellen, dass Sie sich alles Positive, was Sie empfangen, zu eigen machen und sich damit stärken.
  Die Bewegung nach oben verknüpfen Sie mit dem Einatmen, die Bewegung nach unten mit dem Ausatmen.
  Während Sie im zweiten Teil der Übung die Hände vor dem Körper nach oben treiben lassen, atmen Sie ein. Wenn Sie die Hände nach vorne schieben, verharren Sie einen Augenblick in dieser Position, atmen Sie aus. Die Handflächen sind aufgestellt und die Arme fast ausgestreckt, so als wollten Sie mit dem Raum um sich Kontakt aufnehmen. Sie treten in Beziehung nach außen, schützen aber gleichzeitig Ihren Bereich. Dann lassen Sie die Arme sanft sinken.
  Wie leise Musik im Hintergrund begleitet diese Übung eine besondere Tönung: Freude, Zufriedenheit, Dankbarkeit. Vielleicht können Sie in diese harmonische Vielschichtigkeit auch noch ein »Freude-Bild« (vgl. 4.5.2.1) hineinweben.

Die Übung wird beendet, indem Sie vor dem Körper eine Sammelbewegung machen und die Hände unterhalb des Nabels mit den Handflächen übereinander legen. Gerade nach einem anstrengenden Schultag bewirkt diese Übung eine wohltuende Beruhigung.

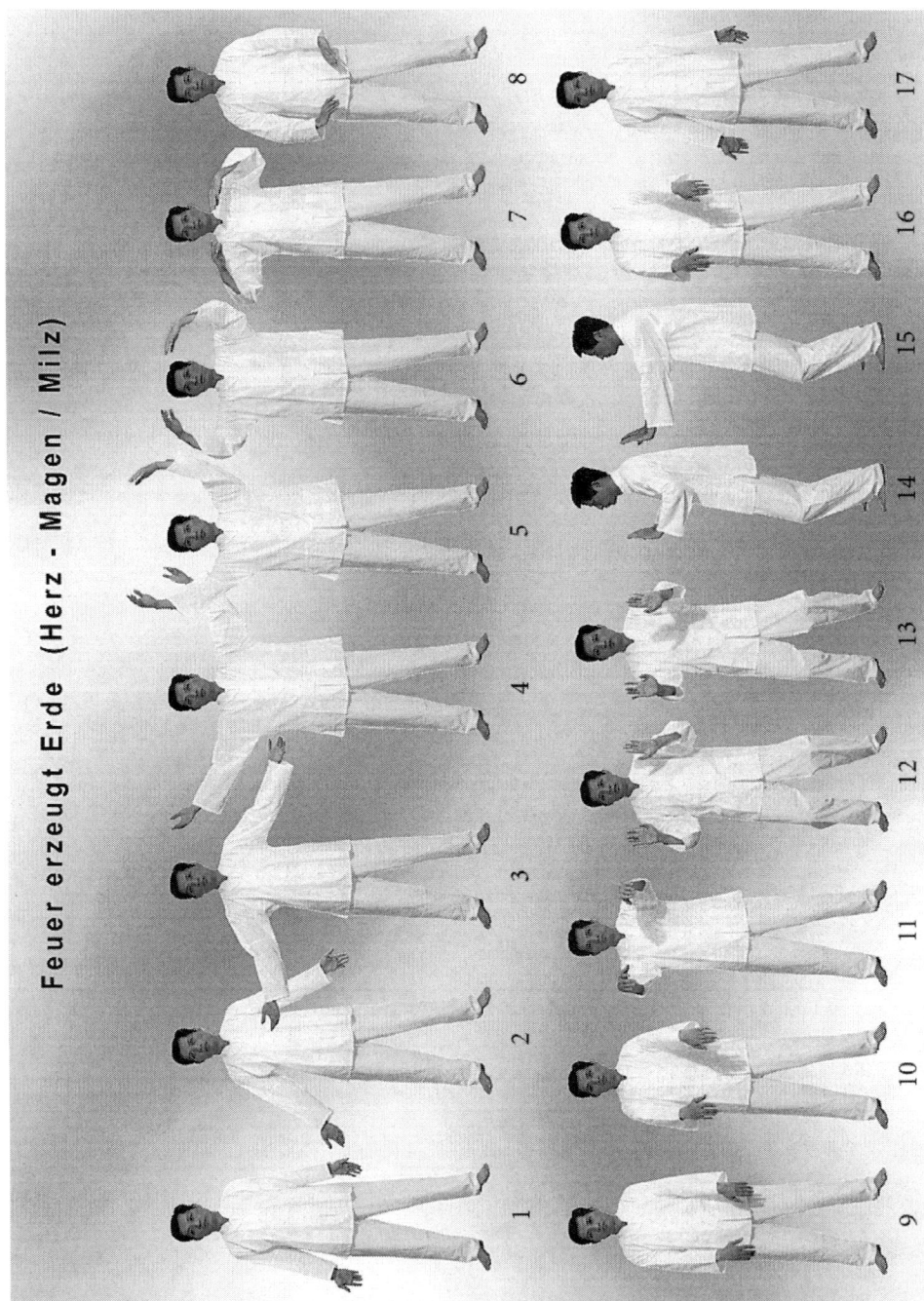

Abb. 3: Herz-Übung (Aus: Kaltwasser, V. (2005): Der sanfte Weg zum Nicht-Rauchen. München: Knaur, S.158/159.)

5. Augen auf und durch!

5.1 Vertretungsstunde – zum Beispiel

Zwei Stunden LK Deutsch, eine Stunde Englisch in der 8, eine Stunde Deutsch in einer 5 – und jetzt die ersehnte Freistunde. Latte Macchiato im Pärkchen. Schwungvoll trete ich aus dem Lehrerzimmer, in Gedanken tauche ich schon den langen Löffel in den schokoladigen Schaum. Noch kurz ein Blick auf den Vertretungsplan. Kurz? Bin ich in der Zeile verrutscht? Keineswegs scheinen die Buchstaben mir schadenfroh zuzurufen: Vertretung in einer siebten Klasse. Nein, nicht in einer, in dieser siebten Klasse. In dieser Klasse, die auftrumpfend das Etikett »schlimmste Klasse der Schule« trägt und alles tut, um in jeder Vertretungsstunde aufs Neue dieses Gütesiegel zu erhalten. Da hilft auch nicht das gut gemeinte Kollegenmitleid: »Ach, du Arme!« Ich bin stinksauer, statt der Milch schäume ich.

So – und nun soll ich achtsam sein? Ich würde am liebsten gegen die Tür treten, den Stundenplanmacher anschreien und die Schüler/innen ins pädagogische Jenseits befördern.

Doch – das tue ich natürlich nicht und ich bin auch mit einem intakten Gewissen ausgestattet, weshalb ich dem ersten Impuls, mich wegzuducken und so zu tun, als hätte ich die Ankündigung der Vertretungsstunde nicht gesehen, standhaft widerstehe. Sie kennen solche Situationen?

Liebe Referendare und Junglehrer, bitte erwarten Sie jetzt kein Rezept, wie Sie in Zukunft mit einer solchen Situation umgehen können. Vernehmen Sie von mir die bittere Wahrheit: Es gibt kein Rezept, aber Sie können mit verschiedenen Ingredienzien experimentieren und für sich mit der Zeit eine Backmischung erstellen, die aber immer individuell und an die Situation angepasst verfeinert werden muss.

Zurück zu der Vertretungsstunde:

Dass die Klasse berüchtigt ist und schon öfter Gesprächsthema im Lehrerzimmer war, diese Information könnte ich nun nutzen, um meine ohnehin schon vorhandene Stressreaktion noch anzuheizen. Dem Ärger über die verpatzte Freistunde könnte ich noch zusätzlich Zunder geben, indem ich mir auf dem Weg zur Klasse ausmale, was alles geschehen wird. Ich könnte – aus meinen Erfahrungen mit vergangenen Vertretungsstunden – ein Horrorszenarium als Horror-Movie vor mein inneres Auge holen: Beim Eintreten wird mich ein Schwamm am Kopf treffen, begleitet von einem infernalischen Gelächter von dreißig Monstern, die feixend beobachten, wie ich wutschnaubend den Dompteur gebe.

Ich verdränge dieses Schreckensbild, aber da steigt schon weiterer Ärger auf. Wem habe ich diese Vertretungsstunde zu verdanken? Diesem Stundenplanmacher! Dem werde ich nach der Stunde gehörig die Meinung sagen. Dies ist schon die vierte Vertretungsstunde in dieser Woche. Das darf doch gar nicht sein! Hatte er nicht eben besonders süffisant beim Grüßen gegrinst? Da fällt mir ein: Wer ist da überhaupt Klassenlehrer in dieser »Lerngruppe«! Kein Wunder! Kollege XY, der gerade braun gebrannt vom Urlaub in Bali geschwärmt hat, während ich in den Herbstferien über den Klausuren gesessen hatte. XY, der nach dem Unterricht die Schule flugs verlässt, die Konferenzen schwänzt und sich am liebsten auf dem Tennisplatz aufhält. Selbst wenn wir solche »fiesen« Gedankenspiralen meist nicht zulassen, so tun sie doch untergründig ihre Wirkung, und manchmal verfangen wir uns in ihnen und drehen uns im Kreis, schrauben uns immer höher in unserer Ärgerspirale, und unser Körper reagiert, indem er uns glaubt, dass nun wirklich eine lebensbedrohliche Situation eingetreten ist. Die körperlichen Stressreaktionen laufen auf Hochtouren. Mr. Lizard tut sein Bestes, um unseren Körper in die Lage zu versetzen, aus der vermeintlichen Gefahrenzone zu fliehen oder uns mutig dem Kampf zu stellen, falls es Aussicht gibt, ihn zu gewinnen.

Und was wäre die Haltung der Achtsamkeit in so einer Situation: einfach wahrnehmen, was so geschieht, damit experimentieren? Man kann sich jetzt den Forschungsauftrag geben, diese Klasse einmal genau zu studieren, zu erforschen, wie es kommt, dass sie diesen zweifelhaften Ruf hat.

Oder wahrnehmen, dass da ein untergründiger Groll auf den Stundenplanmacher plötzlich ins Bewusstsein tritt. Oder unangenehm berührt sein von dieser Haltung, sofort an die eigenen Ansprüche zu denken, wo doch der Kollege sich so viel Mühe gibt, den Laden am Laufen zu halten, wenn es viele Krankmeldungen gibt. Oder erstaunt zur Kenntnis nehmen, ob da vielleicht Neid im Spiel ist, wenn man den Kollegen XY so abwerten muss. Oder mal probeweise das Lächeln losschicken – in den Körper hinein. Was ist so schlimm daran, fünfundvierzig Minuten mit einer siebten Klasse zu verbringen?

Wahrnehmen, ohne zu bewerten, in den Körper hineinspüren und sich auf den Weg zur Klasse machen, vielleicht sogar mit interessierter Neugier auf die kommende Schulstunde. Mit dieser Haltung können wir unserem Körper Entwarnung geben, die Selbstberuhigung einleiten. Vielleicht können wir bewusst einige Atemzüge wahrnehmen.

Was für ein Unterschied, ob Sie wutentbrannt in die Klasse stürmen, den Erstbesten anraunzen und laut »Ruhe« schreien oder ob Sie selbst ruhig sind und sich erst einmal einen Überblick verschaffen, nonverbal von sich aus eine Atmosphäre der Gelassenheit verbreiten!

Wenn Sie sich dann – in Einschätzung der Lage – entscheiden, doch ganz entschieden laut zu werden und einzelne Störenfriede zur Ordnung zu rufen, dann ist dieses Verhalten mit Bedacht gewählt.

Es ist eine bewusste Reaktion. Sie ist Ergebnis einer freien Willensentscheidung, unter Abwägung verschiedener Möglichkeiten. Wären Sie dagegen wutentbrannt in die Klasse gestürmt und hätten so reagiert wie schon viele Male davor – also auf Autopilot –, dann hätten Sie sich Ihrer Souveränität beraubt und gleichzeitig Mr. Lizard ganze Arbeit tun lassen: Der Blutdruck würde nach oben schnellen und das ganze Repertoire der übrigen Stressreaktionen würde zum Einsatz kommen.

Genau das meint Kabat-Zinn, wenn er im Englischen von dem Unterschied zwischen »to react« (automatisierte Reaktion auf ein Ereignis, einen Gedanken oder ein Gefühl) und »to respond« (gewählte Reaktion) spricht.

Es kann gut sein, dass Ihnen diese Beispiele und die von mir aufgezeigten Einstellungsvarianten banal vorkommen, denn rein intellektuell sind uns solche Konzepte ja bekannt und vertraut. Wir sollten uns aber klarmachen, dass unsere rationalen Einschätzungen im Alltag nicht immer zum Tragen kommen, weil da unser »Lizard« mitspielt, der noch nicht mitbekommen hat, dass es bei der Vertretungsstunde z. B. nicht ums physische Überleben geht, und weil unser Gedächtnis, wozu unser Körpergedächtnis gehört, so viele ähnliche Situationen abgespeichert hat (unter von uns in der Vergangenheit vorgenommenen Bewertungen), die als bedrohlich identifiziert wurden. Wut, Ärger, Unmut oder Angst färben unsere Einschätzung der Situation, ohne dass wir selbst genau wissen, woher diese Gefühlsqualitäten rühren.

Das Beispiel der Vertretungsstunde macht noch einmal deutlich, wie eng unsere subjektive Einschätzung der Situation mit der körperlichen Reaktion verbunden ist. Denken wir daran zurück, dass die Stress-Reaktion mit unserer Bewertung einer Situation zu tun hat. Was wäre, wenn wir bei unserer Lieblingsklasse Vertretung hätten und uns sofort eine wunderbare Idee käme, wie wir die Stunde gestalten könnten, und wir auf die Reaktion der Klasse gespannt wären? Wir würden uns nicht mehr als Opfer fühlen und würden uns sogar auf die Stunde freuen. Und im Falle der »Horror-Klasse«? Könnte diese Vertretungsstunde als interessante Herausforderung gesehen werden? »Mal sehen, wie ich mit dieser sogenannten Horror-Klasse zurechtkomme. Vielleicht überrasche ich sie ja mit einem Verhalten, was sie nicht gewohnt sind. Das ist eine spannende Aufgabe!«

Wenn Sie die Situation quasi sportlich als Hürde sehen, an der Sie Ihre Kräfte messen, dann kann aus Dis-Stress Eu-Stress werden. Aus einer Bedrohung, in der Sie Opfer sind, wird eine Chance, sich selbst zu beweisen. Sobald Sie sozusagen am Steuer sind, fällt die Stressreaktion des Körpers anders aus, denn es gab ja schon viele Situationen, die Sie erfolgreich bewältigt haben, ja und auf erfolgreiche Bewältigung folgen Glücksgefühle, wobei wieder Sie selbst definieren, was »erfolgreich« ist.

5.2. Auftritt: Bühne frei!

Nein, diese Überschrift spielt nicht darauf an, dass Lehrer/innen narzisstische Selbstdarsteller sind, die sich an der Gunst des Schülerpublikums laben und nach Beifall lechzen. Das Zerrbild des Lehrers als Alleinunterhalter wird ja oft ins Feld geführt, wenn es darum geht, den Frontalunterricht zu kritisieren. Die Überschrift soll darauf aufmerksam machen, dass Lehrerinnen und Lehrer tatsächlich in einer Art Rampenlicht stehen und unter den Augen eines Publikums zu bestehen haben, eines Publikums, das im Laufe der Schulzeit schon eine Menge Erfahrung sammeln konnte. Auch wenn sich Lehrer/innen das nicht gerne eingestehen: Es ist ihnen nicht gleichgültig, wie sie ankommen. Es lohnt sich, diesen Aspekt des Lehrerberufs zu erkunden, denn auch hier lauern innere und äußere Stressoren, die nicht zu unterschätzen sind.

Ein wichtiges Forschungsfeld für die Haltung der Achtsamkeit können deshalb die täglichen »Auftritte« sein. Das Publikum ändert sich von Akt zu Akt, von Szene zu Szene. Lassen Sie doch einmal so einen typischen Auftritt vor Ihrem inneren Auge Revue passieren.

Wie erleben Sie den Gang vom Lehrerzimmer zur Klasse? Blinkt es in Ihrer Schule zum Stundenanfang oder ertönt ein Gong oder gibt es gar kein Signal?

Gehören Sie zur Spezies der ganz pünktlichen Lehrer/innen, weil Sie der Meinung sind, dass Sie schließlich Vorbild sein sollten und nicht Pünktlichkeit predigen können und Unpünktlichkeit praktizieren wollen. Oder halten Sie es mit dem lateinischen Sprichwort »Quod licet jovi non licet bovi!«, das mein Lateinlehrer immer genüsslich zitierte, wenn wir ihn darauf ansprachen, dass er Strafarbeiten für unsere Unpünktlichkeit verteilte, aber selbst meist eine Viertelstunde zu spät in den Unterricht schlenderte – ersichtlich ohne schlechtes Gewissen, mit maliziösen Lächeln und dem Spruch auf den Lippen, dass Gott eben Dinge erlaubt seien, die dem Ochsen verboten sind. So offensichtlich spielt heute sicherlich kein Lehrer mehr seine Macht aus, aber es könnte spannend sein zu fragen, wie man für sich subjektiv mit Pünktlichkeit umgeht.

Übung

Sicherlich haben Sie dem Weg vom Lehrerzimmer zur Klasse bislang keine besondere Aufmerksamkeit geschenkt, aber tun Sie es doch einmal: Spielen wir ein Beispiel durch: Nehmen Sie genau wahr, was in Ihnen vorgeht, wenn Sie z. B. die Treppe zum dritten Stock nach oben steigen. Versuchen Sie, die in der formalen Übung der Achtsamkeit gelernte Verankerung im gegenwärtigen Augenblick herzustellen. Werden Sie sich Ihrer Körperempfindungen gewahr, des Gehens, des Treppensteigens. Welche Gedanken sausen Ihnen durch den Kopf? Freuen Sie sich auf die Stunde? Kommen Ihnen bestimmte Schüler/innen der Klasse in den Sinn? Spüren Sie Widerwillen? Müdigkeit? Vielleicht sogar Vorfreude, weil Sie gespannt sind, wie Ihre Planung ankommen wird und wie die Schüler/innen auf die Lernangebote eingehen werden? Sie können ja auch mal ein wenig experimentieren: Gehen Sie einfach mal anders als sonst, schneller, langsamer, dynamischer, verhaltener. Achten Sie auf Ihren Atem?
Kurze Zwischenfrage: Welche Farbe haben die Türen in Ihrer Schule? Wie sieht der Boden aus? Welche Farbe haben die Wände? Wissen Sie die Antwort sofort, oder müssen Sie sich erst einmal besinnen? Gerade weil wir meist auf Autopilot der Klasse zustreben, nehmen wir oft nicht mehr genau wahr.
Einmal bestimmte Bereiche des Schulalltags genau zu untersuchen, die Sinne zu schärfen beim Beobachten und achtsam sein für die gegenwärtige Wahrnehmung, das kann unsere Energie anheben und uns in diese wache Entspanntheit versetzen, die das Bekannte mit einem besonderen Reiz versieht. Sie sind also im dritten Stock angekommen und nun?

Steht die Klassentür offen? Hören Sie schon den Lärm?
Und dann : »TraRa!« – Ihr Auftritt: Sie betreten die Klasse:
Wie tun Sie das? Es gibt ja so viele Möglichkeiten, das Klassenzimmer zu betreten. Jeder Auftritt eine Premiere! Oder müssen die Schüler/innen mit einem Ensuite-Stück rechnen, das sie nun schon weidlich kennen und das sich immer haargenau wiederholt?

Versetzen Sie sich einmal in Ihr Publikum! Im Durchschnitt sechs Auftritte pro Tag, sechs verschiedene Arten, wie der Lehrer den Unterricht beginnt. Und da gibt es Unterschiede, die den Schüler/innen sehr wohl bewusst sind, was mir klar wurde, als Schüler/innen ein Ratespiel veranstalteten, in dem sie Lehrer/innen imitierten, wie diese zur Tür hereinkommen.

Die einen steuern zielstrebig aufs Pult zu, stellen ihre Tasche ab und beginnen mit der Anwesenheitsliste, die anderen fangen schon im Hereingehen mit dem Unterricht an und verbreiten eine hektische Atmosphäre, andere setzen sich stumm aufs Pult, verschränken die Arme und schauen die Klasse wohlwollend an, andere fangen sofort an zu ermahnen, die Tafel sei schon wieder nicht geputzt, es sei zu laut und so weiter und so weiter.

Es geht hier nicht darum, die eine Art gegen die andere auszuspielen, sondern zunächst einmal darum, diesen Stundenbeginn in den Fokus der Aufmerksamkeit zu holen: Jeder Stundenbeginn eröffnet eine neue Phase in der Beziehung zu dieser bestimmten Klasse, zu diesen bestimmten Schüler/innen, und es entsteht ein Resonanzfeld, das entweder durch Routine und starre Rollenverteilung sich immer wiederholt oder das jedes Mal ganz frisch und veränderbar ist. Treten Sie doch einmal vor die Klasse, als sei es das erste Mal. Nehmen Sie sich Zeit, in die Gesichter zu sehen und Kontakt aufzunehmen.

Wenn ein Schüler genüsslich sein Butterbrot auspackt und Sie dies maßlos ärgert, weil sie schon hundertmal angemahnt haben, dass im Unterricht nicht gegessen wird, dann reagieren Sie nicht sofort auf die gewohnte Art, sondern nehmen Sie sich einen Augenblick, um den Ärger deutlich zu spüren.

So schaffen Sie sich diese Lücke der Bewusstheit! Nehmen Sie den Ärger genau wahr! Wo spüren Sie den Ärger? Weshalb genau ärgern Sie sich? Geht es um den wiederholten Regelverstoß an sich? Würden Sie sich genauso ärgern, wenn ein anderer Schüler dasselbe täte? Diese kurze Phase der bewussten Wahrnehmung gibt Ihnen die Chance einer bewussten Wahl der Verhaltensweise.

Will der Schüler Sie provozieren oder hat er in der Pause tatsächlich keine Zeit gehabt, etwas zu essen? Wollen Sie gleich zu Stundenbeginn »ausrasten«, oder ignorieren Sie sein Verhalten und sprechen mit ihm eindringlich am Ende der Stunde ohne das Publikum der feixenden Mitschüler.

Die formale Übung der Achtsamkeit strahlt in den Alltag aus, denn die Wahrnehmungsfähigkeit differenziert sich. Beim täglichen Meditieren lernen Sie immer wieder, den Geist bewusst in die Gegenwart zu holen, indem Sie in Ihren Körper hineinspüren und auf diese Weise ganz präsent sind. Dies ist der Einstieg in den Ausstieg aus

Gewohnheitsmustern: Sie spüren angenehme und unangenehme Emotionen deutlicher im Anflug und verstricken sich nicht in vorgefertigte Denk-, Fühl- und Handlungsmuster.

Ganz da zu sein vor der Klasse, das gelingt an manchen Tagen mühelos, aber mit beharrlicher Übung lässt es sich zur bewussten Gewohnheit machen. Oft sitze ich im Unterricht von Referendar/innen hinten in der Klasse und kann mich dann sehr gut in die Sicht der Schüler/innen einfühlen. Es ist spürbar, wenn ein Lehrer präsent ist. Dann strahlt er eine wohltuende Sicherheit aus.

In seinem wunderbaren Buch »Schulkummer« beschreibt der Schriftsteller und langjährige Lehrer Daniel Pennac diese Qualität der Präsenz:

> »Die Präsenz des Lehrers, der ganz in seiner Klasse aufgeht, ist sofort bemerkbar. Die Schüler spüren sie in der ersten Minute des neuen Schuljahrs, das haben wir alle erlebt: Der Lehrer kommt herein und ist vollkommen präsent, was sich an seinem Blick ablesen ließ, an seiner Art, die Schüler zu begrüßen, sich zu setzen, sein Pult in Besitz zu nehmen. Er ist nicht aus Furcht vor ihren Reaktionen zerstreut, hat sich nicht verschanzt, nein, er ist von Anfang an in seinem Element, ist da, er nimmt jedes einzelne Gesicht wahr, und die Klasse existiert unter seinen Augen sofort.« (Pennac 2009, S. 122)

Bei einer Dichterlesung in der Klasse einer jungen Lehrerin ist Pennac beeindruckt von deren Stil, die Klasse in der anschließenden Diskussion zu leiten. Auf die Frage, wie sie es anstelle, so viel »geballte Energie« im Griff zu halten, antwortet sie Pennac, indem sie die Klasse mit einem Orchester vergleicht:

> »Jeder Schüler spielt sein Instrument, dagegen anzugehen lohnt nicht. Das Kniffelige besteht darin, unsere Musiker gut zu kennen und einen Zusammenklang herzustellen. Eine gute Klasse, das ist kein im Gleichschritt marschierendes Regiment, sondern ein Orchester, das an einer gemeinsamen Symphonie arbeitet: und wenn in deinem Orchester eine kleine Triangel sitzt, die nur ting-ting von sich zu geben versteht, oder eine Maultrommel, die nichts als boing-boing macht, dann geht es darum, dass sie es im richtigen Augenblick und so gut wie möglich tun, dass sie eine erstklassige Triangel oder eine großartige Maultrommel werden und dass sie stolz auf den wertvollen Beitrag sind, den sie zum Ganzen leisten. Da durch die Lust am Zusammenspiel jeder Fortschritte macht, versteht am Ende auch die kleine Triangel etwas von Musik, vielleicht auf weniger glänzende Weise als die Erste Geige, aber sie versteht und kennt dieselbe Musik.« (Pennac 2009, S. 124)

Ein schöner Vergleich – finde ich. Er verweist auch darauf, wie bereichernd für alle Schüler/innen der so oft gescholtene Frontalunterricht sein kann, der – wenn der Lehrer sein Metier beherrscht – die Schüler/innen miteinander ins Gespräch bringt und der ein Kunstwerk sein kann, in dem feine Fäden von Schüler zu Schüler laufen, während der Lehrer darauf achtet, dass sich die Fäden nicht verheddern.

5.2.1 Erziehung als Spiegelung: die pädagogische Beziehung aus dem Blickwinkel der Hirnforschung

Die Persönlichkeit des Lehrers ist maßgeblich für den Unterrichtserfolg. Fachwissen und Methodenkenntnis sind unabdingbar, kommen aber nur zum Tragen, wenn der Lehrer Beziehung zu den Schüler/innen aufnehmen kann und wenn er seine eigene Persönlichkeit so entfaltet hat, dass er über Selbstreflexion und emotionale Intelligenz verfügt. (Und wo kann ein junger Lehrer diese Qualifikation heute erwerben?) Die Bedeutung der Persönlichkeit als Qualitätsausweis wird bei all dem Modularisieren und Vereinheitlichen heute nicht ausreichend bedacht. Wenn verbrieftes pädagogisches Wissen derzeit bei den Bildungsplanern so wenig hoch im Kurs steht, dann können vielleicht in unserer datenverliebten Zeit jüngste Erkenntnisse aus der Spiegelneuronenforschung aufhorchen lassen, die mit eindrücklichen Daten die These stützen, dass die Persönlichkeit des Lehrers bei den Schüler/innen eine entscheidende Rolle im Lernprozess spielt. Vielleicht dringen diese Erkenntnisse dann endlich auch in die Umsetzungsbürokratien der Kultusministerien. Vielleicht werden dann endlich Konsequenzen aus den jüngsten Forschungsergebnissen gezogen. Wir brauchen Lehrer, die um die Bedeutung ihrer Persönlichkeit nicht nur wissen, sondern auch darin ausgebildet werden, wie sie bewusst und professionell in der Beziehung zu den Schüler/innen ihre Persönlichkeit zur Geltung bringen können. Voraussetzung dafür wiederum ist eine Schulung in Selbstreflexion und Selbsterfahrung. Vielleicht werden dann auch Schulleiter darin geschult, wie sie ihr Kollegium so führen, dass sich Achtsamkeit und wechselseitige Wertschätzung entfalten können und so auch im schulischen Bereich zu einer »Produktiv-Kraft« werden, indem die Motivationssysteme des pädagogischen Personals auf diese Weise aktiviert werden. »Dieses Projekt ist Ihnen aber gut gelungen!« oder: »Wie Sie mit dieser schwierigen Klasse zurechtkommen, das imponiert mir!« – Solche Sätze – natürlich nur, wenn sie ernst gemeint sind – öffnen das Herz und setzen eben auch körperlich die Prozesse des Motivationssystems in Gang: Wir fühlen uns beflügelt und gehen beschwingt in diese schwierige Klasse, wir verbreiten gute Laune, und schon gibt es Resonanz, und der Unterricht geht leicht von der Hand.

Info

Der Medizinprofessor und Psychotherapeut Prof. Joachim Bauer stellt, ausgehend von den aktuellsten neurowissenschaftlichen Befunden über die Motivationssysteme, die These auf, dass »wir aus neurobiologischer Sicht auf soziale Resonanz und Kooperation angelegte Wesen sind« (Bauer 2006, S. 35).

> »Nichts aktiviert die Motivationssysteme so sehr, wie der Wunsch von anderen gesehen zu werden, die Aussicht auf soziale Anerkennung. [...] Die Einsicht, dass Akzeptanz und Anerkennung, die wir bei anderen finden, der tiefste Grund aller Motivation ist, ergab sich erst in den letzten fünf Jahren bis zehn Jahren ....Erst durch die Motivationsforschung gelang der Nachweis, dass dieser Prozess von einer neurobiologischen Reaktion begleitet wird.« (Bauer 2006, S. 36)

Wohin führt uns die Erkenntnis, dass die Motivationssysteme des menschlichen Gehirns durch Beachtung und Zuwendung, durch die Sympathie anderer Menschen aktiviert werden und dass soziale Ausgrenzung sie inaktiviert? Es gibt keine Motivation ohne zwischenmenschliche Beziehung. Menschen sind laut Bauer auf soziale Akzeptanz hin orientierte Wesen. Bauer zeigt, wie wichtig das Wissen über die neurobiologischen Effekte sozialer Ausgrenzung und Demütigung für den pädagogischen Alltag ist.

Neuere Untersuchungen zeigen, so Bauer, dass Ausgrenzung aus der »Sicht« des Gehirns ähnlich eingeordnet wird wie absichtsvoll zugefügter körperlicher Schmerz. Die Reaktion auf beide Arten von Schmerz sei oft Aggression. »Soziale Isolation wird vom Körper also nicht nur physisch, sondern auch neurobiologisch als Schmerz erlebt und mit einer messbaren biologischen Stressreaktion beantwortet« (Bauer 2006, S.79). »Nichtbeachtung ist ein Beziehungs- und Motivationskiller und Ausgangspunkt für aggressive Impulse« (Bauer 2006, S.191).

Impliziert dieser Satz – bezogen auf den pädagogischen Kontext – , dass ungehöriges Schülerverhalten Schuld des Lehrers ist, weil er dem Einzelnen zu wenig Beachtung schenkt? Und woher speisen sich die Motivationssysteme des Lehrers, der schließlich auch Wertschätzung erfahren will? Genau hier wird deutlich, weshalb der Lehrerberuf so belastend ist. Mag es auch viele Einwände geben gegen das Einbeziehen biologischer Fakten in – in diesem Falle – pädagogische Zusammenhänge, so kommen wir doch nicht umhin, unsere biologische Grundausstattung zur Kenntnis zu nehmen. Wenn wir in der Lage sind, den Schüler/innen zu vermitteln, dass wir sie als Individuen sehen und sie wahrnehmen, wenn wir Augenkontakt aufnehmen, ein Lächeln schicken und durchaus auch streng Kritik üben, ohne den Einzelnen zu demütigen, dann hat dies eine Wirkung, die auch körperlich ist. Mit Methoden der Hirnforschung kann diese Wirkung gemessen werden.

Wenn die Schüler sich angenommen fühlen, entsteht eine heilsame Atmosphäre, wenn Feindseligkeit herrscht, dann hat dies weitreichende seelische Auswirkungen. Für solch eine Erkenntnis brauchen wir die Hirnforschung nicht, wohl aber dafür, das körperlich krank machende Ausmaß zu verstehen, das eine feindselige Beziehung haben kann. Wie eng Körper und Geist/Seele verflochten sind, zeigt sich hier eindrücklich.

Welches Klima in einer Klasse herrscht, das ist keine unerhebliche Kleinigkeit. Wenn wir uns immer wieder in Konflikte mit Schüler/innen verstricken, ohne sie konstruktiv zu lösen, wenn wir gegenseitige Abwertungen durchgehen lassen oder stets sanktionieren, ohne genauer hinzusehen und ohne in echte Beziehung mit dem Schüler zu treten, dann kann solch ein negatives Betriebsklima uns krank machen.

Bauer beschreibt fünf für das Beziehungsgeschehen relevante Aspekte:

- »Sehen und Gesehen-Werden«
- »gemeinsame Aufmerksamkeit«
  »Sich dem zuwenden, wofür sich eine andere Person interessiert, ist die einfachste Form der Anteilnahme und hat ein erhebliches Potential, Verbindung herzustellen.« (Bauer 2006, S.191)

- »emotionale Resonanz«
  »Die Fähigkeit, zu einem gewissen Grad auf die Stimmung eines anderen einzuschwingen oder andere mit der eigenen Stimmung anzustecken. [...] Wenn diese Fähigkeit nicht von Natur aus geschenkt ist, kann innere Achtsamkeit verhindern, dass durch Nichtbeachtung dieses Elementes in Beziehungen Schaden entsteht.« (Bauer 2006. S. 192)
- »gemeinsames Handeln«
- »Verstehen von Motiven und Absichten«
  Dieses Element bezeichnet Bauer als die »Königsklasse« der Beziehungskunst. Er geht hier auf unsere Neigung zur Bildung von Schemata und habitualisierten Mustern ein. Aus der Sicht des Hirnforschers formuliert er dies so:

»Zu den verständlichen, aber nachteiligen Sparmaßnahmen unseres Gehirns gehört, dass es sich das immer wieder neue Verstehen spart und stattdessen anderen Menschen Motive und Absichten nach einem Schema unterstellt, das auf früheren typischen Erfahrungen beruht.« (Bauer 2006, S. 193)

Bauer bezieht sich hier darauf, wie wichtig die Fähigkeit ist, die eigenen festgefügten Muster wahrzunehmen, die – wenn wir uns ihrer nicht bewusst sind – Beziehungen beeinträchtigen können. In seinen jüngsten Veröffentlichungen erklärt er in diesem Zusammenhang die Bedeutung des Systems der Spiegelnervenzellen, deren Existenz erst Mitte der 1990er-Jahre entdeckt wurde. Spiegelnervenzellen sind neurobiologische Resonanzsysteme. Ein Spiegelzellen-Netzwerk könnte man mit der Saite einer Gitarre vergleichen. Sie gerät in Schwingung, wenn eine andere Saite, die auf den gleichen Ton gestimmt ist, gezupft wird. Spiegelneuronen sind Zellen, die z. B. bei Freude, Trauer, Schmerz in Aktion treten, aber auch »schwingen«, wenn es um das jeweilige Gefühl bei einem anderen Menschen geht. Da die Spiegelneuronen keiner bewussten Kontrolle unterliegen, nehmen wir ihre Aktivität nicht direkt wahr. Wenn Sie »tätig werden« und in Resonanz gehen, informieren sie uns aber mit einem in uns ausgelösten Gefühl (man könnte hier von Intuition sprechen) über das, was sich im anderen Menschen abspielt. Spiegelzellen sind verantwortlich dafür, dass uns die Stimmung eines anderen »anstecken« oder »mitreißen« oder »herunterziehen« kann. Oder denken wir daran, wie uns das Gähnen eines anderen oft dazu bringt, selbst herzhaft zu gähnen.

Was Albert Bandura (1994), der amerikanische Psychologe, mit seinem »Lernen am Modell« ausgeführt hat, findet hier eine neurobiologische Entsprechung: Wenn wir sehen, wie ein anderer Mensch eine Bewegung vormacht, führt dies zu einer Aktivierung von Nervenzellen, die wir benutzen müssten, wenn wir diese Handlung selbst ausführen würden. Bekommen wir den Auftrag, diese Bewegung im Anschluss an die Vorführung selbst auszuführen, kommt es während des Beobachtens zu einer verstärkten Spiegelreaktion. Kinder lernen viel, indem sie sich abschauen, was sie sehen, das gilt für Positives wie für Negatives. Die Art, wie Eltern miteinander umgehen, gehört dazu. Liebevoller Umgang miteinander oder abwertende Gesten – alles hat einen Einfluss. Auch was die Kinder in den Medien sehen, unterliegt diesen Prozessen und hat solchen Imitationsanreiz. Kennen wir nicht selbst den Effekt, dass wir aus dem Kino kommen und uns eine Weile so verhalten oder uns bewegen wie »Pretty Woman« oder wie John Wayne oder Jude Law oder wer auch immer uns beeindruckt hat.

Für den pädagogischen Alltag haben die Ergebnisse aus der Spiegelneuronenforschung insofern Konsequenzen, weil nun – was ja jeder gute Pädagoge berücksichtigt – noch deutlicher die Bedeutung des Lehrers als Vorbild klar wird.

Wir brauchen keine entindividualisierten Lernberater, sondern Persönlichkeiten, die auftreten, für sich eintreten, Position beziehen und für ihre Position eintreten. Die Ausstrahlung eines selbstsicheren (nicht selbstverliebten!) Pädagogen, der über Fachwissen verfügt, von seinem Fach begeistert ist und Zuneigung zu den Schüler/innen verspürt, hat im wahrsten Sinne leichtes Spiel. Dabei ist, was er sagt, wesentlich, aber was und wie er etwas tut, eben auch.

Sein Verhalten affiziert die Schüler, die intuitiv spüren, wenn jemand nicht authentisch ist. Wer als Lehrer stets selbst zu spät kommt und Pünktlichkeit bei den Schüler/innen einfordert, wer stets seine Stifte vergisst oder schlecht vorbereitet ist, wird bald von den Schülern nicht mehr richtig ernst genommen. Die Schüler spiegeln im wahrsten Sinne des Wortes das Lehrerverhalten. Klassenlehrer wissen, wie der eigene Stil die Klasse prägen kann, wie viel Einfluss man hat, wenn man ihn denn nutzt. Klassen können »verwahrlosen«, sie können »aus dem Ruder laufen«. Das steht fest. Und genau das macht ja den Beruf so anstrengend. Als Lehrer kann man sich nicht »gehen lassen«, weil umgehend eine Reaktion erfolgt.

Deshalb ist es so wichtig, dass wir uns als Lehrer bei guter Laune halten, denn Jammern, Hadern, Schimpfen und schlechte Laune erzeugen bei den Schüler/innen, aber auch bei den Kolleg/innen eine entsprechende Resonanz, aber ein heiteres Lächeln, ein Scherz, Lachen eben auch. Letzteres ist für uns und unsere Schüler/innen wesentlich angenehmer und gesünder, denn inzwischen ist ja klar, dass wir uns mit Jammern unter Stress setzen, weil Mr. Lizard aus seiner Deckung hervorschnellt, weil er Gefahr wittert.

Das heißt nicht, dass wir, wenn wir bohrende Kopfschmerzen haben, uns ein Stewardessen-Lächeln abzwingen müssen. Schüler/innen können so mitfühlend sein! Sie nehmen Rücksicht, wenn man sie bittet. Nicht der Lehrer als Clown ist gefragt, sondern der Lehrer, der Verantwortung für sein Befinden übernimmt und diese Verantwortung für das eigene Verhalten auch bei den Schüler/innen einfordert.

6. Forschen in eigener Sache!

Gerade weil unser Denken, Fühlen und Erleben hier und heute das Ergebnis unzähliger Erfahrungen und Entscheidungen in der Vergangenheit ist, kann der Blick auf die eigene Geschichte zum Verständnis der Gegenwart beitragen. Beamen Sie sich mit Ihrer Vorstellungskraft in Ihre Schulzeit zurück: Bleiben Sie bei Ihrem ersten spontanen Eindruck! Wie alt sind Sie, was haben Sie an? Wenn Sie sich an eine Szene aus dem Unterricht erinnern, dann schauen Sie sich im Klassenzimmer um. In welcher Reihe sitzen Sie? Wer sitzt neben Ihnen? Welches Fach wird gerade unterrichtet? Wie fühlen Sie sich? Und dann schauen Sie sich den Lehrer an! Können Sie sich an sein Aussehen erinnern, an seine Art? Mögen Sie ihn oder nicht? Verlieren Sie sich in diesen Bildern aus Ihrer Schulzeit! Erinnern Sie sich, wie Sie sich gefühlt haben? Was gefiel Ihnen, was hat Sie geängstigt? Wie war das Verhältnis zu Ihren Mitschülerinnen und Mitschülern? Es ist uns oft nicht bewusst, wie unsere eigene Schulzeit uns in unserem Verhalten als Lehrer beeinflusst. Neulich erzählte mir die Mutter einer Schülerin, wie schon die Schulkorridore und der Geruch ihr ein »komisches« Gefühl vermittelten. Sie hatte unter der Schule gelitten. Denken wir an Damasios Ausdruck des »somatischen Markers«. Eine Sinneswahrnehmung in der Gegenwart, ein Geruch, ein visueller Eindruck kann ein ganzes Bündel von – oft unbewussten – Erinnerungen evozieren. Was wir wahrnehmen, ist das unangenehme und mulmige Gefühl. Bei einer anderen Schülermutter evoziert vielleicht das fröhliche Geschrei aus einem Klassenraum ein beschwingtes Gefühl, unterfüttert mit der Erinnerung an die geliebte Clique in der Schule. Lassen Sie sich noch ein wenig weiter auf die Spurensuche ein:

6.1 Spurensuche

Erinnern Sie sich doch mal an Ihre Schulzeit und nennen Sie ganz spontan einen Lehrer, der Sie beeindruckt hat, oder eine Lehrerin. Erinnern Sie sich daran, was genau Sie so für diese Lehrperson eingenommen hat? Welches Verhalten, welche Eigenarten haben Sie an ihm oder ihr geschätzt?

Als ich vor Kurzem nach so einem Lieblingslehrer gefragt wurde, musste ich nicht lange nachdenken:

Duffi, meist schlecht rasiert, mit brauner Cord-Jacke, schlaksig, ein wenig vornüber gebeugt. Nicht der Lehrer zum Anhimmeln, nicht der Mädchenschwarm, kein Selbstdarsteller oder Entertainer. Einfach ein Mensch, der gerne unterrichtete.

Ich sehe ihn vor mir: Gut gelaunt, strahlend, mit Begeisterung lehrend, fordernd, streng, nicht anbiedernd, mit klaren Vorgaben und Regeln. Er hat ermuntert, zur eigenen Meinung ermutigt, Streitgespräche angeheizt, Standpunkte eingefordert, zum Schreiben verführt. Duffi hat mir die Welt der Literatur auf eine Weise eröffnet, die mir zeigte, dass der Weg der Weltaneignung über verdichtete, emotional geladene Sprache auch ein Weg zur Entfaltung der Persönlichkeit ist.

Dieser Lehrer hat es geschafft, was alle guten Lehrer schaffen, den »Unterrichtsstoff« aus einer abstrakten, durch den Lehrplan bestimmten und durch Klassenarbeiten abzuprüfenden, blutleeren »Unterrichtseinheit« in etwas zu verwandeln, das mit mir zu tun hatte, und vor allem auch in etwas, das mit ihm, dem Lehrer zu tun hatte. Iphigenie war keine blasse Ikone einer unverständlichen, verstaubten Griechen-Idylle, sondern wir fühlten mit, wenn sie ihre Zerrissenheit zwischen der Verpflichtung Thoas gegenüber und der Sehnsucht nach ihrer Heimat zeigte. Sie war anwesend in diesem Schulzimmer.

Oder wir zerstritten uns heillos über der Frage, ob Madam Bovary nun ein verwerfliches Biest war, das ihren Ehemann betrog und schamlos ausnahm, oder ob sie Opfer der Verhältnisse war, die den Frauen die Möglichkeit der Selbstverwirklichung verwehrten. Und Flaubert? War er nun für oder gegen seine Protagonistin? Und Duffi gab uns Adorno zu lesen, den wir kaum verstanden, aber dessen Schreibstil wir manieriert in unseren Arbeiten zu kopieren suchten. Duffi unterstrich bei der Korrektur gnadenlos diese ambitionierten und inhaltlich oft verquasten Imitationen. Er nannte solchen Formulierungswulst »Schaumgebäck« und erbat sich »ehrliches Schwarzbrot«.

Das mag nun allzu romantisierend oder verklärend klingen, und das ist es vielleicht auch, denn das Gedächtnis arbeitet ja hochselektiv. Sicherlich gab es auch langweilige und öde Deutschstunden bei Duffi. Die habe ich wahrscheinlich einfach vergessen.

Fest steht, wir schätzten an diesem Lehrer, dass er die Literatur liebte, dass er viel wusste und dass er Wege fand, uns zu begeistern, und dass er unseren Unmut oder auch manchmal unsere heftige Kritik ernst nahm. Wir wussten, wo wir mit ihm »dran« waren, auch weil er es sagte, wenn es ihm mal nicht so gut ging, und auch, weil er Leistung einforderte, lahme Ausreden nicht gelten ließ, »streng, aber gerecht« war.

Übung

- Gab es für Sie auch eine Version von »Duffi«? Hat ein Lehrer oder eine Lehrerin Sie zu Ihrer Berufswahl inspiriert? Stellen Sie sich diesen Menschen genau vor! Schließen Sie die Augen. Können Sie sich an die äußere Erscheinung erinnern, an das Verhalten, an seine gesamte Persönlichkeit? Was genau hat Sie beeindruckt? Wie fühlten Sie sich von diesem Lehrer behandelt? Wie hat er zu den Schüler/innen Beziehung aufgenommen? Wie hat er unterrichtet?
- Und Sie? Was für eine Schülerin, was für ein Schüler waren Sie? Eher aufgeschlossen, vielleicht vorlaut oder zurückgezogen und still? Wählen Sie eine Schülerin, einen Schüler aus Ihrer derzeitigen Schülerschaft aus, der so ähnlich ist, wie Sie es waren.

Erinnern Sie sich noch an die Mitschüler, die Sie gar nicht mochten? Und wieder der Vergleich zu Ihrer Schülerschaft heute: Suchen Sie nach Schüler/innen, die denen ähneln, mit denen Sie damals Probleme hatten! Allein schon so eine Art von Spurensuche kann Hinweise auf alte Muster geben.

- Aus welchen Gründen haben Sie diesen Beruf gewählt? Wann ist die Entscheidung gefallen? Stand das Studium des Faches im Vordergrund oder das Interesse für Pädagogik und Didaktik?
  Oder hätten Sie lieber einen anderen Beruf ergriffen? Welchen?
- Wie war Ihre Referendarzeit? Traumatisch oder locker-flockig oder ereignislos oder, oder ...
  Wie sind Sie mit der Doppel-Rolle zurechtgekommen, Lehrer zu sein und zugleich wie ein Schüler beurteilt zu werden? Sind Ihnen in der Referendarzeit Zweifel gekommen, ob dieser Beruf wirklich für Sie geeignet ist?
- Und eine Frage, die Sie sich im Stillen vielleicht schon selbst gestellt haben: Sagen Sie aus vollem Herzen, dass Sie trotz aller Belastungen des Berufes gerne Lehrerin oder Lehrer sind oder bereuen Sie Ihre Wahl? Wenn Sie an das Prinzip RAIN denken, dann haben Sie jetzt vielleicht gegen die Regel A verstoßen, »ACCEPT«. Die Wahl des Berufes bereuen, hieße, ständig den »Diskrepanz-Monitor« angeschaltet zu lassen und täglich ein Gefühl der Unzufriedenheit zu nähren. Wie wäre es, einfach zu akzeptieren, dass Sie eben derzeit diesen Beruf haben, dass Sie ihn einmal aus guten Gründen gewählt haben. Dann wäre der nächste Schritt dran: I – wie INVESTIGATE – Erforschen, ob Ihre Aussage denn wirklich stimmt. Bereuen Sie die Berufswahl wirklich völlig oder gibt es da nicht doch auch Facetten, die Sie mögen?

Bei vielen dieser Beobachtungsaufgaben, die ich Ihnen zu »Forschungszwecken« anbiete, können Sie erfahren, wie Ihre persönlichen Bewertungen und Interpretationen blitzschnell auftauchen, aber genauerer Überprüfung nicht standhalten.

»Kann man es vielleicht auch anders sehen?« »Ist das ›wirklich‹ so?« Wenn uns klar ist, dass unser Konzept von Wirklichkeit zu einem großen Teil von uns konstruiert ist, wenn diese Erkenntnis zur Erfahrung wird, dann öffnet sich die Tür zur Veränderung.

Wie fühlen Sie sich eigentlich in Ihrer Lehrerrolle? Ist diese eher wie ein Jackett, das sie am liebsten auszögen, weil es beengt? Sind Sie eher der Kumpeltyp, der schon mal gemeinsam mit den Schüler/innen über die unsinnigen Anforderungen von »oben« lästert oder über die »allzu korrekten« Kolleg/innen herzieht?

Oder verstecken Sie sich auch gern hinter Ihrer Lehrerrolle? Fühlen Sie sich dadurch sicherer? Verweisen gerne auf Vorschriften und darauf, dass bestimmte Dinge eben so und nicht anders zu sein hätten? Auch hier geht es zunächst einfach darum, vielleicht Autopilot-Muster zu entdecken, um dann im zweiten Schritt eher eine Wahl zu haben, z.B. einmal damit zu experimentieren, ob das eigene Rollenverständnis (noch) für einen passt.

6.2 Licht auf die dunklen Seiten!

Nun lade ich Sie ein, selbst Feldforschung in Ihrem Schulalltag zu betreiben! Da die subjektive Bewertung so wesentlich bestimmt, ob uns etwas in Stress versetzt oder nicht, kann ein Blick auf die persönliche Sortiermaschine nützen: Das Schwarz-Weiß-Schema ist hier ausdrücklich erlaubt. Überzeichnung kann Klarheit bringen.

Wir machen uns ja selten die Mühe, einmal unsere Vorlieben und Abneigungen ganz ungeniert zum Ausdruck zu bringen, ja, vielleicht nehmen wir sie gar nicht wahr. Wenn uns Kollege XY spontan unsympathisch ist, dann teilt sich das oft mit, ohne dass wir uns dessen richtig bewusst sind. Vielleicht gestikuliert er wie der geschiedene Ehemann. Der »somatische Marker« meldet sich, und schon ist die Beziehung eingefärbt von den Erinnerungen an den Ex, und der »arme« Herr XY bekommt dieselbe Färbung – und leider bekommt er von Ihnen dann vielleicht auch die spitzen Bemerkungen, die eigentlich auf ihren Ex gemünzt sind.

»Augen auf und durch!« Nach dieser Devise lohnt es sich, die Abneigungen und Vorlieben ins Visier zu nehmen, wobei der Blick auf die Abneigungen uns mit Mr. Lizard in Kontakt bringt. Hier wittert er Gefahr! Hier kommt er in Aktion.

Wenn Sie die folgenden Fragen und Denkanstöße lesen, erlauben Sie sich bitte den Luxus absoluter Ehrlichkeit. Gestatten Sie sich auch, die Gefühle und Gedanken zu Wort kommen zu lassen, die Sie normalerweise in Schach halten, weil Sie ja ein moralisch integrer Mensch sind, immer freundlich, immer gelassen, nie feindselig oder ablehnend. Auf die Plätze, fertig, los!

Übung

Vervollständigen Sie die folgenden Sätze ganz spontan, ohne viel zu überlegen:

● **Unterricht**

An meinem Unterrichtsstil gefällt mir nicht:

....

....

Diese Verhaltensweise, die ich manchmal im Unterricht an den Tag lege, mag ich überhaupt nicht an mir:

....

....

Diesen Stoff unterrichte ich sehr ungern:

....

....

Diese Unterrichtsmethode(n) finde ich schrecklich:

....

....

Am wenigsten gerne unterrichte ich in dieser Klassenstufe:

....

....

Dieses Verhalten von Schülerinnen oder Schülern stört mich am meisten:

....

....

Diese Schülerin/dieser Schüler bringt mich zu »Weißglut«:

....

....

Nach diesen Unterrichtsstunden fühle ich mich besonders ausgelaugt:

....

....

● **Tätigkeiten außerhalb des Unterrichts**

Diese Verwaltungstätigkeiten »hasse« ich:

....

....

Folgende andere Tätigkeiten, die ich als Lehrer tun muss, mag ich gar nicht:

....

....

Diese Tätigkeiten laugen mich besonders aus:

....

....

Was ich an den Pausen nicht mag:

....

....

Diese Dinge, die ich für meinen Beruf zu Hause tun muss, bereiten mir am meisten Probleme:

....

....

Das schiebe ich oft vor mir her:

....

....

● **Kollegium und Schulleitung**

Diesen Kolleginnen und Kollegen gehe ich eher aus dem Weg:

....

....

Was mir an unserem »Betriebsklima« nicht gefällt, ist:

....

....

Welche Verhaltensweisen von Kolleginnen oder Kollegen stören mich:

....

....

Was mich an der Schulleitung stört:

....

....

Diese Fragen zielen allesamt auf negative Bewertungen. Vielleicht sind Sie überrascht, dass Sie gar nicht so viele Fragen beantworten können, weil Sie doch eigentlich mit vielem zufrieden sind. Vielleicht finden Sie ja z. B., was zu hoffen ist, den Führungsstil Ihres Schulleiters besonders gut, und Sie haben nichts Negatives zu vermelden. Welcher Bereich im Schulalltag ist denn für Sie das sprichwörtliche Minenfeld? Wo können Sie spontan die meisten äußeren Stressoren ausmachen, aber auch die inneren Stressoren, z. B. die negativen Grundüberzeugungen?

Übung

Kurz und ehrlich:
Was hassen Sie in Ihrem täglichen Schulalltag am meisten? (Ja, o.k., Sie »hassen« nicht! Dann befleißige ich mich einer gemäßigteren Sprache.) Was geht Ihnen zur Zeit am meisten »auf die Nerven«, was ist Ihnen unangenehm, was hätten Sie gerne anders? Was belastet Sie im »Außenraum« am meisten? Treffen Sie spontan eine Wahl! Machen Sie den stärksten »äußeren Stressor« dingfest:

....

....

Hätten Sie mehr Platz zum Schreiben gebraucht? Ist Ihnen gleich etwas eingefallen? Konnten Sie sich nicht entscheiden? Weil Sie merken, dass alles doch ganz gut läuft oder weil Ihnen so viel einfällt, dass Sie gar nicht wissen, was der problematischste Bereich ist? Ordnen Sie die anderen Stressoren nach der Reihenfolge ihrer Wichtigkeit:

Vielleicht geht es um Konflikte mit Schüler/innen, Kolleg/innen, Eltern, um die hohe Anzahl der Korrekturen, um einen ungünstigen Stundenplan, um Verwaltungsangelegenheiten, um Beförderungsmodalitäten? Es geht in jedem Fall um ein ganz bestimmtes Problem, um etwas, das Sie in Stress versetzt, um etwas, das Ihre Reaktion erfordert, um etwas, das Sie bewältigen zu müssen meinen. Und zack! Sie *meinen*, es bewältigen zu müssen. Das fällt Ihnen als »Forscher in eigener Sache« auf. Sie haben »äußere Stressoren« identifiziert. Es ist Ihr Etikett, das Sie mit Ihrem *Meinen* aufkleben. Könnten Sie sich jemanden vorstellen, der auf das Problem ganz anders reagiert, vielleicht die Schultern zuckt und mit einem »Das ist eben so!« sich anderen Dingen zuwendet?

6.3 Die Dämonen antanzen lassen!

Stellen wir sie uns einmal als »Dämonen« vor – diese Gefühle und Gedanken, die uns in Angst versetzen, die uns unsere vermeintliche Minderwertigkeit vor Augen führen, die das Gedankenkarussell rasant anschieben, die uns zu Höchstleistungen antreiben und die über die Macht verfügen, unsere Weltsicht nach ihrem Gusto zu filtern. Diese Dämonen sind allerdings ein recht lichtscheues Gesindel.

Die Haltung der Achtsamkeit holt sie ins Scheinwerferlicht der Aufmerksamkeit: Wir können sie antanzen und dann vortanzen lassen. Dann treiben sie nicht mehr hinter unserem Rücken mit uns Schabernack, sondern dienen uns sogar – aber das bedarf einiger Regiearbeit.

Da gibt es Dämonen, die darauf spezialisiert sind, vermeintliche Wahrheiten über uns ständig zu wiederholen: Grundüberzeugungen, die wir unhinterfragt für wahr halten. Wie mit Musak, der dezenten Kaufhausmusik, werden wir damit berieselt, ohne es zu merken, aber mit weitreichenden Folgen: Diese Grundüberzeugungen verallgemeinern, sie werten uns ab, sie regieren in die Zukunft hinein, weil sie uns unterschwellig beeinflussen. Der Tenor solcher »Gehirnwäsche« lautet: »So bin ich eben!«

- Ich kann meine Zeit einfach nicht richtig einteilen.
- Ich bin vergesslich.
- Ich bin nicht beliebt bei Schüler/innen.
- Ich kann eben nicht mit Schulleiter/innen.
- Ich mache keinen so guten Unterricht wie die anderen.
- Ich bereite mich nicht genau genug vor.
- Ich kann einfach nicht mit Unterstufenschüler/innen auskommen.
- Ich brauche für alles länger als andere.
- Ich bin so chaotisch.
- Ich bin nicht kreativ.
- Ich finde keinen Draht zu den Schüler/innen.
- Ich werde immer übersehen.
- Ich muss mich mehr anstrengen als andere.
- Ich bekomme immer den schlechtesten Stundenplan.

Übung

Das ist nur eine kleine Auswahl an Grundüberzeugungen, die sich einschleichen und die wir oft gar nicht wahrnehmen. Horchen Sie in sich hinein und formulieren Sie doch einmal eine Grundüberzeugung, die Sie bei sich bemerken.

....

....

....

Stellen Sie nun eine Verbindung her zu dem Problem, das Sie im vorigen Kapitel als äußeren Stressor benannt haben. Ich spiele am folgenden Beispiel einmal durch, wie die inneren Stressoren die äußeren noch verschärfen können. Gerade weil es ein sehr großes Problem ist, möchte ich verschiedene Arten, damit umzugehen, einmal durchdeklinieren. Sie werden feststellen, wie aus einer eher kleinen Widrigkeit durch die Art, wie damit umgegangen wird, ein großes Problem werden kann.

Beispiel

Es geht um den Stundenplan, ihn hat Frau Ernst für sich als den schlimmsten äußeren Stressor ausgemacht:
Frau Ernst kommt nach den Schulferien mit einem mulmigen Gefühl in die Schule. Im letzten Jahr hatte sie einen ganz schlechten Stundenplan, viele Springstunden, oft Nachmittagsunterricht, und sie musste immer zur ersten Stunde da sein.
Sie hofft also inständig auf einen besseren Stundenplan in diesem Jahr. Und was geschieht? Als sie den Plan aus ihrem Fach nimmt, gleicht er so gar nicht dem Traumstundenplan, den sie sich erhofft hat.
Sie ist wütend und gleichzeitig den Tränen nahe. Objektiv gesehen, hat Frau Ernst einen Stundenplan wie viele ihrer Kollegen. Durch die Verkürzung der Schulzeit und die Erhöhung der Stundenzahl gibt es vermehrt Nachmittagsunterricht. Dies sind Vorgaben, die bildungspolitisch gesetzt sind. Frau Ernsts Stundenplan spiegelt diese Rahmenbedingungen wider. Objektiv haben sich die Arbeitszeiten aller Lehrerinnen und Lehrer verschlechtert.

Es gibt also durchaus objektiv ein Problem! Wie man mit diesem äußeren Stressor umgeht, ist nun die Frage. Politisches Engagement und Einsatz für die Veränderung der Bedingungen sind Reaktionsmöglichkeiten, die nicht von heute auf morgen Abhilfe schaffen. Welche Reaktionsmöglichkeiten bieten sich für Frau Ernst? Natürlich greift sie zu ihren vertrauten Bewältigungsstrategien. Sie wählt eine der gut ausgebauten »neuronalen Autobahnen«. Hier kann sie schnell »auf 180« kommen.
Schauen wir uns mal an, wie das geht:

- *Erwartungshaltung*
Da der Stundenplan des vorigen Schuljahres so schlecht war, erwartet Frau Ernst einen besseren, einen viel besseren, sozusagen einen Traumstundenplan. Spät aufstehen, früh nach Hause gehen, keine Springstunden. Himmlisch! Die hoch gespannte Erwartung zerplatzt angesichts der realen Bedingungen. Leider ist Frau Ernst so zornig, dass sie sich nicht die Mühe macht, genau hinzusehen. Dann hätte sie gemerkt, dass sie zweimal zur dritten Stunde Beginn hat, dass sie nachmittags ihren Lieblingsleistungskurs hat und nicht wie im letzten Jahr eine pubertierende achte Klasse und dass sie freitags nach der dritten Stunde Schluss hat. Frau Ernst sieht nur, dass dies nicht der Traumstundenplan ist. Sie sieht Springstunden und Nachmittagsunterricht: Ihre Erwartungshaltung bewirkt eine Stressreaktion. Doch damit nicht genug. Das Karussell dreht sich weiter. Das Stressgeschehen geht in die nächste Runde:

- *Negative Grundüberzeugungen aktivieren*
Die Dämonen fangen an, die persönliche Hit-Liste der Grundüberzeugungen abzuspielen. Bei Frau Ernst lauten sie: »Ich werde immer benachteiligt! Ich habe immer Pech! Ich bekomme nie, was mir zusteht!« Fällt Ihnen etwas auf? »Ich, ich, ich!« Von hier ist es nur ein kurzer Schritt zur nächsten Drehung der Stressspirale.

- *Persönlich nehmen*
Frau Ernst kann nicht besonders gut mit der Stundenplanmacherin, hat sich letztes Jahr mit ihr angelegt. Dieser Plan soll sie persönlich treffen, das malt sie sich genau aus. Frau Ernst überlegt sich schon, wie sie der Dame diesen Affront ebenso persönlich heimzahlen könnte. Und wieder dreht sich die Stressspirale.

- *Katastrophisieren*
»Dieser Plan führt dazu, dass ich nicht durchhalten kann!« »Ich werde bestimmt krank. Ich werde nie mehr einen besseren Plan bekommen!« »Das Schuljahr wird eine Katastrophe!«
Frau Ernst malt sich lebhaft aus, wie dieser Stundenplan ihr Leben »zu einer einzigen Katastrophe« machen wird. Sie ist so in Fahrt, dass sie unbedingt jemandem ihr Leid klagen muss.
Eine mitleidige Seele im Lehrerzimmer ist schnell gefunden, und das Stressgeschehen wird weiter angeheizt – durch

- *Jammern*
Lamentieren, den Ärger lautstark in Worte fassen, das scheint ja zunächst zu erleichtern. Aus Studien wissen wir, dass dem nicht so ist. Jammern führt dazu, dass die altbekannten Tiraden die neuronalen Netzwerke aktivieren, die aus anderen Ärgersituationen stammen. Kennedy-Moore beschreibt in dem Kapitel »The myth of emotional venting« des Buches »Expressing Emotion« (1999) eine Studie, in der Probanten gehalten waren, ihrem Zorn über ein frustrierendes Ereignis heftig Ausdruck zu verleihen, während die Kontrollgruppe das Erlebnis einfach sachlich wiedergeben sollte. Die Gruppen wurden einige Zeit später gebeten, sich wieder an dieses Ereignis zu erinnern. Die »zornige« Gruppe zeigt während der Erinnerung

ausgeprägtere körperliche Stressanzeichen, Blutdruck und Puls stiegen signifikant an. »Jammern« versetzt unseren Körper in Alarmbereitschaft und schafft nicht wirklich Erleichterung.

Jammern kann so zur »lieben Gewohnheit« werden, die aber nur vermeintlich hilfreich ist, denn das Jammern hält »den Diskrepanz-Monitor« eingeschaltet: Der Vergleich zwischen einem schlechten »Ist-Zustand« und einem vorgestellten »Soll-Zustand« bewirkt diesen chronischen Dauerstress. Unser Körper befindet sich in einem ständigen Alarmzustand – in dieser Hab-Acht-Stellung, die uns unter Spannung setzt.

Die neuronale Ärgerautobahn von Frau Ernst wird immer breiter. Und außerdem tut sie dem Adressaten der Jammerlitanei keinen Gefallen, denn er stimmt vielleicht in das Klagelied ein – etwas zu jammern hat ja jeder –, und er merkt, als er sich von Frau Ernst verabschiedet, dass es ihm jetzt richtig schlecht geht und seine Laune vorher weit besser war.

- *Opfer sein*
Statt den Stundenplan als Teil einer schulorganisatorischen Verwaltungsarbeit zu sehen, wird er als persönlicher Angriff gewertet, vielleicht sogar als Teil einer perfiden Strategie, als deren Opfer sich Frau Ernst sieht. Als Opfer fühlt sie sich als Spielball von Kräften, auf die sie keinen Einfluss hat, was das Stressgeschehen noch weiter anheizt.

Worauf Frau Ernst Einfluss haben könnte, wären ihre Bewertungen und Zuschreibungen, die sie aber zunächst erst einmal bewusst wahrnehmen müsste. Verändern wir das Szenarium:

Die Rahmenbedingungen bleiben, aber wir haben es mit einer Frau Ernst zu tun, die sich seit einiger Zeit in der Haltung der Achtsamkeit schult. Sie hat gelernt, ihr inneres Selbstgespräch bewusst wahrzunehmen und hat ein ziemlich gutes Gespür dafür entwickelt, was ihre ganz persönlichen Autopilot-Muster sind und mit welchen inneren Glaubenssätzen und Anforderungen sie sich selbst unter Druck setzt.

Sie hat auch gelernt, auf ihre Körpersignale zu achten. Deshalb fällt ihr sofort auf, wie angespannt sie ist, als sie nach den Ferien in dem hektischen Gewusel des Lehrerzimmers auf ihr Postfach zusteuert. Nach dem schrecklichen Stundenplan von letztem Jahr hat sie nun wirklich einen Traumplan verdient, vielleicht sogar mit einem freien Tag? Sie spürt ein flaues Gefühl in der Magengegend. Sie nimmt wahr, dass hinter diesem Gedanken, »sie« habe nun wirklich einen guten Plan »verdient«, ein vertrautes »Schema« auftaucht, das Schema der Anspruchshaltung, das kurz aufflackert und dann – als sie den Plan in Händen hält – sofort von einem höllischen Dämonentanz abgelöst wird: Katastrophisieren, Persönlichnehmen, Dramatisieren, Jammern. Doch: Frau Ernst nimmt dies alles wahr. Sie erkennt ihre Dämonen. Sie wird nicht zum Opfer dieser Kakophonie der inneren Stimmen, sondern nimmt Zuflucht bei ihrem Vertrauten, dem Atem, und hält für ein paar Atemzüge inne: Sie erinnert sich an RAIN und lässt sich spielerisch darauf ein:

– R – Recognize – Wahrnehmen: auf die Signale des Körpers hören, sich der Gedanken und Gefühle bewusst werden.

- A – Accept – Akzeptieren, dass der Plan eben so schlecht ist. Dieser Schritt fällt schwer, aber er ist die Voraussetzung für den nächsten:
- I – Investigate – Genau hinsehen, genau hinfühlen und forschen: Gefühle der Frustration, des Ärgers, der Enttäuschung nimmt Frau Ernst wahr, aber sie lässt sich nicht in den Strudel hineinziehen. Sie entscheidet sich gegen den spontanen Wunsch, bei einer Kollegin ihrem Ärger Luft zu machen. Stattdessen schaut sie ihren Plan in Ruhe an. Sieh da! Sie erkennt, dass der neue Plan durchaus erfreuliche Seiten hat. Als die Kollegin auf sie zukommt, die für den Plan verantwortlich ist, unterdrückt Frau Ernst den Impuls, sich zu beschweren. Sie nimmt wahr, wie müde und erschöpft die Kollegin aussieht, und ihr wird bewusst, was für eine komplizierte Aufgabe es ist, so einen Plan zu erstellen. Diese Gedanken schmelzen irgendwie das Ärgergefühl. Frau Ernst begrüßt die Kollegin freundlich und beschließt bei sich, in der nächsten Woche, wenn der Anfangstrubel des Schulbeginns sich etwas gelegt hat, um einen Gesprächstermin zu bitten.
- N – Non-Identification: Die Haltung der Achtsamkeit ermöglicht die Fähigkeit zur Distanzierung. Statt von dem Strudel der Emotionen und Gefühle mitgerissen zu werden, kann man sich distanzieren und ist so nicht mehr ausgeliefert, so als beobachte man von der sicheren Position auf einer Brücke einen reißenden Fluss mit seinen Stromschnellen und Strudeln.

6.4 Aus Minus wird Plus?

Wenn »Katastrophisieren« uns nicht weiterhilft, könnten wir dann nicht mit der Gegenstrategie der Stressfalle entkommen: Mit »Euphorisieren«? Statt schwarzmalen, die rosarote Brille aufsetzen? Mit einem Dauerlächeln auf den Lippen beschwingt durch den Schulalltag tänzeln und alles »prima« finden? Wenn man noch eine zusätzliche Klassenleitung bekommt, wenn man für den kranken Kollegen die Klausur korrigieren soll, wenn man für den anderen kranken Kollegen im Abitur einspringen soll, klaglos die zusätzliche Arbeit übernehmen? »Das bisschen Zusatzarbeit«, das könne man schon schultern. Die Aggression der Schüler/innen weglächeln? Unbill umwerten? »Alles halb so wild!«

Verharmlosung und Verdrängung ergeben eine brisante Mischung. Hier haben wir es mit klassischen Abwehrmechanismen zu tun, die von Anna Freud beschrieben wurden (Freud 1936/2006). Sie dienen dazu, das Bewusstsein vor einer schmerzhaften Emotion zu schützen. Allerdings entfremden uns solche Mechanismen von unseren ursprünglichen Gefühlen. Statt einen Konflikt auszutragen und sich als Person authentisch einzubringen, verbiegt man seine spontanen Gefühle. Statt den eigenen Hass wahrzunehmen, projiziert man ihn auf den Stundenplanmacher oder man regrediert und beruhigt sich mit Schokolade. Oder man überhört die Warnsignale des Körpers, übernimmt klaglos eine Dauervertretung, weil man sich für unbegrenzt belastbar hält. Wer achtsam mit sich umgeht, der wird feinfühlig für die Grenzen auch der physischen Belastbarkeit.

»Wenn eine Person sich so viel Arbeit aufbürdet oder aufgebürdet bekommt, dass sie keine Erholungsphasen mehr hat, dann wird sie krank, auch wenn die Arbeit subjektiv befriedigend wäre oder wenn sie zeitweilig in der Lage wäre, die Belastungen des Arbeitsplatzes zu ignorieren« (Kretschmann 2008, S. 25).

Es ist gefährlich, Belastungen einfach in positive Herausforderungen umzudeuten und Ärger und Unmut einfach zu übertünchen. Manchmal verleiht erst die Wut die nötige Kraft, Missstände zur Sprache zu bringen und gegen Ungerechtigkeit aufzubegehren. Wer die Wut spürt und gelernt hat, in sich hineinzuhorchen und frei zu wählen, ob der Wut stattgegeben und Ausdruck verliehen wird, der wird nicht ihr Opfer. Achtsam sein heißt nicht, mit knalliger Farbe Widersprüche zuzukleistern und »positiv« zu denken. Da kann es dann eben sein, dass man auch anerkennen muss, dass man nicht so belastbar ist, wie man es gerne hätte.

6.5   Hinaus aus dem Teufelskreis!

Die »narzisstische Kränkung«, die darin besteht, dass man die eigenen hoch gespannten Ziele nicht erreicht, tut weh. Studien zur Lehrergesundheit weisen darauf hin, dass gerade die enthusiastischen Lehrer/innen mit hohen Idealen der Gefahr des Burnouts am ehesten ausgesetzt sind. Aus der Humanistischen Psychologie kennen wir den Begriff der »Wirksamkeitserwartung«: Wenn die Diskrepanz zwischen den intendierten und den erzielten Wirkungen des eigenen Handelns weit auseinanderklafft, beginnt oft ein Teufelskreis (Kretschmann 2008, S. 25). Viele Lehrerinnen und Lehrer, die feststellen, dass sie ihre Ziele nicht erreichen, reagieren mit vermehrter Anstrengung. Damit einher gehen Selbstzweifel und Verunsicherung. Der schon erwähnte »Diskrepanz-Monitor« bleibt ständig eingeschaltet. Der Körper antwortet auf diese Belastung mit Anspannung und sucht sich den Ausweg in eine Krankheit. Vermehrte Anstrengung führt also tiefer in den Teufelskreis. Was führt hinaus? Von Einstein stammt die Aussage, dass man ein Problem nicht mit derselben Methode lösen könne, durch die es entstanden sei: Also nicht noch mehr Anstrengung, nicht noch genauere Zeitpläne, sondern eine ANDERE Haltung.

Einfach nur hinsehen: die eigenen Ziele achtsam unter die Lupe nehmen, die Grundüberzeugungen Revue passieren lassen, die gewohnheitsmäßigen Reaktionen wahrnehmen, auf den Körper hören, Anspannung spüren.

Bis jetzt haben wir den Bewältigungsstrategien Aufmerksamkeit geschenkt, die uns behindern, die uns in den Teufelskreis bannen. Wo können wir den Gegenzauber finden?

6.6 Freude – schöner Lebensfunke

Nun haben Sie ja schon einige Feldforschung in Ihrem Schulalltag betrieben. Die Aufmerksamkeit galt den hinderlichen Bewertungen, den subtilen Mechanismen, sich selbst »die Hölle heiß zu machen« und in einen »Teufelskreis« zu katapultieren. Wenden wir uns jetzt einem »himmlischen« Gefühl zu – der Freude.

Übung

Freude bedeutet für mich:

....

....

....

Ist Freude gleichzusetzen mit »Spaß«, mit »Vergnügen«? Sicherlich nicht! »Vergnügungssucht«, »Spaßgesellschaft«, diese Wortverbindungen weisen auf einen ganz wesentlichen Unterschied hin: Freude ist nicht abhängig von der vordergründigen Befriedigung von Lustbedürfnissen.

> *»Während gewöhnliches Vergnügen durch den Kontakt mit angenehmen oder erwünschten Objekten ausgelöst wird und endet, sobald der Kontakt abbricht, empfinden wir ›sukha‹, dauerhaftes Glück, solange wir in Einklang mit der Natur des Geistes bleiben. Eines seiner wesentlichsten Merkmale ist Selbstlosigkeit, die von innen nach außen strahlt, statt in Selbstbezogenheit zu verharren.«* (Ricard 2008, S. 66)

Diese Aussage des buddhistischen Mönchs und Molekularbiologen Matthieu Ricard deutet an, dass im Buddhismus die Frage, welche Emotionen heilsam sind und welche letzlich »Leid« verursachen, sehr genau untersucht wurde.

> *»Was den Umgang mit Emotionen anbelangt, kennt der Buddhismus nur ein Ziel: die Befreiung von den grundlegenden Ursachen des Leids. Das beginnt mit der Erkenntnis, dass bestimmte Geisteszustände ungeachtet ihrer Intensität oder ihres Entstehungskontextes Leid bewirken. Das gilt insbesondere für jene drei Geisteszustände – oder -prozesse, die als die hauptsächlichen Geistesgifte angesehen werden: Verlangen (im Sinne von Habgier oder quälender Begierde), Hass (der Wunsch zu verletzten oder sonstigen Schaden zuzufügen) und grundlegende Unwissenheit (durch die unsere Wahrnehmung der Wirklichkeit beeinträchtigt und verzerrt wird). Im Allgemeinen zählen Stolz und Neid auch dazu.«* (Ricard 2008, S. 167)

In überlieferten buddhistischen Schriften werden diese fünf »schlimmsten Geistesgifte« mit einer Vielzahl von schädlichen Geisteszuständen in Verbindung gebracht.

Ricard zitiert die sprichwörtlichen »84 000 Pforten«, die zur inneren Transformation führen. Die Zahl steht metaphorisch für die Komplexität unseres Geistes und die Vielzahl persönlicher »Mischungen der Geistesgifte«. Was in den buddhistischen Unterweisungen, die natürlich von der historischen Entstehungszeit der Texte und dem kulturgeschichtlichen Hintergrund geprägt sind, hervorgehoben wird, entspricht auch den Schlussfolgerungen aus aktuellen Studien aus Medizin, Psychologie und Hirnforschung: Die Fähigkeit, Freude zu empfinden, anderen zu vergeben und Hass loszulassen, trägt zur Gesundung und Gesunderhaltung bei. Man könnte einwenden, dass dies ja schon der gesunde Menschenverstand und die Lebenserfahrung lehrten. Manch ein Patient lernt z. B. allerdings erst nach einem Herzinfarkt, dass nicht nur der aufreibende Tagesablauf seine Krankheit verursacht hat, sondern auch die ständigen aggressiven Gedanken, das Gewinnen-Wollen um jeden Preis, das innere Abwerten des Konkurrenten oder auch die ständigen Selbstzweifel gepaart mit vermehrter Anstrengung: »Ich war doch immer freundlich zu meinen Konkurrenten. Meine Feindseligkeit habe ich doch nie nach außen getragen!«, mag der Beispiel-Patient einwenden. Auch wenn es »nur« Gedanken sind, können sie schaden. Vielleicht macht das den Buddhismus für viele im Westen so attraktiv, dass auf diese Zusammenhänge minutiös eingegangen wird: »Der Buddhismus lehrt verschiedene Methoden, mit deren Hilfe man die Arbeit an den negativen Emotionen angehen kann.« (Ricard 2008, S. 176)

»Herzensgüte« und »selbstlose Liebe« gelten als Gegenmittel gegen den Hass und als Tor zur *Freude*, die wiederum dieses bedingungslose Glück ermöglicht, das nicht an äußere Errungenschaften gekoppelt ist, nicht an Lob oder äußeren Erfolg.

Ganz spontan!

Was macht Ihnen im Augenblick am meisten Freude? In welchem Lebensbereich erleben Sie die Kraft der Freude am deutlichsten?

Schließen Sie doch einmal die Augen, schwingen Sie sich auf Ihren Atem ein und nehmen Sie wahr, was das Wort »Freude« in Ihnen auslöst. Vielleicht zaubern Sie auch ein leichtes Lächeln aufs Gesicht und lassen es zu, dass eine Freudewelle durch Ihren Körper strömt.

Und! Wie war diese kurze Freudenreise? Bleiben Sie in dieser Stimmung, denn jetzt gilt es zu entdecken, wo in Ihrem Schulalltag die Freude zu Hause ist. Was macht Ihnen Freude, was gefällt Ihnen? Was begeistert Sie? Wo fühlen Sie sich wohl?

Übung

● **Unterricht**

An meinem Unterrichtsstil mag ich:

....

....

Wenn ich mich im Unterricht so verhalte, macht mir das Freude:

....

....

Diesen Stoff unterrichte ich sehr gern:

....

....

Diese Unterrichtsmethode(n) verwende ich gerne:

....

....

Am liebsten unterrichte ich in dieser Klassenstufe:

....

....

Dieses Verhalten von Schülerinnen oder Schülern macht mir Freude:

....

....

Diese Schülerin/diesen Schüler mag ich besonders:

....

....

Diesen Stoff unterrichte ich sehr gern:

....

....

Nach diesen Unterrichtsstunden fühle ich mich besonders beschwingt:

....

....

● **Tätigkeiten außerhalb des Unterrichts**

Diese Verwaltungstätigkeiten können sogar Spaß machen:

....

....

Folgende andere Tätigkeiten, die ich als Lehrer tun muss, mag ich:

....

....

Diese Tätigkeiten geben mir Kraft:

....

....

Was ich an den Pausen mag:

....

....

Diese Dinge, die ich für meinen Beruf zu Hause tun muss, fallen mir am leichtesten:

....

....

Das erledige ich immer sofort:

....

....

● **Kollegium und Schulleitung**

Diese Kolleginnen und Kollegen mag ich besonders:

....

....

Was mir an unserem »Betriebsklima« gefällt, ist:

....

....

Diese Verhaltensweisen von Kolleginnen oder Kollegen schätze ich sehr:

....

....

Was ich an der Schulleitung schätze:

....

....

Vielleicht sind Sie angenehm überrascht, wie viele Bereiche und Aspekte Ihres Berufes Ihnen Freude bereiten. Kein Gefühl aktiviert unser Motivationssystem so wie die Freude. Damit ist nicht die Sucht nach Vergnügen und Unterhaltung gemeint, nicht der laute, hektische Betrieb der Spaßgesellschaft.

Freude begnügt sich mit dem, was ist. In die Freude mischt sich Zufriedenheit, Wertschätzung sich selbst und anderen gegenüber, Vertrauen in die eigene Kraft und Vertrauen in die Mitmenschen.

In der Stressforschung gilt die Fähigkeit, Freude zu empfinden, als wichtige Ressource für die Gesunderhaltung. Aus Studien mit Herzpatienten ist bekannt (und das lehrt uns natürlich auch schon unsere Lebenserfahrung), dass eine feindselige, pessimistische, ängstliche Grundhaltung die Heilung verzögert, während eine Haltung der freudigen Zuversicht der Heilung förderlich ist (Ornish 2009).

Was wir von Herzen gerne tun, das bereitet uns Freude. Und unser Herz geht auf, wenn wir etwas Schönes sehen. »Geh' aus mein Herz und suche Freud« – der Volksmund weiß um die Verbindung von Herz und Freude. Im Qigong ist das Herz als Organ der Emotion »Freude« zugeordnet. Überlegen Sie doch einmal, wo im Körper Sie die Freude spüren? Gibt es einen bestimmten Bereich, der besonders in die Wahrnehmung drängt?

Sind Sie bereit für eine Meditation?

Übung

Schließen Sie die Augen, setzen Sie sich aufrecht in der von Ihnen gewählten Haltung und beginnen Sie wie immer damit, Ihren Atem zu beobachten und zu spüren. Sie rutschen in die Entspannung – mühelos lassen die Muskeln die überhöhte Anspannung los. Sie zaubern das »Innere Lächeln« auf Ihr Gesicht und stimmen sich auf die folgende Fantasiereise ein:

Lassen Sie Ihre Gedanken zu Ihrem Schulalltag schweifen. Verschiedene Vorkommnisse tauchen vor Ihrem inneren Auge auf. Es sind alles Szenen, in denen Sie sich gut gefühlt und Freude empfunden haben.

Wählen Sie eine Szene aus, die sich ganz spontan in den Vordergrund spielt. Wo findet diese Szene statt? Schauen Sie sich ganz genau um. Wie sieht der Raum aus? Oder wenn es im Freien ist: Wie ist die Umgebung gestaltet? Welche Personen sind anwesend? Versuchen Sie genau, die einzelnen Menschen in ihrer Haltung und Mimik zu erkennen. Welches Vorkommnis, welcher Aspekt dieser Szene löst bei Ihnen ein Gefühl der Freude aus? Seien Sie ganz genau! Erforschen Sie die Szene in all ihren Einzelheiten. Tun andere etwas, was Ihnen Freude bereitet? Ist Ihr eigenes Tun Auslöser der Freude? Machen Sie ein inneres Bild von dieser Szene. Sie sehen die Situation ganz genau vor sich. Machen Sie ein Foto und rahmen Sie es ein für Ihre Bildergalerie!

6.7 Der Freude auf der Spur

Halten Sie doch einmal in Ihrem Schulalltag Ausschau nach Freudequellen! Erinnern Sie sich an die Gefühle und Körperwahrnehmungen, die Sie während der Meditation hatten, und seien Sie einfach offen für alles, was Ihnen Freude macht.

Vielleicht entdecken Sie ganz unspektakuläre Freudequellen: Eine Kollegin lädt Sie zu einem Kaffee ein, und Sie haben Zeit für eine ernsthafte Unterhaltung. Oder eine Klasse ist besonders aufmerksam und interessiert, so dass der Unterricht flüssig dahinleitet und ein beachtliches Ergebnis am Ende steht. Oder eine Schülerin hält ein gelungenes Referat. Sie spenden ein wohlverdientes Lob und ernten ein strahlendes Lächeln.

Was nicht gelingt, was mühsam ist, was uns unangenehm ist, das fordert umgehend unsere Aufmerksamkeit (Mr. Lizard ist ja immer auf der Suche nach Bedrohungen!), aber wenn alles glattgeht, scheint uns das selbstverständlich. Die Haltung der Achtsamkeit bewirkt, dass man genauer hinsieht und »hinspürt«. Bei welchen Gelegenheiten geht uns sprichwörtlich »das Herz« auf? »Die Herzensgüte-Meditation« öffnet die Wahrnehmung für die Freudequellen im Alltag.

Ich habe ja in einem vorigen Kapitel vom »Student of Hell« geschrieben. Wie wäre es, einmal nach dem »Student of Heaven« zu suchen? Gibt es eine Schülerin oder einen Schüler, den Sie spontan von Herzen mögen? Ihre pädagogische Professionalität gewährleistet, dass Sie diese Schülerin/diesen Schüler nicht deshalb bevorzugen. Geben Sie sich doch einmal Rechenschaft über diesen Lieblingsschüler! Auch Vorlieben können von unbewussten Mustern regiert werden. Vielleicht identifizieren Sie sich mit dem Schüler, weil er ähnliche Eigenschaften wie Sie hat? Oder weil er einem Ihrer Kinder gleicht? Sehr wahrscheinlich gibt es viele Schülerinnen und Schüler, die Sie besonders mögen. Es geht darum, genau zu erforschen – auch im Hinblick auf die »Students of Hell« –, was diese Lieblingsschüler/innen in Ihnen zum Schwingen bringen. Dann kann es vielleicht gelingen, mit diesem Wohlwollen auch all die Stofhells zu betrachten. Natürlich steht die professionelle Forderung im Raum, keinen Schüler dem andern vorzuziehen. Dieser Forderung fühlt sich sicherlich jeder Lehrer verpflichtet, aber – und meist ist uns dies nicht bewusst – auch hier regiert unser Bewertungssystem. Mögen wir diesen besonderen Schüler, weil er besonders angepasst ist, immer alle seine Schulsachen dabei hat, weil er pünktlich ist? Oder geht es um andere Eigenheiten? Ist er wissbegierig, bezieht er Stellung, kann er schnell Zusammenhänge erkennen? Was unterscheiden ihn am deutlichsten vom »Student of Hell«? Solche Fragen sollen dazu führen, einmal genauer hinzusehen und aus den automatischen Mustern auszusteigen. Auch bei den »Lieblingsschüler/innen«, »Lieblingskolleg/innen«, »Lieblingsklassen« und so weiter sind diese automatischen Zuschreibungen am Werke, auch hier können Selbsttäuschungen und Projektionen die Wahrnehmung verengen, indem Aspekte ausgeblendet werden. Die achtsame Erforschung wirft Licht auf diese blinden Flecken.

Diese Besinnung auf Lieblingsschüler/innen, -klassen, -kolleg/innen, -themen kann bewirken, dass wir uns auch dem, was uns zunächst so gar nicht behagt, wenigstens partiell mit der Haltung der Wertschätzung zuwenden. Letztlich stärkt sich so unsere Fähigkeit zur Empathie.

6.8. Achtsames Schreiben

Gehören Sie zu den Menschen, die schon seit ihrer Teenagerzeit Tagebuch führen, denen etwas fehlt, wenn sie nicht in lockeren Abständen sich den Worten anvertrauen? Oder sagen Sie sich, dass dazu nun wirklich keine Zeit sei oder dass solch eine Art des Schreibens doch nur auf fruchtlose Selbstbespiegelung und Nabelschau hinausliefe?

Sich schreibend seiner selbst zu vergewissern, kann eine wunderbare Quelle für die Haltung der Achtsamkeit sein, allerdings nur, wenn der innere Zensor, der Bewerter, Beurteiler, Beckmesser sich zurückhält. Es geht hier nicht darum, dass Sie ihre hoch gespannten Schriftstellerträume verwirklichen und komplizierte formale Vorgaben erfüllen. Es geht hier vielmehr um das Spiel mit Wörtern und inneren Bildern – um ein Innehalten, ähnlich wie beim Meditieren. Einfach die Wörter sprudeln, sich von sich selbst überraschen lassen. Schreiben führt wie Meditieren zu einer Verfeinerung der Wahrnehmung. Durch Schreiben können wir uns selbst verblüffen und uns mit unseren unbewussten Mustern konfrontieren.

Julia Cameron lädt in ihrem Buch »Der Weg des Künstlers – Ein spiritueller Pfad zur Kreativität« dazu ein, jeden Morgen drei Seiten Tagebuch zu füllen, ohne Vorgaben, ohne Richtlinien, ohne künstlerischen Anspruch, aber in der Haltung des spielerischen Entdeckers. Ihre Leser werden dazu verführt, zwölf Wochen lang täglich zu schreiben. Jede Woche steht unter bestimmten Beobachtungsaspekten. Ziel ist es, kreativ und spielerisch sich selbst, seinen Alltag, seine Autopilot-Muster zu erforschen, zu erkennen, was einen behindert und wo die Kraftquellen sprudeln.

Aus eigener Erfahrung weiß ich, dass das Schreiben, die Meditationsübungen, die Qigong-Übungen, dazu führen, dass wir mehr Kraft bekommen, – obwohl man ja meinen könnte, all diese zusätzlichen Verpflichtungen würden nur Zeit und Kraft kosten. Unsere Kreativität erwacht, wenn wir sie ein bisschen stimulieren: »Die Sprache des Künstlers ist sinnlich, eine Sprache der gefühlten Erfahrung. Wenn wir schreiben, dann tauchen wir in den Brunnen unserer Erfahrungen ein und graben Bilder aus. Weil wir das tun, müssen wir lernen, wie wir die Bilder zurückbringen können« (Cameron 2000, S. 53). Bilder zurückbringen, das ist die andere Seite des Schreibens: Wir werden im Alltag aufmerksamer, nehmen bildhafter wahr, sehen neue, ver–rückte Zusammenhänge und gestehen uns zu, unsere Monster und Dämonen antanzen zu lassen.

Vielleicht inspiriert Sie eine der folgenden Schreibaufgaben:

Übung

Jammern erlaubt!
Wenn Jammern zur lieben Gewohnheit geworden ist, dann blockiert uns dieses Muster. Wenn wir uns aber einmal richtig die Lizenz zum Jammern einräumen und schriftlich drauflos schimpfen, lamentieren und unseren Tiraden freien Lauf lassen, kann uns dies befreien. Wir begegnen uns beim Schreiben, und das kann kathartisch wirken. Wenn uns das geballte Elend schriftlich gegenübertritt, schafft dies heilsame Distanz. Wir stehen auf der Brücke und lauschen dem Jammer-Fluss, wie er unter der Brücke brodelt und zischt.
Also los: Was geht Ihnen derzeit an Ihrem Schulalltag ganz besonders auf die Nerven? Welche Klasse ist unausstehlich? Welche Schüler/innen treiben Sie zur Weißglut? (Beschreiben Sie, was diese Knirpse tun, um Sie auf die Palme zu bringen!) Welche Kollegin/welchen Kollegen würden Sie am liebsten auf den Mond katapultieren? Ja! Gehen Sie in die Vollen! Achten Sie auf Details: auf bestimmte Redewendungen, bestimmte Ansichten, auf Gesten.

Schreiben Sie auf, weshalb Korrigieren eine Marter für Sie ist! Was genau ist so quälend?

Oder, oder: So zwei Seiten müssten es schon sein! Zwei Seiten, über die Ihr Stift dahineilt, ohne Pause, denn überlegen sollten Sie nicht. Wenn der Zensor aufschreit: »Das sagt man nicht! Das gehört sich nicht!«, dann überhören Sie die Ordnungsrufe. Geschafft! Am besten lesen Sie die Seiten nicht sofort, sondern ein paar Tage später. Ihr Jammertext kann Ihnen wertvolle Hinweise geben. Vielleicht müssen Sie über Ihren Vulkanausbruch lächeln, aber nehmen Sie sich dennoch ernst. Der Text kann Ihnen wertvolle Hinweise darauf geben, wo Sie vielleicht – aufgrund alter Muster – Bewertungen und Einschätzungen verwenden, die Ihnen das Leben unnötig schwer machen. Sie können aber auch erkennen, wo sich Energieräuber tummeln und wo nicht Sie Ihre innere Haltung ändern müssen, sondern wo Handeln erforderlich ist. Vielleicht müssen auch Konflikte ausgetragen werden, die schon lange unter der Oberfläche schwelen. Oder vielleicht sollten Sie bestimmten Menschen einfach aus dem Weg gehen, statt sich zu oberflächlicher Freundlichkeit zu zwingen. Oder Sie sollten aufhören, um deren Aufmerksamkeit zu buhlen.

Schauen Sie einfach hin! Stürmen Sie nicht gleich los, um z. B. einen Termin mit Kollege XY auszumachen. Aus einem achtsamen Herantasten entstehen oft Erkenntnisse, die dann beim Lösen des Problems helfen können.

Mit allen Sinnen

Wählen Sie ein Detail aus dem Schulalltag, vielleicht den Unterricht in einer bestimmten Klasse (hier ein Beispiel einer Lehrerin), und ordnen Sie der Reihe nach eine Farbe, ein Gefühl, eine Geschmacksrichtung, einen Geruch, einen Klang zu.

»Unterricht in der 10 f ist knallrot,
fühlt sich an wie glühende Kohlen,
schmeckt wie grüner Curry
riecht wie Pfefferminze
klingt wie Salsa.«

Wenn Sie Deutsch unterrichten, sind Sie mit den Methoden des kreativen Schreibens vertraut. Warum sie nicht einmal selbst für die eigenen Belange verwenden? Solch eine Verknüpfung von Bildern und Sinneswahrnehmungen kann Unentdecktes zutage bringen. Die Verfasserin des obigen Textes ertappte sich beim Schreiben dabei, dass sie auch viel Sympathie für diese schwierige Klasse hegte. Sie litt darunter, dass es immer so laut war, dass die Schüler/innen sich ungebärdig verhielten, aber sie hatte insgeheim auch Verständnis und traute sich nicht, klar Position zu beziehen und Forderungen zu stellen, weil sie es sich mit der Klasse nicht verscherzen wollte. Sie gab immer wieder nach, verausgabte sich. Diese Ambivalenz überhaupt wahrzunehmen, verändert schon die Situation. Im zweiten Schritt kann dann eine reale Veränderung der Situation möglich werden. In diesem Fall thematisierte die Lehrerin im Unterricht, dass sie die Kreativität und Lebendigkeit, die Fantasie und Gesprächsbereitschaft in dieser Klasse sehr schätze, aber sie setzte von nun an ganz klare Grenzen und sanktionierte unbotmäßiges Verhalten. Die Gruppe fühlte sich akzeptiert. Auf der Basis dieser Wertschätzung konnte an einer Verhaltensänderung gearbeitet werden.

Unterstützer

Unterstützer sind Leute, die uns wohlgesonnen sind, die vielleicht ähnliche Meinungen haben wie wir, die ähnliche Ziele verfolgen. Unterstützer würden nicht hinter ihrem Rücken über Sie tuscheln. Sie sind interessiert an dem, was Sie tun, stellen die richtigen Fragen und gönnen Ihnen Ihre Erfolge. Sie springen ein, wenn Sie Hilfe brauchen. Kurz– Unterstützer sind wohltuende Kraftquellen. Unterstützer können gönnen, sie sind sich ihrer Sache sicher und haben eine ausgeprägte Persönlichkeit. In ihrer Gesellschaft fühlt man sich wohl, weil man nicht befürchten muss, ausgenutzt oder manipuliert zu werden.

Schreiben Sie doch einmal die Unterstützer aus Ihrem Leben auf! Gehen Sie danach, wer Ihnen spontan einfällt. Und jetzt die spannende Frage: Wie viele Ihrer Kolleginnen und Kollegen sind denn darunter? Machen Sie noch schnell eine Hitliste der Unterstützer. Wer ist die Nummer 1? Weiß die Person von Ihrer Wertschätzung? Wie wäre es, mal mit ihr ins Gespräch darüber zu kommen? Oft zeigen wir gar nicht, wie wichtig uns jemand ist. Im Lehrerzimmer kann es das Klima um einige Grad erwärmen, wenn wir solche Unterstützer dankbar wertschätzen.

Und überlegen Sie mal, wer würde Sie denn als Unterstützer nennen?

Quertreiber

So nenne ich mal die Sorte Menschen, die es nicht ausstehen können, wenn andere gut gelaunt sind, Erfolg haben, Pläne schmieden und durchführen. Die Art des Torpedierens kann vielfältig sein: entmutigen, schwarzsehen, lächerlich machen, totschweigen, kritisieren, abwerten, Bedenken vortragen, Angst machen. Fallen Ihnen auf Anhieb solche »Quertreiber« ein? In Ihrem gesamten Bekannten- und Freundeskreis? Wer ist Torpedo Nummer 1 im Schulalltag? Was genau zeichnet diesen Menschen aus? Wo fühlen Sie sich torpediert? Warum torpediert Sie XY? Welches könnten seine Gründe sein?

Wie reagieren Sie darauf? Und wieder die Frage nach den persönlichen Wahrnehmungsmustern: Kann es auch sein, dass Sie dem anderen Motive unterstellen? Schauen Sie genau hin! Spüren Sie Ihren Ärger, Ihre Verletztheit, Ihren Unmut, aber lassen Sie Raum für den Forscherblick und die Frage: »Könnte man es auch anders sehen?«

7. Achtsame acht Wochen

Wie wäre es, sich acht Wochen mit den Methoden der Achtsamkeit vertraut zu machen und sie im Alltag praktisch umzusetzen?

Kabat-Zinns Programm für *Mindfulness-Based-Stress-Reduction* (*MBSR*) umfasst acht Wochen, ebenso das Programm von Williams, Teasdale, Segal und Kabat-Zinn (*MBCT – Mindfulness-Based-Cognitive-Therapy*). Diese Programme sehen wöchentlich einen Gruppentermin vor und für alle Gruppenteilnehmer/innen einen »Tag der Stille« in der Mitte der sechsten Woche. Das Programm, das ich Ihnen vorschlage, können Sie für sich persönlich als Anregung nehmen, um ganz individuell in Ihrem Schulalltag mit Stress besser umgehen zu lernen und Ihre Gesundheit zu stärken. Vielleicht tun Sie sich auch mit einer Kollegin und einem Kollegen zusammen, oder Sie nehmen an einem entsprechenden Gruppenprogramm teil (vgl. Homepage www.vera-kaltwasser.de).

Das Konzept vermittelt Ihnen Anregungen dafür, wie Sie ganz persönlich für sich Bewältigungsstrategien für Stresssituationen entdecken, Ihre Präsenz schulen und Ihre Ressourcen nutzen können.

Eine gewisse Beharrlichkeit und die Verpflichtung zum täglichen Üben sollten Sie mitbringen, verbunden mit Entdeckerfreude und Neugier. Es wird Zeiten geben, in denen Sie keine Lust auf die Übungen haben, in denen Sie lieber eine noch so banale Fernsehsendung ansehen möchten, als sich vielleicht Ihrem Tagebuch zu widmen oder zu meditieren. Fünf Minuten sollten Sie aber doch erübrigen können: Schon fünf Minuten der Atemübung können eine große Wirkung haben; es geht zunächst um »lächerlich kleine« Aufgaben. Sie auszuprobieren und sie dann gerne zu tun, darin liegt der Erfolg verborgen.

Lassen Sie alle Ansprüche los, z. B. die Übungen besonders perfekt machen zu wollen. Es genügt, sie überhaupt zu machen, das ist schon »gut genug«. Das Programm soll Ihnen ja Wege aufzeigen, wie Sie vermeiden können, sich unter Druck zu setzen.

Wann könnten Sie in Ihrem Alltag Zeit für die formale Praxis des Übens finden? Wie schlechte Gewohnheiten sich einschleichen, so kann sich auch das Üben als willkommene Gewohnheit habitualisieren. Vielleicht kaufen Sie sich als Vorbereitung ein Tagebuch mit einem ansprechenden Cover für das achtsame Schreiben. Sagen Sie Ihrer Familie, was Sie vorhaben, aber machen Sie keine große Sache daraus.

Wo in Ihrer Wohnung haben Sie einen Platz, an den Sie sich zurückziehen können und der so anheimelnd gestaltet ist, dass Sie sich dort gerne aufhalten?
Ritualisierung entlastet. Wenn Sie immer zur selben Zeit am selben Ort üben, müssen Sie sich nicht immer neu entscheiden.

Denken Sie daran, dass jede Übung Ihr Gehirn verändert: Es werden neue neuronale Netzwerke gebahnt. Nach einiger Zeit genügt es schon, dass Sie in der Meditationshaltung sitzen, um in die Entspannung zu gleiten. Der Körper lernt schnell. Wenn Sie die Übungen für sich als angenehm empfinden, dann wird Mr. Lizard in dieser Zeit ein kleines Nickerchen machen.

Die formale Praxis und Übungen und Beobachtungsaufgaben für den Alltag ergänzen sich:

- formale Praxis:
  Atemübungen, Meditation zu einem Thema, Qigong-Übungen
  Schreiben
- informelle Praxis:
  - Beobachtungsaufgaben für den Alltag
  - achtsames Ausführen von Alltagstätigkeiten
  - achtsame Veränderungen im Lebensstil

7.1 Erste Woche

Fangen Sie klein an, aber fangen Sie an!

- Atemübung (vgl. Kap. 4.3.1)
  In der ersten Woche sollten Sie sich vornehmen, JEDEN Tag die Atemübung zu praktizieren, und zwar die Grundversion, d. h. den Atem beobachten, ohne ihn zu verändern, und beim Abschweifen der Gedanken dies zu registrieren und die Aufmerksamkeit wieder zum Atem zurückzuholen.
  Beginnen Sie zunächst mit fünf Minuten. Wenn es für Sie möglich ist, dehnen Sie diese Zeit täglich langsam aus und sitzen für zehn Minuten.
- »Body-Scan« oder »Körperreise« (vgl. Kap. 4.4.5)
  Wählen Sie einen Abend, an dem Sie im Liegen den Body-Scan machen, d. h. den Körper kontinuierlich von unten nach oben (»Body-Scan«) oder von oben nach unten (»Körperreise«) »durchspüren«, d. h. mit dem gesamten Körper über die Wahrnehmung Kontakt aufnehmen.
  Bei dieser Übung stellen Sie eine Verbindung zum Körper her, indem Sie in alle Bereiche hineinspüren. Lassen Sie sich dafür sehr viel Zeit (mindestens 30 Minuten). Versuchen Sie, die Übung in der Haltung der »entspannten Wachheit« durchzuführen, sodass Sie dabei nicht einschlafen (Wenn die Übung auf Sie einschläfernd wirkt, dann können Sie ja die Übung abends *dazu* nutzen. Versuchen Sie aber, einmal in der Woche, den gesamten Körper bewusst im wachen Zustand »durchzuspüren«.)
- Achtsames Schreiben (vgl. Kap. 6.8)
  Schreiben Sie zweimal in der Woche in Ihr Tagebuch. Wählen Sie das freie Schreiben. Lassen Sie die Worte sprudeln. Wie bei der Meditation bemerken Sie viel-

leicht auch beim Schreiben, wie ein Gedanke oder ein Gefühl der Anstoß ist für »Ich-Geschichten«, Konstrukte von automatisierten Gedankenmustern, oft wiederholten Zuschreibungen. Nehmen Sie die selbstvernichtenden und selbstglorifizierenden Urteile wahr und kehren Sie auch beim Schreiben immer wieder in die Gegenwart zurück. Auch beim Schreiben schwingt im Hintergrund das Gewahrsein auf den Atem, die Verbindung mit dem Körper. Sie werden von sich selbst überrascht werden. Verurteilen Sie sich nicht für das Beurteilen, sondern geben Sie Raum für alles, was Worte finden will.

● Achtsames Erforschen einer Routinetätigkeit
Wählen Sie eine Routinetätigkeit im Alltag, z. B. das Zähneputzen, als Übungsfeld für Ihre Achtsamkeit: Sie fühlen den Griff der Zahnbürste in Ihrer Hand, spüren den Bewegungen nach, dem Auf und Ab, ganz interessiert, ganz achtsam; wenn die Gedanken wegdriften, holen Sie sie zu der Tätigkeit zurück. Diese Bewegungen sind so automatisiert, dass wir uns am Anfang dazu anhalten müssen, ihnen Beachtung zu schenken. Wählen Sie *eine* Routinetätigkeit, der Sie täglich in dieser Woche Aufmerksamkeit widmen. Darin besteht der besondere Reiz. Ihnen werden Nuancen auffallen, die Sie so vorher nicht wahrgenommen haben.
Andere Routinetätigkeiten: Geschirrspülmaschine einräumen, Wäsche aufhängen, den Müll hinaustragen, Autofahren, Duschen und, und, und …

● Beispiel Schulweg
Wählen Sie eine Situation aus Ihrem Schulalltag, die Sie in dieser Woche genau erforschen möchten, den Schulweg z. B.:
Vielleicht nehmen Sie sich vor, täglich eine Strecke des Schulweges ganz bewusst zu gehen – alle Sinnesreize zu bemerken, ohne sie zu beurteilen; nicht an vorher denken, nicht an nachher, sondern mit Staunen entdecken, was es in diesem Augenblick zu sehen oder zu hören gibt! Vielleicht fällt Ihnen eine besondere Hausfassade auf, die Sie noch nie bewusst wahrgenommen haben. Der »Anfängergeist«, der in der Meditation geschult wird, lässt uns wieder staunen. Gehen oder fahren Sie den Weg in die Schule jeden Tag so, als sei es das erste Mal. Farben, Gerüche, Geräusche, Töne, der Wind auf der Haut – alles Wahrnehmungen, die im Modus des Autopiloten ausgeblendet sind und die sie nun während dieser Alltagsübung zulassen. Vielleicht wird Ihnen zum ersten Mal so richtig bewusst, wie rasend sich das Gedankenkarussell dreht. Befürchtungen, dass vielleicht dies oder jenes nicht klappen könnte, Erinnerungen an den Abend davor, Planungen für den Tag, Ängste, in bestimmten Situationen zu versagen. Mr. Lizard hat gut zu tun und dreht schon mal an der Stress-Stellschraube. Tag für Tag wird es Ihnen besser gelingen, sich in die Gegenwart zu holen.
Wie Sie das tun, wissen Sie: Sich mit dem Körper verbinden, auf den Atem achten und aus dem »Tun-Modus« in den »Seins-Modus« wechseln. Mr. Lizard kuschelt sich dann behaglich in ein Eckchen. Er bekommt ja keinerlei Gefahrensignale; wachsam ist er dennoch immer. Sollten Sie beim Überqueren der Straße einen Laster übersehen, schwupp – er ist zu Diensten.

- Reisebegleitung
Vielleicht wollen Sie ja dieses Acht-Wochen-Programm zusammen mit einer Kollegin oder einem Kollegen durchführen. Dann treffen Sie sich in dieser Woche und legen Termine fest, an denen Sie sich austauschen. Setzen Sie sich an einem schönen Ort zum Gespräch zusammen. Telefonieren zählt nicht. Sich zu sehen, zu hören, den Gesichtsausdruck zu den Worten wahrnehmen zu können, gemeinsam zu lachen und sich an der Gegenwart des anderen zu erfreuen, diese wohltuende Wirkung der Präsenz gibt ein Telefonat nicht her.
Wenn nur jede zweite oder dritte Woche ein Termin zustande kommt, dann ist das schon eine große »Leistung« angesichts der Arbeitsbelastung. Nehmen Sie sich auch hier nicht zu viel vor!

7.2 Zweite Woche

- Atemübung (vgl. Kap. 4.3.2)
In dieser Woche können Sie zur Bauchatmung überwechseln und am besten zehn Minuten sitzen. Sie werden bemerken, wie wohltuend diese Ruhezeit ist und vielleicht den Impuls verspüren, die Zeit länger auszudehnen.
- Fingerübung (vgl. Kap. 4.4.2)
Versuchen Sie zweimal in der Woche Zeit zu finden für die Übung, in die Finger zu spüren, oder ergänzen Sie die Übung der Bauchatmung damit.
- Schreibübung
Schreiben Sie wieder an mindestens zwei Tagen der Woche in Ihr Tagebuch.
- Gehmeditation während eines Spaziergangs (vgl. Kap. 4.4.6)
Machen Sie einen Spaziergang, bei welchem Sie Ihre Wahrnehmung ganz bewusst für alle Empfindungen öffnen. Widmen Sie einen Teil des Spaziergangs der Gehmeditation.
- Eine Situation im Schulalltag
Wählen Sie für die informelle Praxis eine Situation aus dem Schulalltag: z. B. morgens vor dem Unterricht, wenn Sie ins Lehrerzimmer kommen. Sicherlich spulen Sie da eine Reihe von Routinetätigkeiten ab, Sie gehen an Ihr Postfach, schauen auf den Vertretungsplan, begrüßen Kolleginnen und Kollegen, kopieren noch ein paar Arbeitsblätter und, und, und ... Begleiten Sie diese Phase des Arbeitstages jedes Mal mit der Haltung der Achtsamkeit:
Atem, Körperwahrnehmung, Verhalten, Gedanken und Gefühle werden in das Licht der Bewusstheit getaucht. Registrieren Sie, was Ihnen dabei auffällt!
Bemerken Sie bei sich bestimmte Muster? Melden sich vertraute Grundüberzeugungen? Sind Sie aufmerksamer für die freundlichen Gesten anderer, vielleicht auch für einen unfreundlichen Gesichtsausdruck? Dies ist das Übungsfeld! Sie werden sich vielleicht bewusst, dass Sie etwas, was ein Kollege sagt oder tut, persönlich nehmen, und merken, wie Ihr Autopilot-Muster einrastet. Verändern Sie nichts! Nehmen Sie nur wahr!

7.3 Dritte Woche

- Atemübung
  An zwei Tagen der Woche dehnen Sie die Meditation auf fünfzehn Minuten aus. Am intensivsten wirkt die Übung mit der Bauchatmung, aber wenn Ihnen dies nicht behagt, dann bleiben Sie bei der reinen Beobachtung des Atems. Widmen Sie in dieser Woche die Aufmerksamkeit besonders dem Augenblick, wenn Sie merken, dass Ihre Aufmerksamkeit abdriftet. Dies ist ein wirksamer Teil der Übung, denn dieses Bemerken stärkt den »Muskel der Aufmerksamkeit«. »This muscle has to be trained«, dieser Satz von Kabat-Zinn drückt aus, dass es hier um einen Übungseffekt geht, der sich dann im Alltag bemerkbar machen wird. Wir bemerken es dann immer zuverlässiger, wie wir uns in Tagträumen verlieren, in alte hinderliche Muster verstricken und uns selbst unter Stress setzen.
- »Freude-Übung« (vgl. Kap. 4.5.2)
  In dieser Woche können Sie eine der Qigong-Übungen dazunehmen. Ich schlage die »Freude-Übung« vor, denn sie ergänzt sich gut mit der anderen Aufgabe dieser Woche:
- Angenehme Ereignisse im Schulalltag
  Sie halten Ausschau nach angenehmen Ereignissen in Ihrem Schulalltag. Vielleicht werden Sie staunen, was alles geschieht, das Ihnen Freude bereitet, oder wie oft Sie mit einem Glücksgefühl beschenkt werden.

Hier ein Beispiel, das eine Lehrerin mir zukommen ließ:

Beispiel

Worin bestand die angenehme Erfahrung?

»Ich hatte den Schülern die Aufgabe gegeben, sich für eine Kurzgeschichte Charaktere auszudenken. Die Gruppeneinteilung war ohne viel Aufhebens vor sich gegangen und jetzt saßen sie da an ihren Tischen und ich beobachtete, wie Einzelne Vorschläge machten, andere Einwände brachten. Es herrschte so ein friedliches, kreatives Gemurmel, manchmal unterbrochen von einem Lachen. Die Sonne schien in den Raum. Meine Blicke wanderten von einem Schüler zum anderen.«

Wie hat sich Ihr Körper während dieser Erfahrung angefühlt?

»Ich bemerkte so ein warmes Strömen, ein inneres Lächeln und bemerkte ein Fehlen von Anspannung, wenn man das Fehlen spüren kann. Ich saß ganz entspannt auf meinem Stuhl, die Hände locker im Schoß und fühlte, wie sich das Lächeln auf meinem Gesicht ausbreitete. Das Gemurmel der Schüler, auch wenn es manchmal lauter wurde und anschwoll, klang angenehm. Ich hatte ein weiches Gefühl in der Herzgegend.«

Welche Gedanken und Bilder gingen Ihnen durch den Kopf?

»Das Bild einer emsigen Bienenschar, ein produktives Gewusel. Oder eine Flussland-schaft mit vielen Nebenflüssen. Ich bin doch gerne Lehrerin! Wie schön, dass die Schü-ler sich so in eine Arbeit vertiefen können! Sogar Max arbeitet mit! Hoffentlich hält dieser Frieden noch eine Zeit lang an!«

Welche Stimmungen, Gefühle und Emotionen haben dieses Erlebnis begleitet?

»Freude, Wohlgefühl, Zufriedenheit«

Welche Gedanken gehen Ihnen durch den Kopf, während Sie dies aufschreiben?

»Ich erinnere mich, dass ich selbst an diesem Tag einfach insgesamt gut gelaunt war, dass ich auch die anfängliche Kritik einiger Schüler, dass das eine blöde Aufgabe sei, einfach nur so hingenommen hatte und ihnen geraten hatte, sich erst einmal darauf ein-zulassen. Ich genoss das Sitzen auf dem Stuhl und hatte nicht den Impuls, gleich zu kontrollieren, ob sie auch gut arbeiten, ihre Ergebnisse genau aufschreiben.«

Diese Aufzeichnungen zeigen, wie die Haltung der Achtsamkeit uns für Glücksmo-mente sensibilisieren kann, die wir sonst vielleicht achtlos verpassen. Wenn wir uns klarmachen, dass das Gefühl der Freude direkte positive Auswirkungen auf unseren Körper hat und unsere Gesundheit stärkt, dann genießen wir die angenehmen Ereig-nisse noch bewusster.

- »Glücksmomente« in Worten einfangen
  Schreiben Sie in dieser Woche wieder zweimal in Ihr Tagebuch. Wählen Sie sich einmal die Aufgabe »Glücksmomente«.
- Den Lebensstil unter die Lupe nehmen
  Was ein gesunder Lebensstil ist, das wissen wir zu Genüge.
  Sport, gesunde Ernährung, ausreichend Schlaf, Freizeit: Die bunten Lifestyle-Ma-gazine bieten Anregungen zur Genüge. Beim Lesen schaltet sich umgehend unser »Diskrepanz-Monitor« ein. Und damit schaltet sich auch sofort der Stress-Schalter ein. Mit Sätzen wie: »Ich muss endlich regelmäßig Sport treiben«, »Ich muss nächste Woche zwei Kilo abnehmen!«, verhindern Sie zuverlässig, dass Sie dies auch in die Tat umsetzen. Solche Maximalziele verbreiten Angst und Schrecken. Mr. Lizard im Verein mit den anderen beteiligten Kollegen wittert nichts Gutes. Wenn wir uns kleine Ziele setzen und diese positiv konnotieren, sieht das anders aus. Nehmen Sie in dieser Woche mal Ihren Lebensstil unter die Lupe. Was läuft gut, wo hätten Sie gerne eine Veränderung? Sport? Ernährung? Schlaf? Zeiteintei-lung? Freundschaften pflegen? Unternehmungen? Ungesunde Angewohnheiten: Rauchen? Alkohol?
  Den Lebensstil unter die Lupe nehmen, ohne etwas zu verändern, ist diese Woche die Devise. Schon das achtsame Wahrnehmen kann etwas verändern. Man schenkt sich nicht noch ein Glas Wein nach, man lässt die Zigarette im Päckchen, man ver-schließt die Pralinenschachtel nach dem Genuss des ersten Kalorienbömbchens.

7.4 Vierte Woche

- »Kombinieren«
  Entweder Sie meditieren zwanzig Minuten täglich im Sitzen oder Sie kombinieren eine Phase des Sitzens mit einer Qigong-Übung.
- »Die Ateminsel«
  Die vierte Woche ist ein guter Zeitpunkt, um während des Schulalltags immer dann, wenn Sie Anzeichen von Stress spüren, für einige Atemzüge innezuhalten. Sie brauchen Ihre jeweilige Tätigkeit nicht unterbrechen, sondern lenken Ihre Aufmerksamkeit auf den Atem. Diese Übung wird nun etwas Vertrautes für Sie haben. Im Körpergedächtnis sind all die Situationen gespeichert, in denen Sie zu Hause meditiert haben. Der »Muskel der Aufmerksamkeit« ist schon trainiert. Und in Ihrem Atem haben Sie nun einen echten Verbündeten. Wenn Sie sich überfordert fühlen, weil ein Schüler frech zu Ihnen ist oder weil Sie in Zeitdruck kommen, halten Sie für drei Atemzüge inne, werden sich des Atems und Ihrer Körperwahrnehmungen bewusst. In diese Lücke kann Bewusstheit einziehen. Sie bekommen die Freiheit, Ihre Reaktion zu wählen, aus Ihren automatisierten Mustern auszusteigen.
- Die unangenehmen Ereignisse registrieren
  Obwohl sicherlich an jedem Schultag eine Vielzahl von unangenehmen Ereignissen auftaucht und uns in Stress versetzt, wählen Sie an jedem Tag in dieser Woche nur ein Ereignis aus, das Sie genauer untersuchen. Hier das Beispiel eines Kollegen:

Beispiel

Worin bestand die unangenehme Erfahrung?

»Ich hätte eigentlich frei gehabt, aber dann bemerkte ich auf dem Vertretungsplan, dass ich eine Vertretungsstunde zu halten hatte.«

Wie hat sich Ihr Körper während dieser Erfahrung angefühlt?

»Ich merkte, wie ich in der Herzgegend so ein zusammenziehendes Gefühl hatte, ich biss die Zähne aufeinander und spürte, wie sich mein Gesicht verkrampfte.«

Welche Gedanken und Bilder gingen Ihnen durch den Kopf?

»Ich stellte mir die Rabaukenklasse vor, die ich gleich zu unterrichten hätte und die ich in unguter Erinnerung hatte. Ich hatte den Verdacht, dass ich mehr Vertretung machen muss, weil ich noch so jung bin und erst seit einem Jahr unterrichte. Vielleicht wollen sie mich prüfen, wie ich mit Druck umgehe, dachte ich mir. Ich erinnerte mich an die letzte Vertretungsstunde in einer anderen Klasse. Ich hatte laut geschimpft und einen Schüler mit einem abwertenden Satz vor der Klasse bloßgestellt. Ich sah das Bild dieses Schülers vor mir, wie er rot geworden war, Ich hörte das Gejohle der Klasse.«

Welche Stimmungen, Gefühle und Emotionen haben dieses Erlebnis begleitet?

»Ich ärgerte mich sehr, dann ärgerte ich mich über meinen Ärger, weil ich daran dachte, dass andere für mich ja auch mal Vertretung machen müssen, hatte Schuldgefühle, dass ich zu hohe Ansprüche stelle. Ich schämte mich auch wegen des Vorfalls neulich.«

Welche Gedanken gehen Ihnen durch den Kopf, während Sie dies aufschreiben?

»Mir fällt jetzt auf, dass ich mich in meiner Lehrerrolle noch so unsicher fühle und mich immer mit den älteren Kollegen vergleiche. Außerdem denke ich, dass ich manchmal innerlich hoffe, dass ich besser behandelt werde, weil ich so ein gutes Examen gemacht habe. Ich überlege mir, ob ich nicht mal eine kontinuierliche Supervisionsgruppe besuchen sollte.«

Denken Sie daran, dass es darum geht, die eigenen Gefühle einzuladen, wertzuschätzen. Ertappen Sie sich dabei, dass Sie die unangenehmen Gefühle wegschieben wollen? »Jetzt bin ich schon wieder so aufgeregt, ärgerlich, enttäuscht …« Diese Gefühle und Gedanken dürfen da sein. Gerade dann verlieren sie die Schärfe.

- Schreibaufgabe: »Jammern erlaubt!« (vgl. Kap. 6.8)
  Schreiben Sie auch in dieser Woche zweimal in Ihr Tagebuch. Vielleicht haben Sie sogar öfter Lust dazu? Wählen Sie eine der Aufgaben aus dem Kapitel »Achtsames Schreiben«, z. B. »Jammern erlaubt!«. Wenn Ihr »Frust« sich in Worten klumpt, dann verändern Sie so seine Konsistenz.

7.5 Fünfte Woche

- Im Sitzen und im Stehen üben
  Versuchen Sie zu zwei unterschiedlichen Zeiten am Tag zu üben. Vielleicht sitzen Sie für fünf Minuten und suchen sich dann noch eine Zeitspanne, in der Sie eine Qigong-Übung im Stehen machen. Vielleicht möchten Sie an machen Tagen sogar länger üben? Nutzen Sie diesen Impuls, aber vermeiden Sie jede Art von Perfektionismus und sportlichem Ehrgeiz.
- Öfter mal die Atem-Insel besuchen!
  Achten Sie im Alltag auf Anzeichen von Stress. Versuchen Sie dann, für einige Atemzüge ganz bewusst in sich hineinzuhören, auch auf Körperwahrnehmungen zu achten, auch auf Schemata zu achten, die Ihnen auffallen, und generell wahrzunehmen, wann sie auf »Autopilot« geschaltet sind.
- Bei der Sache sein!
  Versuchen Sie in dieser Woche jeden Tag einmal eine halbe Stunde lang jedes Multi-Tasking zu vermeiden und immer bei derselben Aufgabe zu bleiben. Wenn Sie korrigieren, dann konsequent nur dies. Wenn Sie telefonieren, dann konse-

quent nur dies. Diese Aufgabe klingt lächerlich einfach, aber Sie werden feststellen, wie oft Sie die eine Aufgabe verlassen, um kurz noch etwas anderes zu erledigen, das in dem Moment wichtiger erscheint. Die Meditation schult Sie in der Fähigkeit der ungeteilten Aufmerksamkeit, und diese Fähigkeit kann nun im Alltag genutzt werden.

Stellen Sie sich einen Timer und vertiefen Sie sich in Ihre Tätigkeit. Sie werden die Impulse, die Sie ablenken, deutlich spüren, aber Sie geben ihnen nicht nach. Sie gehen nicht ans Telefon, hören nicht auf das Klicken, das die Ankunft einer neuen Mail verkündet. Nach einigen ersten »zerrissenen« Minuten sind Sie dann vielleicht so vertieft, dass Sie von dem Signal des Timers aus einer tiefen Konzentration gerissen werden; dann nehmen Sie sich noch eine weitere halbe Stunde vor.

● Einen Tag Abstinenz oder – für ganz mutige – mehrere Tage?

Nein, hier geht es nicht um Alkohol oder Zigaretten, sondern um all die elektronischen Helfer, die uns terrorisieren und im Tausch für ihre Hilfe ständige Bereitschaft und Verfügbarkeit verlangen.

Wie oft lesen Sie Ihre Mail? Fühlen Sie sich verpflichtet, gleich zu antworten? Gehen Sie immer sofort ans Telefon, wenn es klingelt? Wie oft klicken Sie sich im Internet von Link zu Link und bemerken dann verwundert, wie die Zeit vergeht? Die Verfügbarkeit über Mail bewirkt, dass uns am Wochenende Mitteilungen, Bitten und Aufforderungen des Schulleiters erreichen, vielleicht – wenn man seine Mailadresse an Schüler/innen verteilt hat – auch Anfragen von Schüler/innen im Postfach sind. Wie fühlen Sie sich bei der Vorstellung, einen Tag lang nicht zu telefonieren, nicht zu mailen, nicht im Internet zu surfen? Könnten Sie das Experiment auch auf zwei, auf drei Tage ausdehnen?

● Schreibaufgabe oder Themenaufgabe für eine Meditation

Reflektieren Sie Ihre formale Übungspraxis! Gelingt es Ihnen, täglich Zeit zu finden für die Meditation? Geben Sie sich öfter mal »frei«? Denken Sie an die zweischneidige Haltung des Gewährenlassens. Eltern kennen das, wenn Sie dem Gequengel Ihres Kindes nachgeben und ihm den Wunsch erfüllen, z.B. die Hausaufgaben liegen zu lassen und mit den Freunden zu spielen, jetzt sofort! Dieses Nachgeben erzeugt bei Eltern oft ein schales Gefühl, denn das Kind ist natürlich sofort glücklich und zufrieden, aber man hat ihm auch die Chance genommen, Frustration ertragen zu lernen und das stolze Gefühl zu erleben, dass man eine Aufgabe zu Ende gebracht hat.

Bei Ihrer Selbstverpflichtung können Sie jeden Tag eine Menge über sich lernen. Wie gehen Sie mit selbst gewählten Zielen um? Sind Sie bereit, Bequemlichkeit zu überwinden? Oder sind Sie diszipliniert und erfüllen Ihre Vorgaben sehr genau? So genau, dass Sie sich damit unter Stress setzen. Widmen Sie diesen Fragen ein wenig Zeit in dieser Woche. Auch hier lassen sich Muster erkennen, die Ihnen in anderen Zusammenhängen auch begegnen. Wenn Sie sich vorgenommen haben, abzunehmen oder Sport zu treiben oder was alles es sonst an guten Vorsätzen (vor allem zum Jahresanfang!) gibt, wie konsequent halten Sie sich da an Ihre selbst gesetzten Ziele? Übrigens kann es ja auch sinnvoll sein, von einem Vorhaben Abstand zu nehmen. Dieses Programm dient in erster Linie der Selbst-Erforschung. Hier wird nicht gefragt, was richtig oder falsch ist, sondern, was ist. Erst wenn wir das wissen, können wir freie Entscheidungen treffen.

- Eine »lächerlich einfache« Veränderung vornehmen
  Sie haben ja Ihren Lebensstil in der letzten Woche unter die Lupe genommen. Angenommen, Sie wollen sich gesünder ernähren. Fangen Sie in dieser Woche mit einer »lächerlich kleinen« Veränderung an, vielleicht lassen Sie den Nachtisch weg oder das Weißbrot. Oder Sie gönnen sich einen frischen Obstsalat statt einer Tafel Schokolade.

7.6 Sechste Woche

- A la carte!
  Inzwischen ist Ihnen das Üben vielleicht schon zur lieben Gewohnheit geworden. Wenn Sie aber in der Beharrlichkeit nachgelassen oder ganz aufgehört haben, dann fangen Sie wieder mit fünf Minuten an. Denken Sie daran, dass das »Alles-oder-Nichts«-Muster ein Schema ist, das der genaueren Überprüfung nicht standhält.
  Wählen Sie die Übungen, die Ihnen gefallen. Vielleicht können Sie sich mit den Qigong-Übungen im Stehen oder in der Bewegung eher befreunden als mit dem statischen Sitzen? Sie stellen sich ab dieser Woche Ihren eigenen Übungsplan zusammen. Allerdings sollte das Sitzen immer in irgendeiner Form enthalten sein.
- »Body-Scan« oder »Körperreise«
  Machen Sie einmal in der Woche den »Body-Scan« oder die »Körperreise« im Liegen.
- Achtsamkeit im Unterricht
  Während Sie sich in den letzten fünf Wochen sehr intensiv mit sich selbst beschäftigt haben, können Sie in dieser Woche Ihr Augenmerk auf die zwischenmenschliche Dimension richten.
  Nehmen Sie die Beziehung zu Ihren Schülerinnen und Schülern in den Blick. Wählen Sie eine bestimme Situation im Unterrichtsverlauf aus, die Sie jeden Tag genau unter die Lupe nehmen. Es rät sich, immer dieselbe Situation zu wählen, um so von Tag zu Tag Unterschiede feststellen und Studien treiben zu können. Vielleicht beschäftigen Sie sich mit dem Stundenbeginn in einer bestimmten Klasse. Legen Sie den Fokus auf die ersten zehn Minuten. Wie beginnen Sie den Unterricht, wie fühlen Sie sich? Wie stellen Sie die Anwesenheit fest? Nehmen Sie sich Zeit, in die Runde zu sehen? Stellen Sie Blickkontakt zu den Schülerinnen und Schülern her?
  Welchen Schülerinnen und Schülern lassen Sie sofort Ihre Aufmerksamkeit zukommen, vielleicht weil diese Sie mit ihrem Verhalten dazu nötigen? Spüren Sie deutlich Sympathien und Antipathien?

Wie gehen Sie mit Störenfrieden um? Nehmen Sie Ihre Körperhaltung wahr, Ihre Gestik und Mimik! Wie rufen Sie die Schülerinnen und Schüler auf? Nennen Sie sie beim Namen oder deuten Sie wortlos auf sie? Wie hören Sie den Schülerinnen und Schülern zu? Hören Sie auf das Gesagte nur, um es schnell einzuordnen, oder hören Sie »mit allen Sinnen« zu? Nehmen Sie wahr, welche nonverbalen Signale der Schüler aussendet?

Wie gestalten Sie methodisch den Unterrichtsanfang, wie wecken Sie die Aufmerksamkeit der Schüler? Ziehen Sie es vor, das Unterrichtsgespräch zu leiten und zu koordinieren? Setzen Sie oft Gruppenarbeit ein?

Keine Sorge! Hier geht es nicht um »Unterrichtsbesprechung«, die aus der Referendarszeit sattsam bekannt ist. Nicht bewerten, nicht beurteilen, NUR wahrnehmen und sich dessen bewusst sein, dass dieses Wahrnehmen von den eigenen Mustern geprägt ist.

- Eine Mahlzeit achtsam verzehren.

Vielleicht kennen Sie das: Sie kommen nach einem Schultag nach Hause und sind so hungrig, dass Sie sich mit dem Kochen nicht viel Mühe machen oder sich unter Umständen gleich am Kühlschrank bedienen und noch im Stehen etwas essen. Vielleicht sollte man ehrlich sagen, etwas »hineinstopfen«. Sicherlich melden sich hier physische Hungersignale, aber das Essen bietet sich eben auch zur emotionalen Spannungslösung an. Nach so einem Schultag ist man auch deshalb ausgehungert, weil man *emotional* ausgelaugt ist. Wie viele »Beziehungsanfragen« gab es da von Schülerinnen und Schülern und Kolleginnen und Kollegen, wie viele »Löcher wurden in den Bauch gefragt«, entschuldigen Sie den sprachlichen Kalauer, aber jede Lehrerin, jeder Lehrer kennt dieses Gefühl der Erschöpfung und Leere.

Auch hier kommen natürlich individuelle Muster zum Tragen. Wer gelernt hat, sich in emotionalen Belastungssituationen mit Essen zu beruhigen, der kommt von diesem Muster schwer los. Für andere ist Essen eine eher lästige Pflicht. Sie stecken sich nebenher einen Happen in den Mund und übersehen oft die Hungersignale der Körpers.

Welche Bedeutung hat das Essen für Sie? Mit der Haltung der Achtsamkeit zu essen, das kann ebenfalls ein interessantes Forschungsgebiet sein.

In Kabat-Zinns *MBSR*-Programm gibt es die Aufgabe, ganz langsam eine Rosine zu verspeisen; sie in der Hand zu halten, ihr Aussehen zu studieren, daran zu riechen, sich die Rosine langsam zu den Lippen zu führen, den Kontakt zu spüren, dann mit der Zungenspitze daran zu lecken, dann ganz langsam die Rosine in die Mundhöhle gleiten zu lassen, ohne darauf zu beißen; den Impuls, darauf beißen zu wollen, bemerken, ohne ihm nachzugeben; dann vorsichtig hineinzubeißen, dieses Beißen haargenau wahrzunehmen, zu fühlen, wie sich die Konsistenz der Rosine durch den Biss verändert; dann langsam zu kauen, immer wieder, bis die Rosine zu Brei geworden ist; dann den Schluckimpuls zu spüren, aber ihm nicht nachzugeben, ein wenig zu warten, dann zu schlucken und diesen Schluckvorgang wahrzunehmen; nachzuforschen, ob man spüren kann, wie der Speisebrei in den Magen fließt, und danach diesem Gefühl noch ein wenig nachzuhängen.

Zu Beginn, wenn man die Rosine betrachtet, kann man darauf achten, welche Assoziationen diese Frucht auslöst. In meinen Seminaren habe ich schon wunderbare Rosinengeschichten gehört: Erinnerung an das Backen mit der Oma, an dampfenden Gugelhupf, aus dem heimlich die Rosinen als das leckerste Ingredienz herausgepickt wurden, oder Ehekräche um die Frage, ob geschwefelte Rosinen zum Backen verwendet werden dürften. Oder man macht sich Gedanken, aus welchem Land die Rosine, die man in der Handfläche hält, kommt, wer die Trauben gepflückt hat, wie Rosinen überhaupt hergestellt werden.

Essen Sie in dieser Woche mehrere Ihrer Mahlzeiten in diesem Geiste. Schenken Sie jedem Aspekt des Essens ungeteilte Aufmerksamkeit: dem Aussehen, der Textur und Konsistenz der Speise, der Form, der Farbe, dann dem Geruch, dann dem Geschmack, der Temperatur – seien Sie bei jedem Bissen ganz dabei. Wenn Sie zusammen mit der Familie essen, ermuntern Sie doch einmal die anderen zu diesem gemeinsamen Experiment, und teilen Sie hinterher Ihre Erfahrungen. Am besten nehmen Sie diese Mahlzeit schweigend ein.

7.7 Siebte Woche

- Freestyle
  In dieser vorletzten Woche des Programms haben sich vielleicht schon Lieblingszeiten für das Üben ergeben oder vielleicht auch Lieblingsübungen herauskristallisiert. Seien Sie auch hier achtsam. Vielleicht vermeiden Sie ja bestimmte Übungen aus bestimmten Gründen. Mein chinesischer Lehrer hielt mich immer dazu an, den »ungeliebten« Übungen besondere Aufmerksamkeit zu schenken.
  Vielen Menschen fällt z.B. die Übung, einem Menschen, mit dem man Probleme hat, Mitgefühl entgegenzubringen, besonders schwer. Nehmen Sie Ihren inneren Widerstand wahr und lassen Sie sich darauf ein. Vielleicht merken Sie dann, dass Sie im Alltag zu diesem Menschen einen ganz anderen Zugang finden können. Das schließt nicht aus, Konflikte ganz dezidiert auszutragen und dem anderen gegebenenfalls Grenzen aufzuzeigen.
  Wählen Sie sich in dieser Woche die Übungen aus, die Sie mögen, aber experimentieren Sie an zwei Tagen mit eher ungeliebten Übungen.
- »Unterstützern« und »Quertreibern« schreibend auf der Spur (vgl. Kap. 6.8)
  Sie könnten nun sagen, das sei ja keine Aufgabe der Achtsamkeit, denn damit würden ja explizit Bewertungen verteilt. Man könnte es aber auch so sehen: Sicherlich können Sie spontan manche Menschen in Ihrem Umfeld einer der beiden Kategorien zuordnen. Die innere Sortiermaschine ist ständig verfügbar. Spannend wird es, wenn man dann so eine Liste vor sich hat und überlegt, weshalb man zu diesem Urteil gekommen ist. Bewertungen hervorzulocken, das kann sehr aufschlussreich sein, denn dann sieht man, ob sie einer genaueren Überprüfung standhalten.
- Spaziergang und Gehmeditation (vgl. Kap. 4.4.6)
  Machen Sie in dieser Woche eine als »Spaziergang getarnte« Gehmeditation.

7.8 Achte Woche

In dieser letzten Woche des Programms stellen Sie sich Ihr ganz persönliches Programm zusammen. Wie möchten Sie Ihre formale Übungszeit gestalten? Mit der Meditation im Sitzen, mit Qigong-Übungen? »Die achte Woche ist der Rest Ihres Lebens«, sagt Kabat-Zinn den Teilnehmer/innen des MBSR-Programms. In dieser Woche steht die Entscheidung an, ob Sie in den folgenden Wochen weiterhin meditieren oder Qigong üben, d. h. ob Sie sich weiterhin regelmäßig Zeit für Übungen nehmen. »Um die Landschaft unseres eigenen Geistes und Körpers wirklich kennen zu lernen, ist es sehr wichtig, regelmäßig ›zu Besuch zu kommen‹ oder vielleicht – um es so auszudrücken – permanent einzuziehen, anstatt nur ewiger Tourist zu bleiben« (Williams et al. 2009, S. 297).

Falls Sie es geschafft haben, regelmäßig die Übungen zu praktizieren (Die paar »faulen« Tage zählen nicht!), werden Sie merken, wie diese Praxis auf Ihren Alltag ausstrahlt. Vielleicht erstaunt es Sie, dass Sie nicht mehr so schnell aus der Haut fahren, dass Sie geduldiger mit sich und mit anderen sind, dass Sie fröhlicher sind, ja vielleicht auch experimentierfreudiger. Vielleicht halten Sie sich bei Auseinandersetzungen eher zurück und müssen nicht immer Recht haben. Oder sind Sie froh, dass die acht Wochen rum sind und Sie wieder zur alten Tagesordnung zurückkehren können?

Das wird nicht möglich sein, denn wer die Haltung der Achtsamkeit eingeübt hat, dem hat sich der *Blick auf sich selbst* und auf die Welt geweitet, indem der gegenwärtige Augenblick sich öffnet:

»Man braucht ihn einfach nur zu erfahren, und selbst zu sehen, ob er unserem Leben nicht vielleicht wieder eine neue Dimension hinzufügt, die uns andere Grade der Freiheit eröffnet, ganz neue Bereiche und Wege, unser Leben und unsere Welt zu bewohnen« (Kabat-Zinn 2006, S. 642)

8. Burn-out. Was tun?

Nach diesen Streifzügen durch den Schulalltag haben Sie sich vielleicht zum ersten Mal ganz bewusst das Ausmaß der Anforderungen vor Augen geführt, die Ihr Beruf Ihnen stellt, und sich mit Ihren ganz persönlichen Bewältigungsstrategien auseinandergesetzt. Das folgende Interview, das ich mit Prof. Dr. Mundle, dem Ärztlichen Geschäftsführer der Oberbergkliniken, führte, gewährt Ihnen einen Einblick in die gesundheitsgefährdenden Aspekte des Lehrerberufes bis hin zum Burn-out: Prof. Mundle zeigt professionelle Wege auf, die aus einer »Burn-out«-Situation hinausführen können.

Fragen an Prof. Dr. G. Mundle zum Thema »Lehrergesundheit«

> VK: Zum Begriff »Burn-out«. Es gibt ja keine einheitliche Definition des Burn-out-Syndroms (in der ICD-Klassifikation psychischer Störungen »nur« eine Z-Diagnose), d. h., auch die diagnostischen Leitlinien sind eher unklar, obwohl eine Unterscheidung von depressiven Störungsbildern sicherlich möglich ist. Wie stehen Sie zum Begriff »Burn-out« und worin sehen Sie die Hauptmerkmale, besonders im Hinblick auf den Lehrerberuf? Mit welchen anderen Krankheitsbildern suchen Lehrerinnen und Lehrer Ihre Klinik auf?

GM: Die Diskussion darüber, ob es eine eigenständige Diagnose Burn-out gibt oder ob es sich eigentlich um ein depressives Störungsbild im Sinne einer Erschöpfungsdepression handelt, halte ich in Anbetracht der Leidensgeschichte aller Betroffenen für sehr akademisch. Ein Burn-out-Syndrom ist eine schwere Erkrankung, egal ob wir dieses Syndrom den depressiven Störungsbildern zuordnen oder als ein eigenständiges Krankheitsbild auffassen. Bei den Symptomen gibt es einen großen Überschneidungsbereich, die Ursachen und die Entstehungsgeschichte unterscheiden sich. Bei einem Burn-out-Syndrom steht die emotionale Erschöpfung aufgrund einer chronischen beruflichen Überforderung im Vordergrund, bei depressiven Störungsbildern treten emotionale Erschöpfungen mit ausgeprägten Stimmungstiefs und Antriebsstörungen unabhängig vom Beruf auf. Bei denjenigen Lehrerinnen und Lehrern, die zu uns in die Oberbergkliniken zur stationären Behandlung kommen, ist das Burn-out-Syndrom derart fortgeschritten, dass meist auch die Kriterien einer Depression erfüllt sind. Bei manchen hat sich aufgrund der beruflichen Überforderung und emotionalen Erschöpfung auch eine Suchterkrankung oder Angststörung entwickelt. Dies ist individuell sehr unterschiedlich. Einige Lehrerinnen oder Lehrer greifen zu Alkohol oder Beruhigungsmitteln, wenn sie nachts nicht abschalten können und an Schlafstörungen leiden. Andere, die in ihrem Berufsalltag überfordert sind, entwickeln Ängste, in die Schule zu gehen oder grundsätzlich das Haus zu verlassen.

Die personenbezogenen intrapsychischen Muster, die zu diesen Überforderungs-situationen, der emotionalen Erschöpfung und somit zu einer stationär behandlungs-bedürftigen Erkrankung führen, egal ob wir sie Burn-out oder Depression nennen, sind im Kern identisch. Allgemein gesagt, entsteht ein Burn-out, wenn Menschen ständig versuchen, überhöhten äußeren und inneren Erwartungen und Ansprüchen gerecht zu werden, und dabei versäumen, achtsam mit sich umzugehen, Grenzen zu ziehen und einen gesunden Abgleich von außen und innen vorzunehmen. Dann kommt es zu einer chronischen Überforderung, die sich in totaler emotionaler Er-schöpfung zeigt. Das vegetative Nervensystem ist überreizt. Dieses Ausgebranntsein äußert sich in vielfältiger Weise, deswegen ist das Burn-out-Syndrom auch schwer zu greifen.

Erste Anzeichen sind meist unspezifische körperliche Symptome wie Schlaf- oder Appetitstörungen, Magen-, Darm- oder Kreislaufbeschwerden sowie Kopfschmerzen. Typische psychische Symptome sind ein allgemeines Unwohlsein und Lustlosigkeit, das Gefühl der chronischen Erschöpfung und Überforderung bis hin zu der Unfähig-keit, erneut die Klasse zu betreten. Unbehandelt können sich körperliche Erkrankun-gen wie Tinnitus, Hypertonie oder auch psychische Erkrankungen wie Depressionen, Angst- oder Suchterkrankungen entwickeln.«

> VK: Wie gestaltet sich der Klinikaufenthalt für einen Lehrer, der mit Anzeichen von »Burn-out« in eine Oberbergklinik kommt? Welche therapeutischen Maßnahmen erscheinen Ih-nen besonders Erfolg versprechend?

GM: Die Behandlung in den Oberbergkliniken gliedert sich in mehrere Phasen. Zu-erst geht es für die erkrankten Lehrerinnen und Lehrer darum, die körperliche Er-schöpfung durch einfache Dinge wie regelmäßiges Essen, Schlafen und eine Auszeit von der Arbeit und beruflichen Verpflichtungen zu behandeln. Hier gilt es, aus dem Umfeld Schule herauszugehen und sich eine Auszeit zu gönnen. Dies ist die Grund-lage, um aus der Spirale des Immer-Mehr auszubrechen.

In der Psychotherapie werden die inneren, teils quälenden Gedanken und Ansprü-che behandelt. Gelingt es, die eigenen inneren Ansprüche und Vorwürfe als einen Teil seines Selbst wahrzunehmen und zu akzeptieren, so können die Betroffenen diese verändern, teilweise lösen sie sich auf. Dies erscheint für viele Patienten auf den ersten Blick paradox und ist meist der schwierigste Teil der Therapie. Daher werden diese Themen in dem intensiven und individuellen Oberbergtherapiekonzept mit täglichen Einzel- und Gruppengesprächen anhand der individuellen Entwicklung jedes Einzel-nen und seiner aktuellen Situation ausführlich aufgearbeitet. Vor allem die Persön-lichkeitsstruktur, die emotionalen Muster und die Leistungsideale der Patienten wer-den intensiv betrachtet. Es gilt, das eigene emotionale Profil aus Einstellungen und Erwartungen zu ergründen. Welche Ideale und inneren Bilder von einem guten Leh-rer gibt es? Welche Konflikte und Vorwürfe von außen und insbesondere gegenüber sich selbst gibt es? Welche Erfahrungen gab es im Elternhaus bei schwierigen Situationen? Welche Stärken und Schwächen haben sich hieraus entwickelt und sind heute vorhanden? Bestehen Erwartungen an sich selbst wie: »Nur wenn ich bis zur Erschöpfung arbeitete, bin ich ein guter Lehrer«? Das Erfahren und Annehmen des eigenen emotionalen Profils mit all seinen Facetten, Stärken und Schwächen bedeutet Achtsamkeit gegenüber der eigenen Krankheit und der eigenen Persönlichkeit. Gelingt dies, so ist dies ein Gewinn für alle Beteiligten. Die Menschen erfahren und erleben, dass gerade Schwächen und Gefühle der Überforderung wichtige Botschafter in unserem Leben sind und uns helfen, uns in unserer gesamten Persönlichkeit kennenzulernen und unser Leben aktiv zu gestalten. Dies ist ein langfristiger Prozess, der die Chance für eine Entfaltung der eigenen Potenziale, ein Wachstum der eigenen Persönlichkeit und somit eine nachhaltige Gesundung darstellt.

Schließlich geht es in der Behandlung darum, die in der Behandlung gewonnenen Erkenntnisse auf den Lebensalltag der Schule zu übertragen. Welche Maßnahmen in der Schule sind notwendig, um in Zukunft langfristig lebendig im Unterricht mit den Schülern arbeiten zu können? Wie gelingt es, die Ansprüche der Schule mit den eigenen inneren Möglichkeiten, Potenzialen und Werten in Einklang zu bringen? Prinzipiell geht es darum, Lösungen und eine nachhaltige Lebendigkeit innerhalb des Systems Schule zu finden. Durch die neu gewonnene Verankerung in der eigenen Persönlichkeit gelingt es den allermeisten Lehrerinnen und Lehrern sehr gut, in die Schule zurückzukehren und auch stürmische Zeiten in der Schule aktiv zu gestalten, ohne sich selbst zu verlieren. In Einzelfällen kann aber auch ein Berufswechsel eine sinnvolle Lösung darstellen.

> VK: Welche Faktoren machen besonders anfällig dafür, im Beruf »auszubrennen« und arbeitsunfähig zu werden?

GM: Meistens gibt es mehrere Ursachen. Natürlich spielen die äußeren Faktoren und der schulbedingte Stress eine große Rolle. Allerdings stellen wir in den Therapien immer wieder fest, dass ein Burn-out nicht alleine durch äußeren Stress bedingt ist, sondern die inneren Folgen des äußeren Stresses für die Entwicklung einer Erkrankung eine entscheidende Rolle spielen. Zentrale Fragen der Therapie sind daher, welche inneren Auswirkungen äußerer Stress hat und über welche Möglichkeiten jeder Einzelne verfügt, mit äußerem Stress innerlich gelassen umzugehen. Hierbei spielen z. B. zu hohe eigene Leistungsansprüche, Schuldgefühle oder Wunden aus der Vergangenheit eine entscheidende Rolle. Menschen mit Burn-out haben häufig zu hohe Ansprüche an sich selbst. Gegenüber den Schülern müssen sie sich immer vorbildlich verhalten. Gelingt dies nicht, haben sie ausgeprägte Schuldgefühle oder sind in ihrem Selbstwert stark verunsichert. Auftretende Konflikte sind eigenes Versagen und Zeichen der eigenen Unfähigkeit. Häufig ist das Bild vom fürsorglichen Pädagogen verinnerlicht, der für seine Schüler in jeder Situation da ist, mit Problemkindern, schwierigen Situationen oder Krisen immer fertig werden muss.

Dieses Idealbild kollidiert allzu oft mit der äußeren und inneren Realität. Die meisten Lehrer sind nicht vorbereitet auf das, was sie leisten müssen. Ihre Ausbildung zielt vor allem auf die Weitergabe von Wissen ab. Aber Lehrer müssen nicht nur Fachwissen vermitteln, sondern zunehmend auch die Erziehung im Elternhaus ersetzen. Sie werden mehr und mehr zu psychosozialen Moderatoren. Zu große Klassen, gewalttätige Schüler, das Ausbleiben von Anerkennung und Erfolgserlebnissen sowie das Fehlen von konkreten Unterstützungsangeboten im Schulalltag setzen den Lehrern zu.

Besonders burn-out-gefährdet sind die Engagierten unter den Lehrern, die hohe Ideale haben und hierdurch leichter enttäuscht und verwundet werden können. Wenn ein Einzelkämpfer die Probleme des ganzen Stadtteils, aus dem seine Schüler kommen, lösen will, wird er irgendwann ausbrennen. Gerade besonders engagierte Pädagoginnen und Pädagogen merken oft erst zu spät, dass sie die Grenzen ihrer Belastbarkeit längst schon erreicht oder überschritten haben und bereits in einer destruktiven Krankheitsspirale stecken.

VK: Sie verwenden auch Übungen zur Kultivierung der Haltung der Achtsamkeit. Welche? Weshalb?

GM: Wir haben in den Oberbergkliniken Berlin/Brandenburg, Schwarzwald und Weserbergland (www.oberbergkliniken.de) Räume der Stille eingerichtet, in denen die Menschen innerlich zur Ruhe kommen und lernen, Stille wahr- und anzunehmen. Gerade wenn Stille einkehrt, werden Menschen mit sich selbst, ihren eigenen Ansprüchen und ihrer eigenen inneren Unzufriedenheit konfrontiert. Gefühle, nicht gut genug zu sein, chronisch unzufrieden zu sein oder von anderen nicht akzeptiert zu werden, sind zentrale Faktoren für die Entwicklung einer Erkrankung und gleichzeitig Chance für die Therapie und für eine nachhaltige Gesundung. Können diese Zustände in der Therapie achtsam akzeptiert werden, so verlieren sie ihre Bedrohlichkeit und lösen sich auf. Diese Erfahrung ist eine wichtige Basis für den späteren Umgang mit Stress in der Schule. Wer in der Therapie gelernt hat, achtsam Stress wahrzunehmen und sich hierdurch nicht in eine destruktive Spirale ziehen zu lassen, hat auch später die Fähigkeit, achtsam schwierige Situationen zu gestalten, ohne sich selbst zu verlieren und in eine destruktive Stressspirale zu geraten.

Im Oberbergkonzept selbst haben wir daher Achtsamkeitsübungen in unterschiedlichen Formen eingeführt. Der »Body-Scan« nach Kabat-Zinn stellt eine tägliche Achtsamkeitsübung dar, Übungen der Stille zu Beginn und am Ende einer Gruppentherapie fördern die Wahrnehmung der eigenen Gefühle, Gedanken und der eigenen Wünsche und Potenziale. Gerade in unserer leistungsorientierten Zeit, in der nur noch Fachkompetenz und Wissen zählen, geht die innere Verankerung, der Bezug zu den eigenen Emotionen und zur eigenen Person verloren. Der Verlust der achtsamen Wahrnehmung der eigenen Situation und Befindlichkeit ist bei Burn-out-Patienten ein zentraler Mechanismus der destruktiven Krankheitsspirale. Viele Lehrerinnen und Lehrer haben den Bezug zu sich, ihrer Persönlichkeit und insbesondere zu ihren inneren Potenzialen und Werten verloren. Daher ist das kontinuierliche Üben der achtsamen Wahrnehmung der eigenen Gedanken, Emotionen und der eigenen Persönlichkeit eine zentrale Säule der Oberbergtherapie.

Ein permanentes, achtsames Wahrnehmen der eigenen Empfindungen im Hier und Jetzt ist unerlässlich auf dem Weg zur seelischen Gesundheit und der persönlichen Lebendigkeit. Nur wenn eine achtsame Innenschau der eigenen inneren Werte und Potenziale gelingt und diese in Verbindung mit äußeren Realitäten gebracht werden, kann sich die Persönlichkeit als Ganzes entfalten und lebendig werden. Der Mensch nimmt sich in der lebendigen Verbundenheit mit anderen und seiner Umwelt bewusst wahr und kann sein Leben im Sinne einer ansteckenden Gesundheit aktiv gestalten. Er lässt sich eben nicht mehr von unbewussten Motiven, Stimmungen oder Stresssituationen in die Krankheit hineinziehen.

> VK: Welche Verhaltensweisen und welche Bewältigungsstrategien, bei Stress z. B., lassen am ehesten erwarten, dass Lehrerinnen und Lehrer gesund bleiben?

GM: Auch hier spielt das Thema Achtsamkeit eine große Rolle. Modernes Stressmanagement bedeutet immer, dass wir nicht nur nach den äußeren Stressoren schauen, sondern auch unsere eigenen inneren, oft unbewussten Stressoren, sprich Ansprüche und Erwartungen, achtsam wahrnehmen und akzeptieren. Wer in der Therapie gelernt hat, z. B. durch Achtsamkeitsübungen, fürsorglicher mit sich und seinen eigenen inneren Stressoren umzugehen, wird am Arbeitsplatz in der Schule äußeren Stress besser bewältigen können. Zu Beginn der Therapie besteht häufig der Wunsch, dass wir ein Leben ohne Stress führen können. In der Therapie ist es daher notwendig, mit den Betroffenen Strategien zu entwickeln, wie sie Stress rechtzeitig wahrnehmen und achtsam damit umgehen können. Dies gelingt nur, wenn eine achtsame Wahrnehmung des eigenen inneren Stresspegels vorhanden ist. Hierfür sind das achtsame Erkennen des eigenen emotionalen Profils, z. B. in der Meditation, und die permanente Arbeit an der Persönlichkeit der richtige Weg. Wer sich über seine eigenen Stärken und Schwächen bewusst wird, wer gelernt hat, achtsam mit inneren Stressoren umzugehen und Wichtiges von Unwichtigem zu trennen, wer in sich ruht und eine gute innere Verankerung hat, wer innerlich weiß, wann er gut genug ist, und seine eigenen Grenzen kennt, beherrscht die Grundzüge eines modernen Stressmanagements. Gelingt ein gesunder Abgleich zwischen innen und außen, so kann äußerer Stress auch im Beruf eine Möglichkeit darstellen, selbst zu wachsen und an Lebendigkeit zu gewinnen. Ein bewusster und achtsamer Umgang mit Stress auch im Arbeitsalltag stellt unter diesem Blickwinkel eine Möglichkeit des Wachstums der Persönlichkeit dar und unterstützt langfristig Gesundungs- und Heilungsprozesse.

Natürlich sind für eine nachhaltige Gesundheit auch eine gute Balance im Arbeitsleben und ein guter Ausgleich zwischen Persönlichem und Beruflichem wichtig. Gerade in der Schule wachsen die täglichen Anforderungen. Neben den steigenden Leistungsansprüchen sind Lehrerinnen und Lehrer zunehmend auch für die Erziehung der Schülerinnen und Schüler zuständig und werden vermehrt mit Aggressivität und Frustration der Schüler konfrontiert. Eine achtsame Wahrnehmung des Stresslevels im Schulalltag und ein regelmäßiger Austausch über die Herausforderungen und teilweise Überforderungen im Schulalltag, z. B. in Teamsitzungen, sind dringend notwendig. Ein weiterer kritischer Punkt gerade bei Lehrerinnen und Lehrern ist, dass häufig Beruf- und Privatleben vermischt werden. Lehrerinnen und Lehrer sollten darauf achten, Tagesabläufe bewusster zu strukturieren, und lernen, auch zu Hause bewusst vom Schulalltag abzuschalten. Daher sind Achtsamkeitsübungen und meditative Verfahren für den Ausgleich von großer Bedeutung. Hilfreich hierfür sind – neben körperlichen Aktivitäten – aktive Zeiten der Stille, in denen geistig und seelisch abgeschaltet werden kann und die Menschen »offline« gehen können. Meditative Entspannungstechniken wie Yoga, aber auch Musik und Malerei sind Möglichkeiten, sich seiner selbst, insbesondere seiner Überforderungen bewusst zu werden. Wünschenswert wäre außerdem, dass Lehrer, die bereits eine entsprechende Therapie hinter sich haben, ihre Erfahrungen in die Schule hineintragen. Lehrer und Schüler sollten als vorbeugende Maßnahme gemeinsam regelmäßig Achtsamkeitsübungen im Unterricht durchführen. Gerade bei dem heute immer dichter werdenden Lehrplan, der alleine für sich einen großen Stressfaktor darstellt, ist ein Erlernen der achtsamen Wahrnehmung der eigenen Person, der eigenen Innenwelt mit Gefühlen, Gedanken und inneren Bildern, die beste Burn-out- und Gesundheitsprophylaxe für die Zukunft. Achtsamkeit sollte integraler Bestandteil des Unterrichtes und des Lehrplanes sein. Wenn Schüler bereits in der Schule ein modernes Stressmanagement erlernen, so stellt dies die beste Burn-out-Prophylaxe für den späteren Berufsalltag dar.

> VK: Gehören Lehrerinnen und Lehrer auch zu den Berufsgruppen, die suchtgefährdet sind, oder lässt sich so eine pauschale Zuordnung von Sucht und Berufszugehörigkeit nicht treffen?

GM: Grundsätzlich kann eine pauschale Zuordnung von Sucht und Berufszugehörigkeit nicht getroffen werden. Aber natürlich sind auch Lehrer, wenn sie unter hohem Stress stehen, gefährdet. Auslöser für Suchterkrankungen sind neben genetischen Faktoren z. B. hoher Stress im Berufsalltag. Wer im Beruf überfordert ist und zu Hause nicht abschalten kann, ist gefährdet, von Alkohol oder Beruhigungsmitteln abhängig zu werden und gerät in die typische Suchtspirale. Aber auch hier gilt als beste Prophylaxe der achtsame Umgang mit sich selbst. Wer frühzeitig Stress wahrnimmt und aktiv sowie achtsam entspannen kann, ist gegenüber der Entwicklung einer Suchterkrankung am besten geschützt. Tägliche Achtsamkeitsübungen führen zu einer gesunden Balance im vegetativen Nervensystem und reduzieren den inneren Stresspegel. Insofern sind auch hier tägliche Übungen der Achtsamkeit der beste Weg für eine nachhaltige Gesundheit.

> VK: Es gibt ja eine Fülle von Definitionen von Gesundheit, welcher neigen Sie zu?

GM: Die Oberbergklinken vertreten die Philosophie der »ansteckenden Gesundheit«. Gesundheit ist ein aktiver Prozess, den wir alle alltäglich gestalten. Gesundheit ist kein einmal erreichter Zustand, der uns für immer erhalten bleibt; eine Krankheit, wie z. B. ein Burn-out oder eine Suchterkrankung, kann eine Chance sein. Eine erfolgreiche Therapie kann über den Weg der achtsamen Wahrnehmung und Akzeptanz der eigenen Erkrankung und der eigenen Person einen Bewusstseinsprozess hin zur seelischen Gesundheit anstoßen. Seelische Gesundheit ist also sowohl Zielpunkt als auch Motor eines Prozesses, an dem jeder Mensch sich entfalten und wachsen kann. Notwendig hiefür ist allerdings ein Wertewandel von der reinen Außensicht zu einer lebendigen Innenschau. Gerade in der Schule sollten die Lehrer durch einen achtsamen Umgang mit sich selbst Vorbild für die Schüler sein. Ein Schulfach »Achtsamkeit« wäre ein wichtiger Schritt in Richtung »ansteckende Gesundheit« für Schüler und Lehrer.

9. Achtsamkeitsphasen im Unterricht

Wenn Sie Freude an den Übungen gefunden haben, werden Sie diese tägliche Zeit der Stille und Selbstbesinnung bald nicht mehr missen mögen. In den vorigen Kapiteln habe ich erläutert, worin die Wirksamkeit der Übungen begründet ist. Schülerinnen und Schülern können Achtsamkeitsübungen dabei helfen, ihre Selbstwahrnehmung zu verfeinern und ihre Selbstregulation auszubilden, d.h. ihre Empfindungen und Gefühle wahrzunehmen und mit ihren Impulsen vernünftig umzugehen. Gerade wenn Lehrerinnen und Lehrer sich mit der Haltung der Achtsamkeit vertraut gemacht haben, lohnt es sich, Schülerinnen und Schüler zu Stilleübungen und kurzen Selbstreflexionsphasen anzuleiten. Es geht hier nicht um eine therapeutische Arbeit, sondern um die pädagogische Begleitung der Persönlichkeitsentfaltung. Das Konzept »Achtsamkeit in der Schule«, das ich entwickelt und in unterschiedlichen Klassen erprobt habe und in der Lehrerfortbildung weitergebe, ist in meinem gleichnamigen Buch ausführlich beschrieben (Kaltwasser 2008).

Hier nur so viel: Es rät sich nicht, »einfach mal so« ein paar Übungen mit den Schüler/innen zu machen. Wenn Sie sich entschließen, in Ihren Unterricht kontinuierliche Achtsamkeitsphasen einzuflechten, sollten Sie dieses pädagogische Konzept als langfristiges Projekt mit entsprechenden Vorinformationen an die Schüler/innen und Eltern einführen. Ich habe mit einer fünften Klasse ein Pilotprojekt durchgeführt, das auch in der sechsten und siebten Klasse beibehalten wurde. Derzeit wird eine Studie zu dem Konzept von Forschern der LMU durchgeführt.

Die fünfte Klasse eignet sich als Einstieg in diese Arbeit besonders, weil um das elfte Lebensjahr herum sich die Fähigkeit zur Selbstreflexion herausbildet. Siegel (2007/2010) berichtet davon, indem er auch auf die hirnpyhsiologischen Hintergründe dieser Fähigkeit eingeht. Er beschäftigt sich seit Jahren mit der Wirkung von Achtsamkeitsübungen bei Kindern und Jugendlichen. Wenn noch vor der Pubertät mit dieser Arbeit begonnen wird, haben die Schüler/innen eine Methode gelernt, mit dem inneren Aufruhr umzugehen, den diese Jahre mit sich bringen.

Mein Konzept enthält einfache Übungen im Sitzen, einige ausgewählte QiGong-Übungen, Phasen des Erfahrungsaustausches und Anleitungen dafür, wie das innere Selbstgespräch und die »Autopilot-Muster« wahrgenommen werden können. Studien in den USA, wo schon an vielen Schulen mit unterschiedlichen Achtsamkeitskonzepten gearbeitet wird, belegen, dass Schülerinnen und Schüler davon profitieren, weil sie ihre Aufmerksamkeit besser steuern und somit den Fokus der Aufmerksamkeit länger aufrecht erhalten können. Außerdem werden sie sensibel für hinderliche Selbstkonzepte. »Ich bin eben so .....«, diese Zuschreibung kann als Muster erkannt werden. Die Schülerinnen und Schüler werden ermutigt, neue Wege auszuprobieren. Wer gelernt hat, quälende Gedankenketten selbsttätig zu unterbrechen, der hat die Fähigkeit erworben, die inneren Stressoren zu entschärfen. Diese Wirkung von Achtsamkeitsübungen ist verknüpft mit der Befähigung zur Empathie.

Wer ein Bewusstsein für die Relativität der eigenen Weltsicht gewinnt, der öffnet sich für die Vielfalt der möglichen Arten, zu sein, zu fühlen, zu denken und zu handeln. Auf diesem Boden kann Mitgefühl entstehen. In diesem Sinne ebnet die Haltung der Achtsamkeit auch den Weg zur Beziehungsfähigkeit.

Wenn Achtsamkeitsphasen in einer Schule eine akzeptierte Facette der pädagogischen Arbeit sind, wirkt sich dies positiv auf das »Betriebsklima« aus. Stille bekommt einen Wert. Lärm, Hektik, Reizüberflutung, Hetze – diese täglichen Ingredienzien des Schultages – werden wohltuend abgemildert durch Phasen der Ruhe und Selbstbesinnung. Sehen Sie es mir nach, dass ich hier ins Schwärmen gerate. Stellen Sie sich vor, da sitzen dreißig Fünfklässler vor Ihnen, eben noch schubsend und grölend aus der Pause gekommen, jetzt mit geschlossenen Augen, friedlich und zufrieden in sich gekehrt. Ein, zwei Minuten, vielleicht auch länger.

Wenn Sie diese Kinder so vor sich sehen, geht Ihnen Ihr Herz auf. Und tatsächlich habe ich festgestellt, dass ich zu Klassen, in denen diese Übungen gemacht wurden, eine besondere Beziehung entwickelt habe. Vielleicht werden Sie, wenn Sie an Ihre Klassen denken, jetzt skeptisch einwenden, dass das wohl eher ein Wunschtraum denn praktikable Realität sei. Sie haben sofort die Kinder vor Augen, die nicht still sitzen können, die herumzappeln und stören. Für diese Kinder ist diese Arbeit eine große Herausforderung, denn sie merken dabei deutlich, wie sie ihren Impulsen ausgeliefert sind. In diesen Fällen bedarf es des persönlichen Gesprächs mit den betreffenden Schüler/innen; man muss gemeinsam mit ihnen überlegen, wie sie sich mit den Übungen vertraut machen können. Bevor sie mit den praktischen Übungen beginnen, sollte ausführlich die Bedeutung dieser Selbst-Besinnung erläutert werden. Wenn die Schüler/innen neugierig sind und bereit, sich einzulassen, entfalten die Übungen ihre Wirkung. Widerstand sollte ernst genommen und thematisiert werden. Kurze Informationen über unsere »biologische Grundausstattung« und deren Einfluss auf unsere Wahrnehmung sind hilfreich.

Es bedarf generell einer geschickten Anleitung, vor allem das Gespräch mit den Schüler/innen über den Sinn dieser Arbeit ist ebenso unerlässlich wie der Austausch über deren Wahrnehmungen. In vielen Bundesländern gibt es Klassenstunden, die für diese ausführlichere Arbeit genutzt werden können. In der Oberstufe bieten sich die Tutorenstunden an. In manche Fächern lassen sich diese Achtsamkeitsphasen besonders gut integrieren. Zum Beispiel in den Deutschunterricht:

Die Gespräche über die Selbstwahrnehmung erfordern eine sprachlich differenzierte Wortwahl. Je genauer und treffender die Ausdrucksweise, desto differenzierter kann wiederum die Wahrnehmung werden.

Die Achtsamkeitsübungen eignen sich auch als Rahmen für geführte Imaginationen, Fantasiereisen und Visualisierungen. In jedem Fall leisten sie vor Klassenarbeiten und Klausuren einen guten Dienst.

Viele Schüler/innen dramatisieren und katastrophisieren: Sie hätten nicht genug gelernt, in diesem Fach könnten sie einfach keine gute Note schreiben. Wenn sie sich ihrer Muster bewusst sind und gelernt haben, zur Ruhe zu kommen und diese inneren Stressoren zu entschärfen, dann gewinnen sie die Distanzierungsfähigkeit, die ihnen erlaubt, nicht Opfer ihrer Ängste und Befürchtungen zu werden. Wenn sie gelernt haben, sich durch den Atem mit dem Körper zu verbinden, können sie selbsttätig ihren Stresspegel senken und sind nicht mehr sich selbst ausgeliefert.

Vielleicht haben Sie ja Lust darauf, einen Versuch in dieser Richtung zu beginnen. Da Sie inzwischen mehr darüber erfahren haben, wie wir uns selbst mit Anforderungen unter Druck setzen, seien Sie wachsam, damit nicht »Achtsamkeit« zum inneren Stressor wird. Denken Sie an die Tyrannei des Solls!

Wenn ich Ihnen mit diesem Buch Anregungen und Hinweise geben konnte, wie Sie Ihren Beruf mit Begeisterung ausüben können, ohne Opfer der derzeit sehr belastenden äußeren Bedingungen zu werden, dann freut mich das von ganzem Herzen. Achtsamkeit zieht Kreise.

»Was wir nicht kannten, weil wir es nicht erwarteten,
doch was wir hörten, halbwegs hörten, in der Stille
zwischen zwei Brechern des Meeres.
Geschwind, jetzt, hier, jetzt immer –
Eine Bedingung für völlige Einfachheit,
(die uns nichts weniger kostet als alles).

T.S. Eliot, Four Quartets, Little Gidding,
Zit.n. Kabat-Zinn, 2006, S.642.

Literatur

Altner, N. (2006): Achtsamkeit und Gesundheit. Auf dem Weg zu einer achtsamen Pädagogik. Immenhausen: Prolog.

Antonovsky, A. (1997): Salutogenese. Zur Entmystifizierung der Gesundheit. Tübingen: Dgvt.

Bandura, A. (1994): Lernen am Modell. Stuttgart: Klett-Cotta.

Bauer, J. (2004): Das Gedächtnis der Körpers. München: Piper.

Bauer J. (2006): Prinzip Menschlichkeit. Hamburg: Hoffmann und Campe.

Bauer, J. (2007a): Gesundheitsprophylaxe für Lehrkräfte, Dresden: Selbstverlag der Technischen Universität.

Bauer, J. (2007b): Lob der Schule. Hamburg: Hoffmann und Campe.

Bauer, J. (2008): Das kooperative Gen. Hamburg: Hofmann und Campe.

Beck, M. (2008): Steering by Starlight. New York: Piatkus.

Benkert, O. (2005): Stressdepression. München: C.H Beck.

Bennett-Goleman, T. (2002): Emotionale Alchemie. Frankfurt a.M.: Krüger.

Bieri, P. (2003): Das Handwerk der Freiheit. Frankfurt a.M.: Frankfurt a.M.: Fischer..

Bölts, J. (2003): Lernziel Gesundheitskompetenz. Oldenburg: BIS.

Cameron, J. (2000): Der Weg des Künstlers. München: Knaur.

Cantieni, B. (2006): Wie gesundes Embodiment selbst gemacht wird. In: Storch, M. (Hrsg.): Ich pack's! Selbstmanagement für Jugendliche. Bern: Huber, S. 99 ff.

Caspary, R. (Hrsg.) (2006): Lernen und Gehirn. Der Weg zu einer neuen Pädagogik. Freiburg: Herder.

Childre, D. (2003): Die Herzintelligenz entdecken. Kirchzarten: VAK.

Claxton, G. (1997): Tortoise Mind. How Intelligence increases when you think less. New York: Harper Collins.

Damasio, A.R. (1994). Descartes' Error. New York: Grosset and Putnam.

Damasio, A.R. (2005): Der Spinoza-Effekt. Berlin: List.

Dauber, H: (1997) Grundlagen Humanistischer Pädagogik. Bad Heilbrunn: Klinkhardt.

Dauber, H./Döring-Seipel, E. (2009): Salutogenese im Lehrerberuf. In: Zeitschrift für Gestaltpädagogik, EHP: Bergisch-Gladbach.

Dennison, P.E. (2006): Brain-Gym. Mein Weg. Kirchzarten: VAK.

Dürckheim, K./Graf, (1966/2001): Der Alltag als Übung. Bern: Hans Huber.

Ekman, P. (2004): Emotions Revealed. London: Orion.

Ekman, P. (Hrsg.) (2009): Gefühl und Mitgefühl. Heidelberg: Spektrum.

Fischer, C. (2008): Qigong in Psychotherapie und Selbstmanagement. Stuttgart: Klett-Cotta.

Freud, A. (1936/2006): Das Ich und die Aberwehrmechanismen. Frankfurt a.M.: Fischer.

Friebel, V. (2000): Innere Bilder. Düsseldorf: Walter.

Friebel, V. (2001): Pubertät. Die eigene Kraft entdecken. Reinbek: Rowohlt.

Fuchs, T. (2009): Das Gehirn – ein Beziehungsorgan. Stuttgart: Kohlhammer.

Gapp-Bauß, S. (2008): Stress-Management. Ahlerstedt: Param.

Germer, C. et al. (2005): Mindfulness and Psychotherapy. New York: Guilford.

Goleman, D. (1996): Emotionale Intelligenz. München und Wien: Hanser.

Goleman, D. (Hrsg.) (1998): Die heilende Kraft der Gefühle. München und Wien: Hanser.

Goleman, D. (1999): Der Erfolgsquotient. München und Wien: Hanser

Goleman, D. (2003): Dialog mit dem Dalai Lama: Wie wir destruktive Emotionen verhindern können. München und Wien: Hanser.

Grossman, P. (2004): Das Üben von Achtsamkeit. In: Heidenreich, T./Michalak, J. (Hrsg.) (2004): Achtsamkeit und Akzeptanz in der Psychotherapie. Ein Handbuch. Tübingen: Dgtv.

Heidenreich, T./Michalak, J. (Hrsg.), (2004): Achtsamkeit und Akzeptanz in der Psychotherapie. Ein Handbuch. Tübingen: Dgtv.

Horney, K. (1975): Neurose und menschliches Wachstum. München: Kindler.

Hüther, G. (2001): Bedienungsanleitung für ein menschliches Gehirn. Göttingen: Vanderhoek & Ruprecht.

Hüther, G. (2006): Wie Embodiment neurologisch erklärt werden kann. In: Storch, M. (Hrsg.): Ich pack's! Selbstmanagement für Jugendliche. Bern: Huber, S. 73 ff.

Hüther, G. (2005): Die Macht der inneren Bilder. Göttingen: Vanderhoeck & Ruprecht.

Hüther, G./Prekop, J. (2006): Auf Schatzsuche bei unseren Kindern. München: Kösel.

Jochum, I. (2005): Neue Lebensenergie. München: Nymphenburger.

Kabat-Zinn, J. (1996): Gesund durch Meditation. Bern: O.W.Barth.

Kabat-Zinn, J. (1999): Stressbewältigung durch die Praxis der Achtsamkeit. CD (mit Body-Scan). Freiamt: Arbor.

Kabat-Zinn, J. (2006): Zur Besinnung kommen. Freiamt: Arbor.

Kabat-Zinn, J. (2007): Im Alltag Ruhe finden. Frankfurt a.M.: Fischer.

Kaltwasser, V. (2008): Achtsamkeit in der Schule. Weinheim und Basel: Beltz.

Kennedy-Moore, E. (1999): Expressing Emotion: Myths, Realities and Therapeutic Strategies. New York: Guildford.

Keown, D. (2001): Der Buddhismus. Ditzingen: Reclam.

Klinkenberg, N. (2007): Achtsamkeit in der Körperverhaltenstherapie. Stuttgart: Klett-Cotta.

Kornfield, J. (2005): Meditation für Anfänger. München: Goldmann.

Kosinar, J. (2007): Selbststärkung im Lehrerberuf. Hohengehren: Schneider-Verlag.

Kretschmann, R. (^{3}2008): Stressmanagement für Lehrerinnen und Lehrer. Weinheim und Basel: Beltz.

Lazarus, R.S./Folkman, S. (1984): Stress, Appraisal and Coping. Heidelberg: Springer.

Lazarus, R.S. (1996): Psychological stress and the coping process. New York: McGraw-Hill.

Lelord, F. (2008): Die Macht der Emotionen. München: Piper.

Li, Z.-C. (1999): Mit dem Herzen lächeln. München: Heyne.

Liu, Q. (1992): Qi Gong. München: Irisiana.

McKay, M./Davis, M./Fanning, P. (2009): Gedanken und Gefühle – Arbeitsbuch. Wie Sie auf Ihre Stimmungen einwirken können. Paderborn: Jungfermann.

Maezumi, T. (2002): Das Herz des Zen. Berlin: Theseus.

Ni, M. (1998): Der Gelbe Kaiser. Das Grundlagenwerk der Traditionellen Chinesischen Medizin.. Bern: O.W.Barth.

Nitsch, C./Hüther, G. (2004): Kinder gezielt fördern. München: Graefe und Unzer.

Olvedi, U. (1997): Integrale Energiearbeit. Bern: Integral.

Olvedi, U. (2007): Die Energien des Lebens und Sterben. Frankfurt a.M.: Scherz.

Ornish, D. (2009): Revolution in der Herztherapie. Stuttgart: Lüchow.

Palmer, P.J. (1998): The Courage to Teach. San Francisco: John Wiley & Sons.

Pennac, D. (2009): Schulkummer. Köln: Kiepenheuer & Witsch.

Petermann, U. (2005): Entspannungstechniken für Kinder und Jugendliche. Weinheim und Basel: Beltz.

Platsch, K.-D. (2000): Psychosomatik in der Chinesischen Medizin. München: Urban und Fischer.

Platsch, K.-D. (2005): Die fünf Wandlungsphasen. München: Urban und Fischer.

Resinger, M. (2009): Mindfulness, Akzeptanz und Meta-Emotionen. Wien: AVM.

Ricard, M. (2008): Glück. München: Nymphenburger.

Ricard, M. (2009): Meditation. München: Nymphenburger.

Saint-Exupéry, Antoine,de (1976): Der kleine Prinz. Düsseldorf: Karl Rauch.

Sachsse, U. (Hrsg.) (2004): Traumazentrierte Psychotherapie. Stuttgart, New York: Schattauer.

Santorelli, S. (1999): Heal Thyself, Lessons in Mindfulness in Medicine. New York: Random House.

Schaarschmidt, U./Fischer, A.W. (^{3}2008): AVEM-Manual. London/Frankfurt: Pearson.

Schaarschmidt, U. & Kieschke, U. (Hrsg.) (2007). Gerüstet für den Schulalltag. Psychologische Unterstützungsangebote für Lehrerinnen und Lehrer. Weinheim: Beltz.

Schmincke, C. (2007): Chinesische Medizin für die westliche Welt. Heidelberg: Urban & Fischer.

Segal, Z.V. (2002): Mindfulness Based Cognitive Therapy. New York: Guilford.

Selye, H. (1957): Stress beherrscht unser Leben. Düsseldorf: Econ.

Semmer, N. (1984): Stressbezogene Tätigkeitsanalyse, Weinheim und Basel: Beltz.

Siegel, D. (2007): The Mindful Brain. New York: Norton.

Siegel, D. (2007): Das achtsame Gehirn. Freiamt: Arbor.

Siegel, D. (2010): Mindsight. New York: Bantam.

Singer, W. (2002): Der Beobachter im Gehirn. Frankfurt a.M.: Suhrkamp.

Singer, W. (2008): Hirnforschung und Meditation. Ein Dialog. Frankfurt a.M.: Suhrkamp.

Solms, M. (2004): Das Gehirn und die innere Welt. Düsseldorf: Walter-Verlag.

Spitzer, M. (2004): Selbstbestimmen. München: Spektrum.

Stevens, J.O. (1980): Die Kunst der Wahrnehmung. München: Kaiser.

Stövhase, D. (2006): Stressbewältigung durch QiGong. Immenhausen: Prolog.

Storch, M. et al. (2006): Embodiment. Bern: Huber.

Storch, M. (2006): Ich pack's! Selbstmanagement für Jugendliche. Bern: Huber.

Thich, Nhat Hanh (1995): Lächle deinem eigenen Herzen zu. Freiburg: Herder.

Thich, Nhat Hanh (1997): Umarme Deine Wut. Berlin: Theseus.

Thich, Nhat Hanh (2007): Ich pflanze ein Lächeln. München: Goldmann.

Walach, H.Buchheld, N.(2004): Empirische Erfassung der Achtsamkeit. Die Konstruktion des Freiburger Fragebogens zur Achtsamkeit (FFA) und weitere Validierungsstudien. In: Heidenreich, T. (Hrsg.): (2004).

Winston, D. (2003): Wide Awake. A Buddhist Guide for Teens. New York: Penguin.

Winston, D. (2007): Siddharta wird erwachsen. Wie man mit Buddhismus die Pubertät überlebt. Frankfurt a.M.: O.W. Barth.

Williams, M./Teasdale, J./Segal, Z./Kabat-Zinn, J. (2009): Der achtsame Weg durch die Depression. Arbor: Freiamt.

Yongey M.R. (2007): Buddha und die Wissenschaft vom Glück, München: Goldmann.

Young, J.E. (1994): Reinventing Your Life. New York: Penguin.

Zylowska, L. (2006): ADDituted Magazine (pdf), http://www.marc.ucla.edu/marc_files/0609Newsmaker_Zylowska.pdf) (http://marc.ucla.edu/body.cfm?id=; (Abruf am 18.22.1.2010).

PADAGOGIK *praxis*

Vera Kaltwasser

Achtsamkeit in der Schule

Stille-Inseln im Unterricht:
Entspannung und Konzentration

BELTZ

Vera Kaltwasser
Achtsamkeit in der Schule
Stille-Inseln im Unterricht:
Entspannung und Konzentration
2. Auflage 2013.
160 Seiten. Broschiert.
ISBN 978-3-407-62631-8

Wie aus einer Haltung der Achtsamkeit heraus sich die Selbstwahrnehmung von Schülerinnen und Schülern verfeinert und ihre Selbstkompetenz sich erhöht, das erläutert Vera Kaltwasser in diesem Buch.

Von den jüngsten Erkenntnissen der Hirnforschung und der Psychologie über das enge Wechselspiel zwischen Körper, Geist und Gefühlen spannt die Autorin den Bogen zu praktischen Konsequenzen für den Unterricht. Erstmals wird hier ein prozessorientiertes Konzept vorgestellt, das die Kraft der Stille und der Selbstbesinnung für Kinder und Jugendliche erschließt.
Die Schüler werden zu Forschern in eigener Sache und lernen, wie sie selbsttätig Stress bewältigen und innere Anspannung lösen können.
Die Achtsamkeitsphasen, in denen auch mit Übungen aus dem QiGong gearbeitet wird, lassen sich nahtlos und mit geringem Aufwand in den Schulalltag einflechten.